基于中国管理实践的理论创新研究丛书

中国本土领导角色研究
——基于互动及社会化的视角

徐立国　席酉民　葛　京　著

国家自然科学基金项目（71232014；71772149）
中国博士后科学基金项目（2016T90932；2015M582682）
陕西省博士后科研项目（2016BSHEDZZ56）
中央高校基本科研业务费专项资金项目（SK2017015）

科　学　出　版　社
北　京

内 容 简 介

本书基于互动及社会化视角，建构了中国情境下的一种本土领导角色——市场政略家。发现中国企业领导者兼容"市场"与"政略"两种功能，两者相互包容与促进，"市场"中有"政略"（如面向市场时的政治敏感、市场规则中的企业谋略、企业执着中的民族抱负），"政略"中有"市场"（如政治敏感中的市场敏感、企业谋略中的市场规则遵循、民族抱负下的企业执着）。揭示了中国企业领导者的特殊现象，刻画了中国企业领导者的存在状态，丰富了领导角色理论，能够帮助研究者更好地理解中国本土领导的复杂现象，同时为实践者提供有效的借鉴。

本书适合管理与领导研究者、实践者、领导研究爱好者阅读与参考，也可为博士生、硕士生及本科生的相关研究提供参考。

图书在版编目（CIP）数据

中国本土领导角色研究——基于互动及社会化的视角 / 徐立国，席酉民，葛京著. —北京：科学出版社，2018.10

ISBN 978-7-03-056832-8

基于中国管理实践的理论创新研究丛书

Ⅰ. ①中… Ⅱ. ①徐… ②席… ③葛… Ⅲ. ①领导学-研究-中国

Ⅳ. ①C933

中国版本图书馆 CIP 数据核字（2018）第 048499 号

责任编辑：徐　倩/责任校对：李晶晶
责任印制：霍　兵/封面设计：无极书装

科 学 出 版 社 出版

北京东黄城根北街 16 号
邮政编码：100717
http://www.sciencep.com

河北鹏润印刷有限公司 印刷
科学出版社发行　各地新华书店经销

*

2018 年 10 月第 一 版　开本：720×1000　B5
2018 年 10 月第一次印刷　印张：15 3/4
字数：318 000

定价：128.00 元
（如有印装质量问题，我社负责调换）

作 者 简 介

徐立国　西安交通大学管理学院助理教授，博士，博士后，硕士研究生导师。陕西省优秀博士学位论文获得者，陕西省第二届研究生创新成果最高奖获得者。研究方向：领导理论、悖论管理、战略变革。主持国家、省部级、企业等项目15项。参与国家、省部级、企业等项目20余项。在国内外知名期刊发表多篇论文，曾在领导研究领域国际权威期刊 *Leadership Quarterly* 公开发表论文2篇。

席酉民　西交利物浦大学执行校长，英国利物浦大学副校长，西安交通大学管理学院教授，博士生导师。曾任西安交通大学党委常委、副校长、西安交通大学管理学院院长。我国第一个管理工程博士学位获得者，教育部"优秀青年教师基金""跨世纪人才重点跟踪支持基金"，以及国家自然科学基金委员会"优秀中青年人才专项基金""国家杰出青年基金""国家优秀创新群体项目基金"获得者。研究方向：领导理论、和谐管理理论、战略变革。主持和参加各类科研课题60余项，其中国家攻关、重大、重点项目30余项，出版学术著作20余部，在国内外学术期刊发表论文300余篇，曾获省部级以上科研成果奖10余项，培养硕士生、博士生100余名，并获得"中国青年科技奖""中国青年科学家奖""国家有突出贡献中青年专家"等综合性奖励。

葛京 西安交通大学管理学院副教授，博士，博士生导师。研究方向：企业组织与战略管理、企业国际化与跨国经营等。近年来主持国家自然科学基金项目两项，作为主要成员及协调人参与国家自然科学基金重点项目三项及其他项目多项。主持或参与完成企业委托咨询项目多项，并为省内外多家企业进行管理培训。已出版学术专著三部，公开发表学术论文 40 余篇。研究成果曾获得"陕西省科学技术奖一等奖""教育部提名国家科技进步二等奖""陕西高等学校科技进步一等奖"等。目前兼任教育部工商管

理类专业教学指导委员会秘书长、西安交通大学管理学院 MBA 中心主任。

丛书编委会

编 委（按姓氏拼音排序）

总　　序

为了全面、系统、深入地研究与展示中国改革开放 40 年来的优秀管理实践与创新变革经验，聚焦中国管理实践的理论创新，国家自然科学基金委员会管理科学部于 2012 年首次启动了重点项目群的项目资助类型，资助了"基于中国管理实践的理论创新研究"重点项目群。该重点项目群旨在通过聚焦中国企业与组织的管理实践行为的多视角协同研究，充分发挥管理学多学科领域合作研究的优势，深度探索中国企业及组织管理的成功实践、作用机制及其发展演进机理。该重点项目群侧重研究在复杂多变和具有中国特色的管理制度、经济环境、社会与文化条件下中国企业与组织的管理模式、行为机制与成长策略。在此基础上，项目群拓展相关管理理论，探究创新机制，建构研究策略，尝试构建中国管理的理论创新，从而显著提升我国管理学基础研究和理论发展的原始创新能力。该项目群重点项目的主持人和项目名称如下。

（1）清华大学杨斌教授："中国企业战略领导力研究：集体领导力的理论模型及有效性"。

（2）中山大学陆亚东教授："中国企业/组织管理理论创新研究"。

（3）吉林大学蔡莉教授："中国转型经济背景下企业创业机会与资源开发行为研究"。

（4）浙江大学王重鸣教授："基于并行分布策略的中国企业组织变革与文化融合机制研究"。

（5）浙江大学吴晓波教授："中国企业自主创新与技术追赶理论研究：模式、机制与动态演化"。

（6）西安交通大学席酉民教授："建构中国本土管理理论：话语权，启示录与真理"。

　　五年来，在国家自然科学基金委员会管理科学部的指导下，"基于中国管理实践的理论创新研究"重点项目群的各项研究取得了一定的理论创新和研究成果，也积累了一些重点项目群有效运营和项目管理的宝贵经验。本系列成果论著从多个角度展现出该重点项目群研究的多项理论创新与实践成效。概括起来，在企业集体领导力特征、中国管理理论体系、创业机会与资源开发一体化、组织变革与文化融合、自主创新与技术追赶、本土管理模式六大领域取得了理论创新成果。

一、重点项目群取得的主要理论创新

　　重点项目群的各项目团队在"基于中国管理实践的理论创新"方面解决了哪些关键理论与实践问题呢？改革开放以来，中国管理经历了承包制改革、多元化经营、科技型创新、国际化创业、企业转制变革、数字化转型等重要实践，提出了一些新的重要理论问题与实践挑战。比较集中的问题有：中国管理的独特性、领导行为的新模式、技术创新的新路径、变革文化的新策略、创业行为的新视角与新战略、本土领导的新理论等。重点项目群的各项目团队紧紧围绕这些重要实践问题，开展了深度的实证研究与独创的案例诠释，取得了重要的理论创新。

（一）中国企业的集体领导力模型

　　清华大学杨斌、杨百寅项目团队完成的重点项目"中国企业战略领导力研究：集体领导力的理论模型及有效性"，以中国集体主义文化为背景，提出了"集体领导力"概念，并展开系统性研究，包括概念界定与梳理、测量工具开发与验证、理论检验和实际应用。该项目把集体领导定义为"有着共同理想和价值观的领导集体在民主集中制下分工合作、集体决策以实现集体利益最大化的过程"。其领导力来源于领导班子的众人智慧，以集体主义为社会文化基础，聚焦高层团队，扮演召集人与协调人领导者角色。中国企业通过领导团队内部充分交流和沟通以及组织成员的共识认同而形成领导力过程，进而体现出多方协商机制、民主集中达成共识的决策机制。在此基础上，研究开发了"共同理想、分工协作、发展成长"三项中西方文化下的共有维度和顾全大局、和而不同、民主集中三项中国情境下的特有维度。围绕集体领导力结构维度的区分效度与聚合效度，组织基础的前因变量效应，验证个体层面、团队层面和组织层面的不同作用机制等开展了理论构建和实证检验，并对相关其他领导力研究（战略型领导、双元型领导、变革型领导、家长式领导等）的交叉验证和差异分析，开展了多层次的理论与实证研究，进一步拓展了对于中国情境下集体领导力的创新理解。

（二）中国企业的"合"理论体系

中山大学陆亚东项目团队所完成的重点项目"中国企业/组织管理理论创新研究"，探索以中国企业成长为目的，以战略管理为视角的中国企业管理中的"合"理论体系，包含复合、联合、相合、结合等核心元素，进而创建其竞争优势或弥补其劣势，关注资源与能力的"独特组合、开放利用和共生发展"，以合补短，以合促长，合则共生，从而创造出市场快速响应、高性价比、复合式服务的独特优势。该项目研究围绕中国与新兴市场企业的国际化理论体系，构建了包含"内向国际化、激进 OFDI、国内转换能力、国内能力升级、全球能力增强"五步骤的上升螺旋模型及其动态机制。以中外、天地、古今思路做好中国特色管理理论的创新，并总结出中国管理学理论创新研究的六种方法：困惑驱动式、哲学引导式、分类式、框架式、比较式、隐喻式。这为优化和应用中国企业的"合"理论体系提供了切实可行的方法论。

（三）中国创业机会资源一体化理论

吉林大学蔡莉和中国人民大学徐二明教授团队完成的重点项目"中国转型经济背景下企业创业机会与资源开发行为研究"，聚焦于机会—资源一体化的视角，通过对 135 家创业企业（孵化器）的案例分析，围绕中国转型经济背景下的创业环境与企业内部因素特征，对创业机会—资源开发行为概念体系的构建及影响因素进行分析，创建了 LCOR（L 创业学习、C 创业能力、O 创业机会、R 创业资源）创业模型，并基于此模型对创业战略选择开展研究。该项目研究了中国转型经济情境下的创业环境维度，构建基于中国情境的创业研究体系。基于此，从创业环境中的制度环境视角切入，对制度创业下的机会—资源开发行为进行系统研究；系统提出机会—资源一体化概念体系并进行量表开发。以机会—资源一体化为研究视角，构建机会与资源作用关系模型，并就政府和市场强弱关系组合及特定行业背景下的机会—资源一体化行为进行分类研究；从知识视角揭示了创业学习机制，进而探究其与创业行为的作用关系；构建创业能力概念体系，探究创业学习到创业能力的转化机制；系统研究了创业战略的概念内涵及特征，并构建创业战略模型，进而深入探究机会、资源与创业战略选择的关系。该项目 LCOR 创业模型的构建，与 Timmons 模型互为补充，拓展和深化了创业行为理论。此外，该项目提出创业战略往往是在过程中形成的，同时提出创业战略是重行动、淡战略的过程。创业战略是活动积累的结果，这一结论是对传统创业战略理论的扩展。

（四）中国企业变革赋能行动理论

浙江大学王重鸣项目团队完成的重点项目"基于并行分布策略的中国企业组织变革与文化融合机制研究"，针对中国企业转型升级、全球创业、科技创业、云端运营、互联网+以及数字智能等重要实践问题，运用双栖演化行为策略和并行分布决策策略，以"文化竞合适应—团队决策选配—组织行动发展"为组织变革演进框架，通过深度案例分析、神经实验验证、专题问卷测量、企业数据库建模和现场准实验等一系列实证研究方法，创建了基于动态变革的问题驱动方法论和变革赋能行动理论。该理论包含三大维度：责任适应维度——创业社会责任理论，决策选择维度——前瞻警觉决策理论，赋能发展维度——创新赋能行动理论，以及基于两栖策略的变革文化融合三重机制等理论创新及其应用方法，这些理论和方法形成了中国企业变革赋能行动理论体系。该项目针对战略新兴产业发展、互联网与数字化转型、家族企业发展、企业国际化战略、企业转型升级和创业创新生态系统实践等当前典型的变革实践问题开展应用策略开发研究工作，并创建了包含80项案例的创业组织变革案例库和组织发展工具库。

（五）中国企业自主创新追赶理论

浙江大学吴晓波项目团队完成的重点项目"中国企业自主创新与技术追赶理论研究：模式、机制与动态演化"在长期扎根中国管理实践的基础上，通过对20家典型企业为代表的跟踪式纵向案例研究的深度分析，系统研究了复杂多变和具有中国特色的制度转型、跨范式技术体制、多层次市场空间及新兴的全球网络与价值网络四位一体的中国情境下中国企业在范式转变的新构念"超越追赶"，并从技术范式转变和价值网络重组两个维度创新性地提出了基于自主创新的"超越追赶"模式，从技术追赶和市场追赶两个维度，丰富了对超越追赶内涵的诠释，积极探索中国企业技术追赶的模式、机制及创新能力演化规律，从而构建了超越追赶的管理机制。该项目进一步从知识产权控制和市场控制两个维度深度分析了超越赶超的非线性学习机制、迂回路径选择、迂回创新模式和创新能力要求，从而形成了超越追赶的新理论体系。

（六）中国本土和谐管理整合理论

西安交通大学席酉民项目团队所完成的重点项目"建构中国本土管理理论：话语权，启示录与真理"，基于情境依赖、主体互动的假设，深入研究与阐释了中国管理情境下领导资源获取的不同方式及领导资源偏好的一般特征，并围绕网络经济下资源与商业模式的新含义以及企业竞争优势的新来源，探索了组织适应新技术的背景和实现可持续发展的机制。项目研究取径多元范式，尝试了新的研究方法，从中国实际现象出发，让问题决定方法，从系统、批判性思维看待组织管理问题，并针对管理理论的基础问题和中国管理理论的构建进行了探索。该项目在组织应对环境复杂性的组织模式与动态机制、高新技术环境下的组织创新机制、组织与复杂环境及场域的互动机制和组织内部网络化的自治协作机制诸多方面取得创新，对于破除中国管理研究的单一范式之弊很有启发。

二、重点项目群的理论创新如何炼成

过去五年的重点项目群的探索与实践取得了宝贵的经验，主要表现在三个方面。

（一）专家指导与团队协同

重点项目群的设立，是国家自然科学基金委员会管理科学部的一项创新尝试，旨在集合一批国内的重量级学者投身于研究中国管理实践，提出中国管理理论创新的重要过程。重点项目群怎样才能充分整合优势和聚焦管理理论创新呢？由于重点项目群由多支跨领域的研究团队组成，如何强化多团队协作就成为新的探索。增强团队协作的创新方法是开展年度重点项目群团队交流与分享研讨会。来自多个重点项目群团队的海内外杰出专家学者就基于中国管理实践的理论创新研究这一重要专题进行报告、研讨和交流。

国家自然科学基金委员会管理科学部的创新做法是特邀了5位工商管理相关领域的国内外知名学者担任专家，成立了重点项目群专家指导组，对年度项目研讨会开展指导。各位指导专家对项目团队的研究进展汇报进行深度点评、热情鼓励并提出建议。清华大学的赵纯均教授、弗吉尼亚大学的陈明哲教授、南京大学的赵曙明教授、北京大学的武常岐教授、厦门大学的吴世农教授等专家指导组成员，在多次年度项目进展研讨会和中期检查会期间，先后就中国理论与管理实践的关系、中西方理论的对话、研究问题的聚焦、理论思路的精炼，乃至如何发挥研究成果的应用价值等问题和各项目团队进行了热烈的建设性讨论。他们在认真听取和审阅了各个重点项目的进展研讨中，指导各项目研究工作，建议各项目通过实证分析、案例研究、实验验证、脑电神经建模等多种研究方法，提炼中国管理实践理论，促进交叉领域间交流，深化理论进展和提升研究成果落地应用的方法。特别是勉励项目团队拥有一颗企图心，敢于尝试，敢于冒险，努力在理论创新上取得突破。

在此过程中，还就项目群指导专家组的成立、运营方式，项目群实施过程的协调、组织与管理机制进行了深入细致的讨论，形成了实施过程管理的相关约定。每次重点项目群年会，都发挥了沟通研究进展，分享新思想与新见解，探讨遇到的问题、困难以及合作需求等作用，显著推动了重点项目群的研究目标的最终达成。通过对各自科学研究和实践经验的分享，分阶段对促进中国管理实践的理论创新、中国企业的转型与超越、中国企业家的赋能与成长做出重要贡献。

（二）问题驱动与创新方法

"基于中国管理实践的理论创新研究"重点项目群，旨在以中国企业与组织的重要管理实践为研究对象，充分发挥管理学多学科领域合作研究的优势，多视角深度探索中国企业与组织管理的成功因素、作用机制、持续发展、演进机理，研究复杂多变和具有中国特色的制度、经济与文化环境下中国企业/组织的管理模式、行为模式与成长发展模式和建模理论，管理创新机制及其演化规律，提升我国管理学基础研究和理论的原始创新能力。为了达成这一目标，各个项目团队强化问题驱动，创新研究方法，努力融汇中西理论，连通古今文化，创造性地开展基于中国管理实践的理论创新研究，为中国乃至世界的管理理论作出很大贡献。

1. 定性分析与定量研究相结合

在"中国企业战略领导力研究：集体领导力的理论模型及有效性"项目的研究中，在理论思路构建的基础上，采用量表开发方法，识别与检验集体领导力的关键维度结构和测量方法，并通过实证方法检验其区分效度与聚合效度，以问卷调查方法验证了集体领导力对于绩效的预测效应。在"中国转型经济背景下企业创业机会与资源开发行为研究"中，项目团队综合运用分类案例分析与问卷调查，发现动态平衡灵活型知识整合和效率型知识整合对于提升高技术企业绩效具有显著作用,而灵活型与效率型知识整合则有助于高技术新创企业弥补创业能力。

2. 经典演绎与理论视角相整合

在"中国企业/组织管理理论创新研究"项目中,综合演绎中国古代经典理念,聚焦新型理论视角拓展,有效地整合了双元理论、动态视角、国际化视角、复合式视角,提出与检验了"合"理论,创新地解释为什么拥有普通资源和能力的中国企业能够实现成长的关键问题。在"建构中国本土管理理论:话语权,启示录与真理"研究中,项目团队因循和谐管理的研究足迹,以中国本土管理实践为出发点,尝试了一系列"宏观、中观经验理论"的本土建构,推进了和谐管理理论作为元理论、经验理论的体系化。

3. 问题驱动与多维实证相聚合

在"基于并行分布策略的中国企业组织变革与文化融合机制研究"项目中,首创问题驱动、情境嵌入、机制聚焦的新方法论,通过深度案例研究、脑神经认知实验、准实验现场实证等多构思多方法,聚合式验证了变革赋能行动理论的责任适应、决策选择和赋能发展三维理论体系及其三重演进机制。在"中国企业自主创新与技术追赶理论研究:模式、机制与动态演化"项目中,运用深度案例跟踪方法,建构了制度、技术、市场、网络四维情境下的自主创新的知识产权控制与市场控制两个分析维度,从而验证了超越追赶理论的多维体系及其动态演化机制。

(三)策略构建与成果应用

"基于中国管理实践的理论创新研究"重点项目群显著推动了各校的科研能力建设与专业队伍培养,并且对中国特色的管理实践应用具有重大的指导意义。

清华大学杨斌、杨百寅项目团队在研究策略上体现出概念构建、测量开发、变量定位、机制检验的严谨方法论运用和集体领导力在多类企业的应用;中山大学陆亚东项目团队通过创造性地利用"合"理论(包括复合、联合、相合、结合),提出了中国企业增强自身竞争优势或弥补其劣势的策略;浙江大学的王重鸣项目团队强调通过长期承担项目研究而增长团队创新能力与研究模式变革精神,并在变革赋能行动理论的应用上创建了创业组织变革案例库和组织发展策略库;吉林大学蔡莉项目团队和浙江大学吴晓波项目团队都运用深度纵向案例分析方法,在聚焦理论建构基础上提炼出中国企业的创业创新模式与策略;西安交通大学席西民项目团队则通过多元范式,从中国实际现象出发,让问题决定方法,并从系统、批判性思维看待组织管理问题和探讨管理理论范式及中国管理策略的开发。

　　让我们检阅本系列专著的组织管理理论创新成果与应用价值：中国企业集体领导力、中国管理"合"理论体系、中国企业创业机会资源论、中国企业变革赋能行动论、中国企业超越追赶论、中国本土管理理论。从国家自然科学基金委员会管理科学部资助的首个重点项目群的研究与应用成果来看，理论创新与策略应用紧密结合，源于中国管理实践，用于指导新的实践，正在取得持续的创新成效！

重点项目群专家指导组

2018 年 6 月

序

开创本土企业的双融领导者：市场政略家

该书从互动及社会化视角出发，剖析中国本土企业领导者的代表人物——海尔集团张瑞敏先生——的领导特质与角色，结果发现三组具有对立性的领导特征（即市场敏感与政治敏感、市场规则遵循与企业谋略、企业执着与民族抱负），同时体现在张先生身上。据此，作者进一步将"市场敏感"、"市场规则遵循"与"企业执着"归纳为"市场"取向，将"政治敏感"、"企业谋略"与"民族抱负"称为"政略"取向。用实际案例说明中国本土企业领导者如何在领导过程中将看似矛盾的"市场"与"政略"取向加以内化、融合，展现出"市场政略家"这一中国本土企业领导者独特的角色。

"市场政略家"这个融合两个对立观念的角色，不仅精准地描绘了本土标杆企业领袖的领导面貌，更深刻地诠释了相对性（relativity）这个重要的中国传统智慧。也就是说，看似不相容、只能二者择一（either/or）的观念或角色（如 "市场"与"政略"），若能加以整合、平衡与超越，将可激发各自内蕴的潜能，产生巨大的能量，正如"市场政略家"能够创造出巨大价值与影响力一样，而这跟我几年前担任国际管理学会（Academy of Management）主席时提出来的"文化双融（ambicultural）"观点也相互呼应。

"文化双融"观点主张，在人类所有的思维与活动中，对立的个体经常存在着相互依赖的关系，合起来刚好形成一个整体，而这一整体的内涵已经大大超越了原本的个体关系。例如，我们的生活中充斥着诸如东方与西方、微观与宏观、学术与实务、工作与家庭等各种可能的冲突或对立情境。然而，这些对立面是可以整合的，就像小麦去壳，存精华弃糟粕，反而可以产生更好的，甚至有启发性的成果。"文化双融"的目的就是桥接、连接与调和这些对立与隔阂。如同作者在该书中的分析，"市场政略家"充分体现了文化双融的思想，因为他们是在充分认知"市场"与"政略"的基础上融合了两者；"市场"中有"政略"，"政略"中有"市场"，去芜存菁、相辅相成。此外，该书中所提张先生的"以局任势"及"管理就是借力"等策略，也说明了"市场政略家"对双方或多方态势的把握度与整合力，充分体现了如何与时俱进地落实文化双融思想。

另外，书中也阐述了"市场政略家"的文化基础与底蕴。例如，作者认为张先生"思方行圆"的特质乃是源于他对齐文化与鲁文化、道家"阴阳"与儒家"中庸之道"的深刻体会；藉由整合与超越方-圆、齐-鲁、道-儒的思维，张先生呈现了既"强势"又"儒雅"、既"冒险"又"谨慎"、既"朴实"又"机智"的弹性特质，显示出他深度地了解每一种"文化"或思想的特质，汲取其中的精髓，再将这些精髓进行整合与优化，运用在日常的经营管理之中，藉此行践了原始儒家"致中和"及"万物并育而不相害，道并行而不相悖"的理想。对于有心成为"市场政略家"的本土领导者来说，如何了解并且欣赏每一种文化，汲取每一种文化的精华，然后发自内心进行整合，便成为重要的基本功。

该书是一本有关中国本土企业领导者的开创性专著，其间蕴含的思想与我个人首创的文化双融观点有许多共通之处，再加上本人长期关心海尔公司的发展，故特为书作序。我相信该书对管理学术与实务的整合一定有重要启发，尤其，它为管理领域"实务攸关性"这个课题开创了一条路、立下了一个标杆。

陈明哲

美国弗吉尼亚大学讲席教授、国际管理学会终身院士暨前主席

2018 年 10 月

序

    领导自古以来是一种基于群体的社会现象，群体的地域性强调了社会情境的重要性，领导研究需要基于社会情境进行展开，才能发掘出该社会情境中群体领导者的特征。领导是一个悠久的话题，在古老的原始部落中就已经产生了，对领导的研究与人类文明出现的时间几乎是同步的（Bass，1990）。社会情境（政治、历史、文化等）的不同强调了本土领导研究的重要性。本土领导者及其所在的群体都受到了社会情境的影响，从而其行为过程产生了特殊的本土现象。用本土的视角（李平，2010）关注本土独特的情境要素（Tsui，2004），并分析由此而产生的本土现象（Whetten，2009），从而构建本土理论。本土领导是领导者与其社会情境互动的产物，他们被社会所塑造，同时也塑造着社会。中国本土领导者与社会情境的互动呈现了中国特有的本土领导现象，对此，研究者面临着探索方向上的基本选择：从既有的理论视角出发，扩展或修补理论的边界（适用性），或者暂时悬置那些理论，走进现实的生活世界。一方面，在主流范式的主导下，很多研究关注或满足于变量关系的猜想，忽略了对领导深层机制的探索。另一方面，伴随着本土管理研究呼声的日益高涨，华人主流学者也认为："在过去的三十年，中国的管理学研究者更多地聚焦于演绎式的假设检验型研究。……但是，三十年后，大量的研究并没有为我们理解中国特色的管理现象提供具有洞察力的见解，也没有出现一个真正的中国管理理论。现在，我们十分需要构建能够解释中国独特困境和问题的理论"［据徐淑英于2014年在中国管理研究国际学会（IACMR）会议的演讲］。本书选择了后者，暂时悬置已有理论，以"问题意识""重新"回到现实的生活世界，极力接近这些现象的事实，刻画中国本土领导者的画像，探索中国本土领导者的角色与状态。

    多年前，我们早已开始了对中国本土领导的研究。中国有着悠久的历史文化，有着中华人民共和国成立至今及近40年改革开放的坎坷经历,其间产生了许多优秀的企业（如海尔、华为等）。这些企业的成功很大程度上取决于其领导者的力量,如海尔的张瑞敏、华为的任正非、万科的王石等都是中国改革开放以来谱写中国本土领导乐章的成功代表。不可否认,近几十年来,中国管理实践的成绩离不开西方的管理理论、工具和技术的运用,但中国独特的社会情境使中国的企业领导者在基于西方管理工具和技术的基础上,走了一条独具中国本土属性的企业之路,承担了不同于西方企业领导者的角色。张瑞敏是改革开放以来中国企业发展的实践者和见证者,并热衷于中国的本土管理,提出了多项管理模式和理论,代表了中国改革开放以来成长起来的一批有为的企业家的智慧。因此,张瑞敏不仅具有研究的代表性,更具有研究的典型性。几年来,我们一直努力尝试着勾勒出张瑞敏的领导画像,而本书所建构的本土领导角色构念——市场政略家是对张瑞敏的领导者画像的素描,体现了这一类企业领导者的角色特点,刻画了他们的存在状态。

本土研究是一次直面中国本土管理现实的学术之旅,相比狭义的量化研究,非常艰难。多年来,我们曾挣扎于浩瀚的质性数据之中,曾彷徨于繁杂的逻辑之中,曾痛苦于成果的如何呈现之中……研究过程中,我们的心路既有漫无边际中的复杂,又有执着于本土领导研究及范式的单纯;既有非主流挣扎的压抑,又有柳暗花明时的奔放;既有难以一蹴而成的不安,又有研究使命促使的镇定……在学术之旅中,我们越来越坚信研究的意义!我们并不孤独,因为有一大批同路人在涌现!

最后,衷心感谢西安交通大学管理学院的郭菊娥教授、宋合义教授、相里六续副教授、张禾副教授,深圳大学管理学院的韩巍副教授在研究过程中给予的帮助与支持!感谢团队中其他成员的帮助与支持!特别感谢香港中文大学的富萍萍教授在研究过程中给予的支持与帮助!

作　者

2018年5月31日

前　　言

本书建构了中国情境下的一种本土领导角色——市场政略家。基于互动及社会化视角，发现中国企业领导者兼容"市场"与"政略"两种功能："市场"体现为企业领导者的市场敏感（对市场需求具有强烈的敏感性）、市场规则（善于遵循市场的规则）、企业执着（市场的坚持者，执着于做企业）；"政略"体现为企业领导者的政治敏感（政策关注——对政策的关注，从而捕捉背后的市场机会；政治关联——与政治有一定的连接关系，从而更有利于组织的有效运行，即"亲"；政治距离——对政治刻意保持一定的距离，以划清与政治的界线，即"清"）、企业谋略（以局任势）、民族抱负（基于自己的企业来实现内心的民族抱负）。市场政略家对市场具有强烈的敏感性，识别市场中的机会，制定合理有效的战略，并对政治敏感，时时关注政策背后的市场机会，并与政治有关联（亲）且保持距离（清）；遵循市场规则但又能基于规则之上以局任势，全局圆通、灵活变通地运用谋略来处理各种事务；基于对企业的执着来实现自己的民族抱负。市场政略家有效地融合"市场"与"政略"于自己的领导行为中。两者相互包容，"市场"中有"政略"（如面向市场时的政治敏感、市场规则中的企业谋略、企业执着中的民族抱负），"政略"中有"市场"（如政治敏感中的市场敏感、企业谋略时的市场规则遵循、民族抱负下的企业执着）。

因此，市场政略家是兼容"市场"和"政略"的双重领导角色，通过对市场敏感、遵循市场规则和对企业的执着发挥"市场"的功能，然而又通过对政治敏感、运用企业谋略或拥有民族抱负发挥"政略"的功能，"市场"和"政略"相互影响且相互促进，共同嵌套于市场政略家角色中。市场政略家对市场具有强烈的敏感性，但又有着较强的政治敏感度；遵循市场规则但又善于运用企业谋略而超越规则；基于企业的执着来实现其民族抱负。

本书提炼了市场政略家的三种维度，即机会型、谋略型及信念型。机会型表现为领导者基于对市场和政治的敏感而关注和获取市场中的机会价值；谋略型表现为领导者基于对市场规则的遵循，运用企业谋略来处理各种事务，关注事务的"局"与"势"，进行有效的任势，以实现预期目标；信念型表现为领导者拥有强烈的民族抱负，且通过对企业的执着来实现，反过来，正是由于民族抱负而对企业有着强烈的执着，这是一种信念。机会型与谋略型之间是互为基础的，机会型的市场和政治敏感是谋略型的基础，谋略型对机会型在机会获取上更能起到保障作用，从而使其能够有效地基于市场规则的遵循，运用企业谋略保障企业的发展。信念型是机会型和谋略型的动力和保障。信念和企业执着能够激发市场政略家对市场的机会获取的动机，同时能够激发和保障市场政略家在规则和企业谋略关系上的有效融合。本书又进一步分析了市场政略家的历史情境，挖掘了市场政略家的设计、把控及感召三种主要行为，以及应对不确定性的作用。并从社会化角度分析了市场政略家形成的社会过程，在社会化的互动过程中，领导者形成四类特质，四类领导特质的关系能有效促进领导者的社会化发展。四类领导特质决定了领导者的行为基础，从而决定了其领导角色。市场政略家领导角色的形成就遵循了这样一个机理。

市场政略家领导角色不同于 Mintzberg（1973）、Quinn（1984，1988）、Hart 和 Quinn（1993）等传统的管理角色或领导角色，而是从本土的层面上跨越和拓展了已有的角色理论。市场政略家领导角色的提出能为研究者理解中国本土领导提供基础，并为实践者提供有效的参考。

作　者

2018 年 5 月 31 日

目　　录

第1章 绪 论

习近平总书记在党的十九大报告中强调，激发和保护企业家精神，鼓励更多社会主体投身创新创业。建设知识型、技能型、创新型劳动者大军，弘扬劳模精神和工匠精神，营造劳动光荣的社会风尚和精益求精的敬业风气。李克强总理在2018年政府工作报告中也强调，激发和保护企业家精神，增强企业家信心。企业家精神是企业转型与变革的重要力量，更是中国经济转型不可缺少的动力（张维迎，2014；陈宪，2015）。企业家精神（spirit of entrepreneurship）是某些个体特质在创业中的象征性体现，通常可被描述为想象力、创造力、新奇性与敏感性等反映个体特质的词汇（Buchholz and Rosenthal，2005）。这种精神总与国家、民族的发展息息相关。在每一个历史时期，都有一批企业家用一种精神、民族抱负来展示这个时代。1840年第一次鸦片战争后，随着外国资本主义的进入及洋务运动的兴起，我国近代民族资本主义产生，一批杰出的民族企业家随之涌现。关于中国的民族工业，毛泽东有"四个不能忘"的说法："重工业不能忘了张之洞，轻纺工业不能忘了张謇，化学工业不能忘了范旭东，运输航运业不能忘了卢作孚。"（吴晓波，2009）虽然，他们坚守做企业的细节无法逐一还原，在内忧外患中做大做强企业的困难也难以细数，但他们执着于企业，展示了一种奋斗和不甘落后的精神！中国自改革开放以来，同样诞生了一批民族企业家，他们用自己的企业成就证明了中国的实力。例如，张瑞敏力争打造国际化的海尔、中国自己的管理模式（人单合一管理模式），任正非带领华为的崛起等。他们坚持对企业的执着，用企业的成功来实现内心的民族抱负！这就是一种企业家精神！

中国自改革开放以来，市场中摔打出了很多有为的企业家，如海尔的张瑞敏、华为的任正非、万科的王石等，他们在执着于企业的同时，都表现出了很强的市场特点。然而，在中国，市场的发展和运行也往往和政治交织在一起（Luo et al.，

2012），而企业家更是避不开政治（Li et al.，2006；Bai et al.，2006）。2013 年 6 月，柳传志在正和岛企业家俱乐部（一家聚集了 2000 多名企业家的社交平台）提议："从现在起我们要在商言商，以后的聚会我们只讲商业不谈政治……"。柳传志的言论把企业家该不该谈政治推向了热点。由此，《南风窗》杂志的记者覃爱玲在该刊 2013 年第 17 期（2013 年 8 月 14 日出版）发表了题目为《中国企业家的政治观》一文，论述了企业家该不该谈政治的问题。"正和岛风波"产生的本质不是企业家谈不谈政治的问题，而是企业家与政治的关系问题。自古以来，中国的企业家与政治都有着千丝万缕的联系，如古时的范蠡、吕不韦、胡雪岩等。但是不谈政治不等于避开政治。2016 年 3 月 4 日，习近平总书记在看望出席全国政协十二届四次会议的民建、工商联界委员并参加联组讨论时，用"亲"和"清"两个字阐述新型政商关系。"亲"体现了中国政商关系的常态，政治关联的重要；"清"体现了政商关系的正能量，政治距离的清晰。海尔的张瑞敏在接受凤凰财经独家对话时又从另一个视角阐释了企业与社会的关系，在张瑞敏的这一对话中，体现了一种企业家精神，一种做企业的民族抱负：

> "在商言商"和企业家的担当这两个问题不能割裂开来，企业永远不可能离开社会……"皮之不存，毛将焉附？"企业应该像老子《道德经》里所说，做到上善若水，水利万物而不争，企业只要为社会创造利益，其实企业也会自然生存下去。[①]

除此之外，中国的企业家对中国历史上的"谋略"有着自发的推崇（Ghauri and Fang，2001）。中国人自古就受到了谋略的熏陶，如《孙子兵法》、三十六计、楚汉之争、鸿门宴、《三国演义》和《红楼梦》，以及宫廷戏等都呈现了中国人对计谋的重视。中国的历史是谋略的，中国历史上的人物是谋略的，他们为中国人创造了很多的智慧，对中国人产生了很大的影响。而今，中国人又对国学特别热衷，掀起了国学之风。许多企业家不惜重金去各种培训班学习国学。"国学"在中国古代，是指国家一级的学校，与汉代的"太学"相当。唐代贞元年间，李勃隐居读书于庐山白鹿洞，至南唐时，在其遗址建学馆，以授生徒，号为"庐山国学"。到宋代，又改称"白鹿洞书院"，这时的"国学"实为藏书与讲学之所。

[①] 李磊.2013-07-29.张瑞敏谈"在商言商"：皮之不存 毛将焉附.http://finance.ifeng.com/a/20130729/10287406_0.shtml.

清代末年至中华民国初期把"国学"同诸多"外学"相提并论。一般认为，"国学"即"以易学为根基发展出来的华夏诸子百家学术"（宋定国，2013）。华夏诸子百家学术呈现了国学中的智慧。然而，以国学为核心的传统文化所呈现的谋略智慧是企业家所推崇的，是企业家学习国学的主要目的之一。企业家通过学习国学中的谋略来提升企业的管理能力。

前面所提到的现象隐含了企业领导者在中国情境下的状态，这种状态通过其领导角色更易描述出来。因此，本书涉及三个层面的理论背景，即领导研究、本土领导研究及领导角色研究。

（1）领导研究的繁荣与乱象

纵观古今，领导（leadership）发生于特定的社会群体中，是一种不可脱离于社会情境而具有本土属性的社会现象（徐立国等，2012）。领导是一个悠久的话题，在古老的原始部落中，就已经产生了。早在古希腊时期，领导就成为备受关注的论题。Burns（1978）认为领导是地球上见得最多却对之认识最少的现象之一。对领导的研究与人类文明出现的时间几乎是同步的（Bass，1990），一直没有停歇过。从 20 世纪初，对领导的研究备受关注，各种各样的领导理论扑面而来。

领导研究经历了"特质"（Gibb，1947；Stogdill，1948；Ghiselli，1971）—"行为"（Likert，1961；Blake and Mouton，1962）—"权变"（Fiedler，1967）及以变革型领导（Burns，1978；Bass，1985）为代表的新领导理论（Bryman，1992）的发展历程，视角颇多，成果累累（Ford，2005），领导丛林已经形成（孟建平和霍国庆，2008；韩巍和席酉民，2009），领导研究一片"繁荣"。

而在领导研究繁荣的背后，却又是一些乱象。领导涉及复杂而多元的领域，领导研究要做到让人心悦诚服，恐怕是件令研究者诚惶诚恐的事（Day and Antonakis，2011）。已有领导研究涉猎了特质、行为、情境、组织、战略、高管团队、员工、角色等多个领域。虽然研究需要选择一个领域进行深入探索，但是如果没有一个全景的认知作为前提，那么最后的结果是各个研究各抒己见，支离破碎，甚至相互矛盾，一片乱象。本书并不反对领导研究的百家争鸣，但当前领导研究的碎片化（Fry and Kriger，2009）、组织情境变量的繁杂化（McCall and Lomnardo，1978）、社会情境的隔离化（Johns，2006；韩巍，2009）及量化研究的模板化（席酉民和韩巍，2010）等研究状态确实令人有些担忧。韩巍和席酉民（2009）主张要从"环境—领导—战略—组织结构+组织机制—行动结果"这一个完整的链条来解释领导现象，给出了领导研究一个全景画面。

（2）本土领导研究已引起学界关注

在领导研究的繁荣与乱象中，本土研究（indigenous research）已经兴起，研究范式也在变迁。领导自古以来是一种基于群体的社会现象，群体的地域性强调了社会情境的重要性，领导研究需要基于社会情境进行展开，才能发掘出有利于该社会情境中群体领导者的特征。Tsui（2004）主张要用当地的语言（local language）、当地的话题（local subjects）和当地的构念（local meaningful constructs）进行本土研究，科学地构建本土的理论。当前的领导研究主要是基于西方情境展开的（Porter and McLaughlin, 2006; Yukl, 2010），由于社会情境及文化的不同，这些研究的结论对于其他国家的领导现象的解释极可能是无力的（Hofstede, 1993; Rousseau and Fried, 2001）。因此，越来越多的学者已经意识到了本土领导研究的迫切性（Tsui, 2004, 2006; 徐淑英和张志学, 2005; Chen et al., 2009; 韩巍, 2009; 席酉民和韩巍, 2010; 徐立国等, 2012）。

自 20 世纪 80 年代以来，中国学者的领导研究已经开展了 30 多年，然而还是主要停留在西方理论的验证层面上（Barney and Zhang, 2009），或者关注西方一些新的领导概念的识别与运用（徐立国等, 2012），在其基础上增减变量。曹仰锋和李平（2010）归纳了中国本土领导研究的四个阶段：第一阶段是应用或验证现存西方领导理论；第二阶段是通过寻找本土独特性修订西方领导理论；第三阶段是构建新颖的东方领导理论；第四阶段是整合东西方领导理论。曹仰锋和李平（2010）对国内 8 种高水平管理期刊 2000～2009 年刊登的 94 篇领导研究论文进行了整理分析，发现其中有 66 篇（70%）属于第一阶段，11 篇（12%）属于第二阶段，17 篇（18%）属于第三阶段，没有属于第四阶段的论文。说明中国的领导研究还主要关注对西方领导理论的检验和修订，在构建新颖的东方领导理论方面非常不足。因此，中国的领导研究更需要从中国的情境中解释中国独特的领导现象，"接着中国传统文化讲"和"接着中国管理实践讲"，构建中国的本土领导理论，而不应是"自娱自乐"或"吃别人嚼过的馍"（郭重庆, 2008），甚至"生吞活剥地应用西方的理论，忽视中国管理的历史根源和现时状态"（Tsui, 2009）。

"高水平的本土研究不是简单地检验西方理论或模型的适用性"（徐淑英和张志学, 2005），而是旨在理解特定情境下的特定现象，并构建相应理论。中国改革开放以来，在市场中摸爬滚打出来一批有为的企业家，面对这些宝贵的中国本土领导素材，应该"全景式"地跨越领导研究所遭遇的"割裂"，用本土视角观测独特的本土现象或该现象中的独特元素（李平, 2010），"扎根"于他们的故事之中，或是重新建立中国人自己的"领导观"（韩巍和席西民，2009），探索中国本土意义的新发现，而不是简单地去验证某一理论假设或提供太多片段性的"偶然性"知识（席西民和韩巍，2010）。

本土领导研究源于社会情境（政治、历史、文化等）的不同，本土领导者及其所在的群体都受到了社会情境的影响，从而其行为过程产生了特殊的本土现象。所以，本土领导研究首先是围绕本土领导者和其所在的环境两个角度进行展开的。用本土的视角（李平，2010）关注本土独特的情境要素（Tsui，2004），并分析由此而产生的本土现象（Whetten，2009），从而构建本土理论。对于本土领导研究而言，这些本土情境要素及本土现象则需要从本土领导者与环境的互动中进行挖掘。因此，本土领导者与环境的互动应是本土领导研究的焦点。

当然，在本土领导者与环境的互动中，本土领导者是本土领导研究的主体。领导者是一个在环境中成长的系统发展体（徐立国等，2012），从社会化视角研究领导，能发现本土领导深层次的问题和机制。

（3）领导角色研究

本土领导研究关注社会情境（政治、历史、文化等）下的本土领导现象，这些本土现象嵌套于本土领导者与社会的互动过程之中。而角色却是连接个人与社会的结点（奚从清，2010）。本土领导行为的前提往往是领导者所承担的角色。角色与行为是融合一体的，角色是行为的基础，行为是角色的表现（徐立国等，2013），两者同时嵌套于个体与社会（其他个体或群体）的互动之中（Turner，1976，1978）。例如，中国人经常讲的"见人说人话，见鬼讲鬼话"，其中就体现了在特殊的情境中角色与行为的辩证关系。所以，角色与行为的不可隔离决定了领导角色是探究本土领导现象时不可逾越的研究点。

20 世纪 30 年代，角色概念被美国社会学家 Mead（1934）首次应用于社会学中，来说明个体在社会上的身份及其行为。他认为，角色是指个体依据社会客观期望，借助自己的主观能力，适应社会所表现出的行为模式。Linton（1936）提出"社会角色"概念，是指在任何特定场合作为文化构成部分提供给行动者的一组规范。Turner（1976，1978）认为角色是一种过程，社会互动是其基本出发点。Biddle（1979）认为角色需聚焦于特征化行为。综合这些界定，本书认为角色是指个体依据社会客观期望，借助自己的主观能力，适应社会所表现出的行为模式，体现于个体与社会（其他个体）的互动过程，突出社会性，强调社会情境的作用。所以，角色具有强烈的本土性诉求，突出特定社会情境下的本土特征。从本土意义来讲，研究领导角色能有效地关注领导的本土属性。

　　角色在管理领域的应用最为著名的是 20 世纪 70 年代 Mintzberg （1973）提出的管理者角色理论，包括人际角色（interpersonal roles）、决策角色（decisional roles）及信息角色（informational roles）三类。Mintzberg（1973）认为管理者行为可以通过考察管理者在工作中所扮演的角色来恰当地描述，其对管理者角色的概括被后来研究者广泛接受并发展与丰富，主要围绕管理者的内外部角色、特征及与职位层级的关系等展开了系统研究（Alexander，1979；McCall and Sergist，1980；Paolillo，1981；Tsui，1984）。后来，Quinn （1984，1988）基于柔性、稳定性、组织内部及外部四个维度的竞值构架模型（competing values framework）归纳出八种领导角色，分别是导师（mentor）、辅助者（facilitator）、监督者（monitor）、协调者（coordinator）、指导者（director）、生产者（producer）、经纪人（broker）和革新者（innovator）。Hart 和 Quinn（1993）基于 Quinn（1984，1988）的前期研究，又将领导角色整合为四种，分别是愿景确定者（vision setter）、激励者（motivator）、分析者（analyzer）及任务掌控者（task master）。其他关于领导角色的研究主要从领导的团队角色 （Belbin，1993；Durham et al.，1997）、领导角色占有 （Arvey et al.，2006，2007；Avolio et al.，2009）、领导角色对个人绩效的影响 （Day et al.，2004）、领导角色有效性（Rahim and Psenick，2005）、知识共享及合作文化中的领导角色 （Yang，2007）等方面进行了研究。总体来讲，大多数文献对领导角色的研究仍是基于 Mintzberg 的管理者角色的研究，还没有关注角色的本土性诉求。

　　其实，从概念意义上来讲，领导者本身就是一种角色，只不过是一种复合型角色，范畴比较宽泛，很难更准确地把握，也不能深入关注到领导的本土属性（徐立国等，2013）。为了更好地理解领导者这一角色，学界把领导分为了不同的类型，如变革型领导、交易型领导（Burns，1978；Bass，1985）及家长式领导（樊景立和郑伯埙，2000）等。在这些类型领导的基础上进一步探索领导的有效性，这样的分类探索取得了良好的成果。虽然这些类型的划分不属于领导角色的范畴，但其成果在一定程度上解释了领导者这一复合型角色。然而，这些却不能够具体地告诉领导者在一定的社会情境应当承担什么样的领导角色、行使什么样的领导行为。

　　总之，本土领导角色研究是本土领导研究的重要内容之一，更是本土领导研究不可逾越的研究点，能够全面地涉及本土领导者的特质、行为等，能有效地解析特定的社会情境中的本土现象。对于中国领导者的本土现象，从本土领导角色的角度能够有效地解析、揭示中国本土领导者在中国的特殊社会情境中承担了什么领导角色，并发挥了什么作用。基于以上现实及理论背景分析，以及本土领导角色研究在本土领导研究中的特殊性，本研究将基于中国企业家的数据展开本土领导角色的研究。本研究的研究问题如下：①中国的本土领导者主要承担了什么样的领导角色。中国独特的历史及文化形成了特殊的社会背景，在特殊的社会背景下，中国企业领导者到底承担了什么样的领导角色，是本研究要探索的首要问题。基于本土领导者现象，探究中国的本土领导者在中国特殊的情境中承担了什么样的领导角色。②领导角色发挥了什么作用。本研究将从本土现象中探索本土领导角色所起的作用。③领导角色生成的原因。在界定出领导角色之后，本研究将从中国的政治、历史、文化及当时的情境去探索这种本土领导角色存在的理由，并从领导者的成长过程探索这一角色的形成机理。

张瑞敏是改革开放以来中国企业发展的实践者和见证者，并热衷于中国的本土管理，提出了多项管理模式和理论，代表了中国改革开放以来成长起来的一批有为的企业家的智慧。因此，张瑞敏不仅具有研究的代表性，更具有研究的典型性。所以，本研究基于张瑞敏个案，运用互动及社会化的视角建构了中国一个独特的本土领导构念——市场政略家，刻画了中国企业领导者的存在状态，丰富了领导角色研究文献。理解这一特殊的本土领导角色，能够帮助领导研究者更好地理解中国本土领导的复杂现象。在当前世界学者都在关注中国管理问题的时代，本研究具有很强的理论意义。同时，本研究丰富了本土领导角色理论。Mintzberg（1973）的十大角色理论已经众所周知（Alexander，1979；Tsui，1984），Quinn（1988）、Hart 和 Quinn（1993）的研究虽然也给了我们很大的启发，然而，这些研究对于解释本土领导现象是有限的，本研究丰富了本土领导理论。而且，市场政略家这一领导角色揭示了中国企业领导者的特殊现象。中国改革开放以来，在市场中摔打出了一批像张瑞敏这样的企业家，他们经历了"文化大革命"时期的创伤，经历了改革开放初期由计划经济向市场经济转型时期的洗礼，经历了"市场经济体制"下的激烈竞争，经历了每一个决策时的战战兢兢……本研究能够准确而有效地诠释他们的存在状态和领导现象，从而为实践者提供有效的借鉴。

第 2 章　张瑞敏的故事

本研究是从张瑞敏的故事（事件）开始的，为了能使读者对张瑞敏有一个全面的认识，在此先讲述张瑞敏的故事。在张瑞敏的成长历程中，许多关键事件勾勒出了张瑞敏的成长轨迹，所以，本章将基于张瑞敏每一个阶段的关键事件及其他相关数据对张瑞敏的故事进行呈现。本研究基于张瑞敏的数据整理了其成长历程，如图 2-1 所示。

2.1　童 年 阶 段

1949 年 1 月 5 日，张瑞敏出生于青岛市一个普通的工人家庭。张瑞敏虽然出生于青岛，但在他的简历中却始终写着"山东莱州人"。

> 莱州市沙河镇朱马村，一个多数烟台人不知道的偏僻小村，正是张瑞敏的故乡。虽然张瑞敏不是在这里出生，但他的父辈却是从这里走出去"闯关东"的。而在张瑞敏的身上，也流淌着父辈人"闯关东"时一样的满腔热血。无论他率领他的"海尔巨轮"驶向全球的哪个角落，这位"船长"的个人简历中永远写的都是山东莱州人。（綦孝东和焦红红，2012）

张瑞敏认为自己的根基扎在了山东莱州，具有强烈的恋本情结，这体现了张瑞敏不忘本的特征。为了深入认知张瑞敏，本研究重述他的祖辈、出生的时代及成长的地点。

（1）张瑞敏的祖辈

在张瑞敏的故乡莱州市沙河镇朱马村，村民张瑞刚（他的爷爷和张瑞敏的爷爷张维周是堂兄弟。他和张瑞敏都是"瑞"字辈）说：

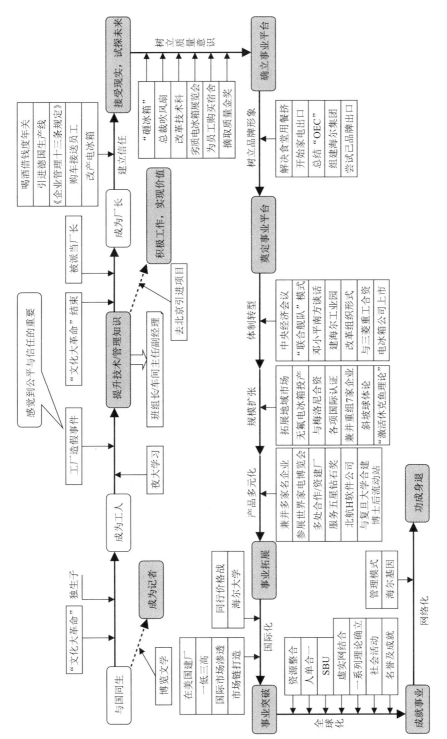

图2-1   张瑞敏发展历程图

> "他（张瑞敏）爷爷老的时候我很小，经常见，但印象不怎么深了，感觉是挺好的一个老人。"张维周就在这里生活一直到去世，老人活了80多岁，去世后就埋在了朱马村。（綦孝东和焦红红，2012，有删减）

张瑞敏的爷爷张维周是个厚道朴实的农民。在莱州市沙河镇朱马村，张瑞敏还有一个堂弟，叫张瑞良，是张瑞敏亲三大伯的儿子，现在在沙河镇祝家村当小学老师。

> 张瑞良曾说，张维周也是自己的亲爷爷，生于清朝光绪年间，有五个儿子，自己父亲排行老三，而张瑞敏父亲张文科排行老四，自己比张瑞敏小了四岁，叫他大哥。"……我爷爷是个老实本分的农民，有点地，靠种地为生，家里孩子多，当时生活挺艰难。"……在张瑞良的印象中，老张家人在他爷爷那代口碑就很好，给人的感觉就是厚道。（綦孝东和焦红红，2012）

20世纪40年代初，山东人依然延续着父辈人"闯关东"的传统。张维周共有五个儿子，张瑞敏的父亲张文科排行老四。因为家里人口多，光靠一点地难以维持生活，所以，张维周鼓励几个儿子去东北闯荡。据张瑞良说，"兄弟五人中，除了五叔，都经历过这段'闯关东'的历史"。

> "当时应该是1940年前后，爷爷让我大伯和我父亲先出去闯闯试试，"张瑞良说，"我父亲和我大伯去了大连后在那里学做生意，后来，我四叔也过去了。"张瑞良说，当时爷爷觉得家里孩子多，没个挣钱吃饭的手艺不行，于是便让他父亲回老家带着老四张文科，到了大连，在那里找了人学做裁缝。
>
> 张瑞良说，"我四叔去大连的时候才十三四岁"。1945年，张文科从大连辗转去了青岛，在一家服装厂做起了裁缝。（綦孝东和焦红红，2012，有删减）

张瑞敏的父亲张文科刚到青岛时才20岁左右，在亲戚朋友的撮合下，认识了张瑞敏的母亲，一位从沙河镇东李家村走出来的善良女人，之前一直在青岛纺纱厂当工人。两人在1947年前后结了婚，结婚后差不多两年，生下了张瑞敏。张瑞敏的父母一个在服装厂，一个在纺纱厂，都是普通工人。

张瑞良说："虽然辛苦，挣钱却并不多，生活过得紧紧巴巴。但即便是这样，四叔还是省吃俭用，把积攒下来的钱寄回老家。我四叔很孝顺，每年都回老家看我爷爷和奶奶，有时候他还一个人带着年货回家过年。"（綦孝东和焦红红，2012）

朱马村的张忠科老人（他的父亲和张维周是堂兄弟，他和张文科同属"科"字辈，比张文科小 5 岁）说：

"小时候我们俩在村子里玩得很好，……家里嫂子就是我们邻近东李家村的，脾气挺好，两个人待我都不错。"（綦孝东和焦红红，2012）

张瑞敏的祖辈是厚道朴实的农民，然而骨子中却蕴含着一股闯劲。从张瑞敏的父亲十几岁就"闯关东"可以看到这股闯劲和胆识。如果要用标签概括张瑞敏的父辈的话，"朴实"、"能动"及"胆识"是必不可少的。毋庸置疑，这些特质对张瑞敏产生了很大的影响。

（2）童年家园

张瑞敏出生于 1949 年 1 月，他 10 个月大时，中华人民共和国成立。那个时代，是一个红色的时代，到处都是建国、爱国的标语，人人对中国的未来都充满了憧憬。然而，当时中国的国际国内形势是错综复杂的，形势比较严峻。张瑞敏的童年成长于那个既令人欣喜又严峻复杂的时代，受到时代的影响，"爱国气节"和"责任"无形中印在了幼年张瑞敏的心中。

张瑞敏出生于青岛，青岛位于山东半岛南端，"碧海青山，绿林红瓦，不寒不暑，可舟可车"（据民国《胶澳志》卷二，"民社志十二·游览"：120），东临黄海，北依崂山，西连内陆，其地理位置陆海齐行。"就胶澳全区之形势以探讨其历史上之地位，大概汉唐以前涉险在陆，宋元而后置重在海。盖山东为黄渤间之半岛，而即墨、薛家岛又为胶澳间之半岛，乃山东半岛之一支具体而微者也。半岛之为用以山为里，以海为表。"（据民国《胶澳志》卷一，"沿革志一·历代设治沿革"：2）

青岛地区以前被称作胶澳，1898 年 3 月 6 日，中德签署《胶澳租借条约》，胶澳区域租借于德国（李东泉和周一星，2006）。1899 年 10 月 12 日，德国殖民当局将胶澳区域的新建市区命名为"青岛"（马树华，2011），青岛由此产生。从 1898 年德国租借胶澳，到 1937 年全面抗日战争爆发。在短短 40 年间，青岛完成了从胶州湾畔的滨海聚落到现代化都市的蜕变。

青岛有着悠久的历史文化。尽管青岛建市的时间仅 100 多年，但所处胶澳区域处于历史久远的齐鲁文化圈。古为东夷之地，夏禹划分九州时，为青州之域，周时为夷国。春秋战国时，除胶南沿海一带隶属鲁国，大部分地区属于齐国。秦朝时隶属琅琊郡，西汉时属胶东国，东汉时为不其侯国，晋时属长广郡，隋唐时属东莱郡，宋元明清均为莱州府（今属莱州市）之域。追溯文化渊源，齐文化是青岛传统文化的基础。齐文化渊源于古老的东夷文化，始于西周时期的姜太公封齐，繁荣于春秋战国时期。西汉前期，齐文化逐渐与鲁文化融合，传承至今。"齐文化的强大生命力，源于其发展之初便形成的重工商、尚变革、求开放、尊贤尚功、务实崇法、兼容并包等鲜明的地域文化特质。"（张胜冰和马树华，2007：25）鲁文化始于春秋时期的鲁国，产生了以孔子为代表的儒家思想学说，也融入青岛文化之中。鲁文化重伦理，与齐文化的尚功利相对；鲁文化重传统，与齐文化的讲求革新相对。两种文化相互交融，共同构造了青岛的传统文化。所以，"重工业兼商业，重功利兼伦理，重革新兼传统"成为青岛传统文化的基本要素。

所以，张瑞敏的童年时代是丰富多彩的，父辈的朴实、能动及胆识的特质潜移默化地从其父母身上传递到他的身上，中华人民共和国成立初期所体现的责任和憧憬逐渐影响到了张瑞敏的内心，青岛的多元文化也慢慢渗透于幼年张瑞敏的心智之中。

根据 Kegan（1982）的成长理论，儿童时期是指小孩子从 21 个月到 6 岁，这个时期的小孩子往往是任性的。他们基于自己的需要和冲动来看待世界（Bartone et al.，2007），且比较肤浅地基于获得的奖励和能否避免惩罚来判断事物的对与错（Kohlberg，1969）。这个时期，小孩子对外界人们的角色没有真实的概念（Bartone et al.，2007），所以，身边的人或事件通常对其成长产生重大影响。当然，小孩子不同的出身，所带来的智力水平、社会能力等都会有所不同 （Chess and Thomas，1978），因此，父母（Glasgow et al.，1997）、兄弟排行（Hall and Barger，1964）也是影响其成长的因素。根据 Murphy 和 Johnson （2011）的研究，儿童时期是人的一生中其特质和能力更容易和快速形成和发展的时期。Waniganayake（2002）也提到，一个人早期尤其是儿童时期的经历往往决定了其是否成为领导者。尽管基因也是应考虑的因素，但领导能力是演化的。因此，领导能力产生于这些因素的综合影响。

幼年的张瑞敏也是非常顽皮的，常常穿梭于桥下的水泥管，总是搞得一身泥土。然而，张瑞敏生活的周围都是普通的基层大众，所以他更早地理解了基层人们的艰苦和朴实。父母的朴实、能动和胆识慢慢地影响着他，幼小的张瑞敏逐渐形成了朴实、能动的特质。

2.2　青 葱 少 年

根据 Kegan（1982）的成长理论，青少年时代是指 7～22 岁的年龄阶段。这段时期的个体通过学习和参与多样的课外活动（Bartone et al.，2007），其认知和价值判断逐渐形成。已开始对其经历进行更为抽象的分类，并能从多重视角关注和评价身边的事件和事物。也能够基于他人的需要来考虑个人的需要，会关注互惠的义务和责任（Kegan，1982）。因此，经历、事件及周围的人影响了青少年时期的发展。另外，教育在这个时期对个体的成长也是十分重要的（Brady，1948；Mitra，2006）。

张瑞敏的少年时代成长于普通的工人家庭及多元的文化空间。那个时代，一个家庭通常子女比较多，连填饱肚子都很困难。而张瑞敏是独生子，与别的小朋友相比衣食还算充足，并且有充足的条件读书学习，受父母的影响，从小就养成了爱学习的习惯。张瑞敏在"课余时间喜欢参加各种兴趣小组，喜欢拆装收音机，喜欢总结经验搞发明。"[1]张瑞敏就读于青岛市第一中学，这在当时是青岛的重点中学。张瑞敏的中学同学回忆说："张瑞敏上中学时是一个求知欲很强的人，喜欢一个人看书，从来不为了应付考试而学习，他的成绩一直很优异。"[2]"张瑞敏有写日记的习惯，爱读书、善用书，写得一手好文章，逻辑严谨。座右铭是：'做大事，不做大官'。松下幸之助和杰克•韦尔奇是其推崇的人物。无烟酒嗜好。喜欢读《论语》、《道德经》及《孙子兵法》。"[3]

总体来讲，张瑞敏的小学、初中都是比较平稳的，这段时期的他除了学习之

[1] 中国日报网.2009-09-01.共和国同龄人张瑞敏：给祖国奉献世界名牌.http://www.chinadaily.com.cn/zgzx/60nian/2009-09/01/content_8642675.htm。

[2] 青岛新闻网．2009-09-28.张瑞敏：从工人到海尔首席执行官.http://www.qingdaonews.com/gb/content/2009-09/28/content_8157953.htm。

[3] 齐鲁网.2009-12-17 海尔集团总裁张瑞敏.http://news.iqilu.com/shandong/lushang/mingren/2009/1217/143720.shtml。

外，就是日常的平凡活动。在这个过程中，张瑞敏更加认知了基层人民的生活，即一种自立、艰苦、勤劳及朴实的生活。他也逐渐将这些特征吸收到了身上。然而，高中时的他却受到了"文化大革命"的严重影响。

1966年5月，"文化大革命"爆发。"文化大革命"开展起来后，学生罢课，走出学堂，去各地"破四旧"。这不仅造成了巨大的破坏，还耽误了大好的学习时间。当时的张瑞敏正在读高二，他的母亲怕他受到影响，就在1966年的冬天，把张瑞敏送回了朱马村，一直到第二年开春，才回青岛。这段时间的张瑞敏，同时也感受到了农村当时的生活状态。张瑞敏的高中读得"支离破碎"，但最终还是上完了高中。由此看来，张瑞敏后期的冷静、懂事，与其母亲的觉悟有着很大的关系。图2-2～图2-4是张瑞敏上学时的照片。张瑞敏是典型的"老三届"（1966年、1967年、1968年三届初、高中毕业生，合称"老三届"。"老三届"是"文化大革命"时期的特殊产物），高中毕业时，正赶上"知识青年上山下乡"。知识青年（简称知青）上山下乡并非始自"文化大革命"，它从20世纪50年代便被倡导，至60年代全面展开，70年代末结束。对当时的知青来说，他们到农村去，是为了消灭"三大差别"（即工农差别、城乡差别和体力与脑力劳动差别），上山下乡运动，对大多数知青是一个严酷的锻炼，也是一段不堪回首的经历。张瑞敏是家里的独子，按照政策可以不用上山下乡，于是他高中毕业就进入了青岛一家拥有500人的五金厂当工人。张瑞敏其实想做一名作家或记者，但是还是进入了工厂当工人。张瑞敏曾接受《齐鲁晚报》的采访：

齐鲁晚报：听说您年轻时的梦想是当一名作家或者记者，结果却进了工厂，从一名钳工做起，当时是不是有种心理落差？

张瑞敏：我当时上的是山东省的重点中学，考个大学还是可以的，当时是想上个重点大学，想上文科。当作家、记者那都是当时想象的。从最基层的钳工做起，是有种心理落差，当时从来没有想到要进工厂当工人，认为自己怎么着也能做脑力劳动者。但是慢慢从不情愿到渐渐适应了。①

---

① 青岛新闻网.2004-04-15 张瑞敏细说光荣与梦想：适应才能生存 明天属于你自己.http://www.qingdaonews.com/content/2004-04/15/content_3008600.htm。

图 2-2　张瑞敏小学时的照片（1962 年）

资料来源：青岛新闻网.2009-09-28. 张瑞敏：从工人到海尔首席执行官.http://www.qingdaonews.com/gb/content/2009-09/28/content_8157953.htm

图 2-3　张瑞敏中学时的照片（1965 年）

资料来源：青岛新闻网.2009-09-28. 张瑞敏：从工人到海尔首席执行官.http://www.qingdaonews.com/gb/content/2009-09/28/content_8157953.htm

图 2-4　山东省青岛市第一中学初三一班毕业纪念（1965 年），最后一排左六为张瑞敏

资料来源：青岛新闻网.2009-09-28. 张瑞敏：从工人到海尔首席执行
官.http://www.qingdaonews.com/gb/content/2009/09/28/content_8157953.htm

　　作为工人的张瑞敏，每天主要从事加工五金用品的工作。为了学到更为专业的知识和技术，他参加了当时夜大①的学习。每天白天上班，下班后骑自行车走很长一段路去夜大学习与机械制造相关的专业知识，一直持续了四年。其间，张瑞敏把学到的知识应用到工厂车间进行革新实验。张瑞敏逐步担任了班组长、车间主任、副厂长。

　　张瑞敏当时所在的工厂经常有一些上级欺骗下级、下级哄骗上级的不良现象出现，尤其是"推广华罗庚的优选法"运动，使他印象非常深刻。张瑞敏曾回忆说：当时"所有干的事情都可能是假的"，"上级假装给工人发工资，工人假装工作"。"当工人的那些年，我当时最希望得到的就是两个字：公平。做了管理者之后，我极力打造公平的激励机制，推进公平的企业文化。"

---

　　① 夜大是夜晚或周末上课的学校，是成人教育的一种形式。

2.3　成　年　阶　段

在成年阶段，个体已经更加独立，并能根据工作中的角色和职责来定位自己（Kegan，1982）。因此，实践在这个时期是最为重要的（Colvin，2008）。个体受到重大事件的影响并能制造事件来实现自己的目标，所谓"人在事中，事在人为"。在这个过程中，个体的学习和反思起到了重要的作用。在重大事件的影响下，个体需要学习和反思其中的经验来获得更好的发展。成年的个体逐渐意识到自己与他人的相互依赖性，以及更高的道德判断规则和标准（Kegan，1982）。总之，重大事件、关键的人、个体的学习和反思是这个时期成长的重要影响因素。

张瑞敏高中毕业后，在五金厂由工人做起，成为该厂的班组长、车间主任、副厂长，后来又被调进青岛家电公司工作，并担任了青岛家电公司的副经理。后又受命任青岛日用电器厂的厂长，由此打造了中国的国际化品牌企业——海尔。此过程中发生了很多的故事。

2.3.1　与厂结缘

时间定格于 1984 年，这是一个特殊的年份，是中国的企业元年。中国的第一波"下海浪潮"、中国的许多企业（如海尔、联想、万科等）都是从这一年开始的（吴晓波，2007）。这一年同时充满了诸多的可能和机会，如当时的健力宝搭载了美国洛杉矶举办的第 23 届奥运会，创造了当时中国饮料业的神话。经过六年的改革开放，那一年政府似乎给了市场更多的自由。那些自谋发展的企业相比手脚被捆绑的国有企业有了更多的自我主张和机会。那一年市场充满了机会，但更需要认认真真地去思考企业到底如何做。

这一年张瑞敏仍在担任青岛家电公司的副经理。而他的创业故事从此开始。1984 年，全国处于改革开放的浪潮，但对改革开放的理解并不清晰，认为企业对外引进国际项目，就是改革开放，能够抓住一个项目，企业就会有活路。所以，在这个以"引进项目"为标志的改革开放的年代，许多企业都争着引进项目。张瑞敏的创业也是从争取引进项目开始的。

（1）争取"利勃海尔"项目

当时青岛家电公司面临的状况是比较严峻的，对于引进国外项目，全国已经确定了 40 个定点电冰箱厂，国家引进项目的大门基本上要关闭了。这时的青岛家电公司没有争取到一个项目，作为副经理的张瑞敏更是对此天天挂记在心，于是就直接到北京争取引进国外项目。1984 年，张瑞敏在寒冷的天气下，买了张站票，到达北京。轻工业部的同志告诉他所有引进的项目都已名花有主。张瑞敏没有放弃，继续在那里等了几天。幸运的是，德国利勃海尔项目于此时进来了，张瑞敏递交了所需材料。最终，经过张瑞敏的争取，终于拿到了青岛利勃海尔项目（图 2-5）。

图 2-5　1984 年，在青岛迎宾馆内，海尔引进德国利勃海尔电冰箱生产技术和管理体系的签约
仪式现场（最后一排右四为张瑞敏）

资料来源：青岛新闻网.2009-09-28. 张瑞敏：从工人到海尔首席执行
官.http://www.qingdaonews.com/gb/content/2009/09/28/content_8157953.htm

张瑞敏是一个敢于接受挑战的人，凭着自己的真诚和坚韧，争取到了利勃海尔项目。这个项目是他争取来的，也成了他创业的基础。但在这个时候，他又接到了被派往一个濒临破产已负债 147 万元的青岛日用电器厂去做厂长的指令。

（2）临危受命

1984 年，张瑞敏争取到了利勃海尔项目后不久，青岛市轻工业局局长告诉张瑞敏，青岛日用电器厂需要一名新厂长。

青岛日用电器厂早期是一个手工业生产合作社，后来成为集体性质的合作工厂。主要生产电动机、吹风机、电风扇等小家电，后来开始生产名为"白鹤"的洗衣机，但其质量很差，销量低下，严重亏损，当时已经负债 147 万元，面临破产的境地。电器厂这一年内已经换了数任厂长，都无法使其改观。

张瑞敏当时已经意识到了青岛市轻工业局局长可能要派他去任厂长，过了几天，该局长很认真地给他下了指令，派他去任青岛日用电器厂厂长。经过几番思考后，张瑞敏接受了这个指令。在张瑞敏的职业规划中，没有计划会去一个负债

147 万元的濒临倒闭的小厂任厂长。然而，1984 年的临危受命，是一个正值而立之年的男人的慎重选择。

　　张瑞敏后来面对记者说："（对于青岛日用电器厂）我当时是不想有缘，结果反而有缘了。因为当时我在青岛家电公司做副经理，专管技术改造，也分管冰箱这个项目。电冰箱厂（青岛日用电器厂）我也经常来，也看到实际情况非常差，工厂不像工厂。我当时不想来，到这来干什么？所以我就尽量帮助他们，希望帮助他们树立信心，这样我就可以回到公司去，不管这些事了。但是越帮，他们就越往后退，三搞两搞把这事变得到我的头上来了。我当时也很矛盾，回去爱人说：'你要做好思想准备，在那里如果干不好，可能也回不了公司了。'多少年过去了，有的朋友看见我还保留着工厂 1984 年时的很多照片和录像资料片，以为我当时就在考虑为自己的将来树碑立传。其实，当时拍照片的意思是将来万一干不上去，我就可以拿出这些照片来证明：这么差的地方，谁能干上去？"[①]

　　为此，张瑞敏思考了很多。

　　1）张瑞敏思考之一：极大挑战

　　青岛日用电器厂已换了三个厂长，现状一片狼藉，且负债 147 万元。如此大的挑战，能否扭转？张瑞敏心中没底。这是一个正常人在面对极大挑战时首先想到的。如果自己干不好，会怎样？也许只能离开。若是这样，不仅是时间的浪费，更是事业的荒废。这是一种面对挑战不安的表现。然后，他又镇定了，我干不好，别人也不会干好。这又是自信特质的流露。因此，当时他拍了青岛日用电器厂的一些照片，作为自己将来一旦失败的凭证。这一行为把当时张瑞敏的心理活动体现得淋漓尽致。

　　2）张瑞敏思考之二：没有退路

　　当上级领导提出要派张瑞敏去任厂长时，事实已由不得他做选择。在当时的情况下，已没有退路可言。这时的他在进行着服从与追求之间的权衡。他不像其他的"下海"人士，孤注一掷。此时的张瑞敏选择了中庸之道，要服从，但是会边走边看，于是他拍照留退路，做好被调回的准备。张瑞敏此时的试探前进，体现了人生不仅仅要靠设计，还要靠无力选择时的自主演化。这是张瑞敏的高明之处，做事圆通。

---

① 中企联合网.2005-09-01.张瑞敏：反思二十年.http://www.cec-ceda.org.cn/huodong/mxqyj/zhangruimin/05.htm.

　3）张瑞敏思考之三：事业定位

　　一个具有"责任"与"诚信"（第6章会对张瑞敏的特质进行诠释）的而立之年的男人，面对职业生涯的重大变动，张瑞敏会深深思考自己的事业定位。他没有把这次委派当作自己事业的转机，而是将其仅仅当作事业的一次历练，甚至是一次意外而已。这表现了张瑞敏的谨慎之下的豁达。所以，张瑞敏想到的是把厂子改善好，并把员工工资发了之后就可离开。第一，给上级有个交代；第二，给自己也有个解脱。

　　现在看来，当时的临危受命是张瑞敏人生最重要的转折点。然而，当时的张瑞敏并没有想到这意味着自己成功的未来。他也像一个常人一样，想到自己的事业和选择，这是对自己的责任与诚信，不自欺欺人。权衡着"服从"与"追求"。面对挑战，有些瞬间的不安，并有着遇事三思的镇定。做到试探前进的圆通与豁达。因此，可以看出张瑞敏心思的缜密。

2.3.2　尝试前行

　　张瑞敏进入青岛日用电器厂后，大张阔斧地进行了他的创业历程。在创业初期，张瑞敏的几个故事可以完全勾勒出他在创业初期的智慧和艰辛。

　　（1）更名"青岛日用电器厂"为"青岛电冰箱总厂"

　　青岛日用电器厂最早是始于1955年的一个手工业生产合作社。1959年，过渡为合作工厂——青岛电机厂（后改名为东风电机厂），主要生产交直流电动机、电葫芦。后又生产吹风机、电风扇等家用电器而跨入家电行业。1979年从事洗衣机的研制与生产。1980年3月，青岛市第二轻工业局把青岛东风电机厂和青岛工具四厂合并为青岛日用电器厂。1979～1983年，青岛日用电器厂共生产了"白鹤"牌洗衣机5.8万多台，然而，其产品质量低下，外观粗糙而逐渐处于市场末路。再加上市场上已经有几家技术一流的名牌洗衣机厂家，青岛日用电器厂的洗衣机在市场上已逐渐失去竞争力。

　　1984年12月，张瑞敏到青岛日用电器厂报到。张瑞敏上任后决定退出洗衣机市场，转为生产电冰箱。于是，当月就把"青岛日用电器厂"更名为"青岛电冰箱总厂"。这是张瑞敏进入青岛日用电器厂所做的第一个重大决策。图2-6是创业初期的青岛电冰箱总厂原貌。

图 2-6　创业初期的青岛电冰箱总厂原貌

资料来源：网易财经.2009-09-07. 海尔老照片.http://money.163.com/09/0907/15/5IKB9UER00253JPM.html

　　张瑞敏为什么转向无生产基础的电冰箱？仅仅是由于前面所讲的利勃海尔项目吗？为什么不转向空调等其他产品？其实，中国的白色家电（黑白色家电的划分标准以有无信号源输入为主：无需信号源，通电即可正常工作的家电称为白色家电，如电冰箱、洗衣机、空调等；必须要有信号源才能正常工作的称为黑色家电，如电视机、录像机、音响等）起步于 1956 年。国内第一台电冰箱由北京雪花冰箱厂于 1956 年研制而成；第一台套缸洗衣机由上海电器厂（今上海钟表元件三厂）于 1965 年研制而成；第一台窗机空调由上海空调机厂生产。1956～1984 年，由于当时市场需求不够大，且技术上比较落后，没有形成大批量的生产，电冰箱的产量水平一直很低。自 1984 年后，才逐渐快速发展。电冰箱与其他家电不同，是无法替代的生活必需品，家中可以没有洗衣机，因为用手洗就可以了，但没有电冰箱的话，其他物品是不具有替代性的。同理，空调可以由风扇替代，电视机可以由收音机替代等。

　　所以，张瑞敏转向做电冰箱，既受到利勃海尔项目的影响，又基于其自身深远的洞察力。

　　（2）制定《企业管理十三条规定》

　　张瑞敏不仅在行业上进行了重大决策，他更意识到了当时这个濒临破产的厂子的管理现状，需要进行彻底的改善。于是张瑞敏制定了上任后的第一个管理制度文件——《企业管理十三条规定》。如今，这一张已经发黄的稿纸还保留在海尔的企业文化中心，而几乎所有参观的人都为之惊讶的是在上面有一条为"不准在车间里大小便"。由此可见当时工厂混乱的程度，这不仅体现了张瑞敏彻底改变当时管理现状的决心，也体现了张瑞敏对管理的根本认识——从基本做起。

青岛日用电器厂当时的场景可谓是一片狼藉：车间和厂区到处散发着异味（有工人在车间和厂区大小便），车间的木质窗框大多数被工人拆掉烤火取暖，玻璃残缺，用塑料布糊着，偷拿工厂物品的现象严重……。这一场景暴露了青岛日用电器厂的工人在长期混乱管理下的涣散状态。在这种情境下，管理需要从人的基本行为和准则着手，而首先应建立严格的管理制度。于是，张瑞敏制定了《企业管理十三条规定》，如"不准在车间吸烟、打扑克、聊天"、"不准占用、偷窃工厂物资"、"不准迟到早退"及"不准在车间里大小便"等。这13条规定并不高高在上，而是务实地紧紧触及员工的道德行为底线，让员工觉得确实不应违背，具有非常强的可行性。这与毛泽东提出的"三大纪律八项注意"有异曲同工之妙。

但是仅仅抓住员工的基本规范还不够，必须要表明领导对制度推行的决心和做好企业的强烈意志。《企业管理十三条规定》张贴半年多后，以往迟到早退、工作时间吸烟喝酒、随地大小便等坏现象虽然少了，但没有杜绝。张瑞敏意识到了当时更为重要的问题，就是员工对新厂长的不信任，以为还是新官上任三把火，完后就没什么了。他需要让员工强烈意识到其做企业的决心和意志。例如，一天上午有一人大摇大摆地扛起一箱原料欲偷回家，这时的张瑞敏没有手软，公开开除此人。这件事情后，全厂员工才意识到，这个新厂长要动真格的了。张瑞敏抓住每一个违反规定的典型行为，发动大家一起讨论，剖析其思想根源，深深触动员工的价值观底线，从而从价值观本源上提升自己的职业素质。张瑞敏的努力最终获得了成效，自此再也没有人敢违反《企业管理十三条规定》了。

（3）确定名牌战略

张瑞敏不仅进行组织的内部管理，还重点考虑组织发展的战略方向。青岛日用电器厂的洗衣机在市场中并没有竞争优势，基于利勃海尔项目和电冰箱市场的分析，张瑞敏最终选择了电冰箱，但此时的战略并不清晰。在当时，中国市场上已经有100多家电冰箱生产企业，其中已有40多家引进了国外电冰箱生产技术和设备，竞争也相当激烈。其实，当时生产的产品只要能用就能卖得出去，市场对质量和品质没有太多的奢求。在这种情境下，张瑞敏认为要想使得这个濒临倒闭的小厂有重大转机，必须讲究两点：一是速度，二是质量。张瑞敏需要用质量应对市场竞争，因为那 40 多家具有国外电冰箱生产技术和设备的企业才是未来的竞争对手，并且市场终有饱和的那一天。于是，张瑞敏制定了青岛电冰箱总厂在那个时空下的发展战略——名牌战略。

　　张瑞敏制定名牌战略的重要基点就是德国利勃海尔项目。因为引进德国生产线是实现这一战略的前提和基础。所以，张瑞敏在引进德国利勃海尔生产线上遵循了"起步晚、起点高"、"慎于首战，首战必胜"及"产品出世即要领先，争取占据市场主动权"的原则。图 2-7 展示的是 1985 年，张瑞敏在工厂大会上动员职工："要么不干，要干就要争第一！"。

　　图 2-7　1985 年，张瑞敏在工厂大会上动员职工："要么不干，要干就要争第一！"
资料来源：青岛新闻网.2009-09-28. 张瑞敏：从工人到海尔首席执行
官.http://www.qingdaonews.com/gb/content/2009-09/28/content_8157953.htm

（4）借钱为员工发工资

　　很快，1985 年的春节就要到了，这时的张瑞敏进入青岛电冰箱总厂已经近两个月了。要走出厂子当前的困境，不仅需要先进的生产线，更需要员工的技能和素质。然而，当时员工的素质确实不容乐观，张瑞敏制定的《企业管理十三条规定》已经体现了当时员工的状态。这种现象的根源是员工对厂长的不信任，因为一年中已经换了数任厂长，员工已经失去了"厂子更好发展"的信心，最终导致了得过且过的懒散状态。建立信任的前提就是把员工的基本需求满足。当时负债 147 万元的青岛日用电器厂连工人每人每月 40 多元的工资都已支付不起，工资不能按时发放，有些工人已经半年多没领到工资了。春节将至，张瑞敏认为必须把员工的工资给发了，过一个好年。然而，要解决这一难题，得需要几万元，在那个年代，万元户是非常稀缺的，这一难题让张瑞敏一直茶饭不思。最终，他找到了自己小时候的伙伴，借了 4 万元。至此，张瑞敏终于为员工发了工资，这件事在厂子里的反响是非常大的，令工人十分感动。

（5）引进德国生产线

张瑞敏把对青岛日用电器厂的改观和利勃海尔项目两个难题衔接在一起。如果借助利勃海尔项目的话，青岛日用电器厂就会有所转机。

但是，引进德国生产线需要资金 900 万元，这对于负债 147 万元且濒临倒闭的小厂来讲只能是一种幻想，这无疑是一个巨大的挑战。摆在张瑞敏面前的难题和不确定性有很多。

第一，900 万元资金如何获得。当时的融资渠道主要有两种：一是银行贷款，但 900 多万元在当时无疑是一个天文数字，当时一个企业能从银行贷出 10 万元，就已经很不错了；二是找人投资，但是要想说服投资人进行投资更是困难，因为这个大项目和这个小厂太不匹配了。

第二，德国生产线引进后怎么用。德国生产线确实能给这个小厂带来转机。但是，除去当时简陋的厂房不说，最关键的是员工的素质能否与先进的生产线相匹配，这决定了德国生产线引进后是否能够有效运转和发展，并获得预期的收益。所以，在这个问题上，员工的素质和技能的提升是这位领导者面临的重要问题。

这两个难题对张瑞敏来讲，前者虽然表面上难以控制，但是后者的挑战更大。因为引进德国生产线后，后期发展只能成功，不能失败。这时张瑞敏的心理状态已经不是决定进入该厂任厂长时试一试的心态了，而是要担负一种使命，必须挺过去。

在第一个问题上，他主要选择了找人投资，因为这个渠道更为现实。于是，张瑞敏四处找人投资这个项目。其实，没有一个人看好这个项目，因为这个厂子太差了，一切都没有基础。所以，为了争得大家的认可，这个项目不得不需要领导、专家和业内人士进行论证。1984 年 12 月的一天，论证会召开，张瑞敏用真诚和勇气打动了所有人，最后，集体决策引进利勃海尔项目。在这次的融资过程中，张瑞敏以其坚韧和真诚打动了大家，当然这种真诚不是一时的，而是过去其行为的积累，更重要的是人们对这个领导者的信任。在那个时候，那种情境下，获得人们的信任和激发人们的信心其实很简单，一是靠持续的真诚，二是靠超人的能力。这两点在张瑞敏身上体现得淋漓尽致。这两点更要依靠张瑞敏在强大压力下的胆识和魄力。这个时候，对于组织而言，领导的作用凸显出来，人们对领导者的信任胜过组织。

获得人们的认可和资金后，1985 年，张瑞敏满怀激情亲赴德国去引进这一能够给青岛电冰箱厂带来转机的当时处于国际先进水平的生产线。德国之行，张瑞敏感受到了德国的先进和科技，更感受到了德国人的严谨与认真，同时也感受到了内心民族责任的激发。经过几番艰苦的谈判，最后双方达成一致，尘埃落定。那个时候，国内各种电冰箱生产企业共有 100 多家，"雪花"及"万宝"等品牌已有相当的知名度。且当时日本电冰箱也已闯进中国市场，竞争相当激烈。所以，这次张瑞敏的引进具有两个特点：一是其引进始于高起点。该生产线是当时亚洲市场上还没有的四星级双门电冰箱生产线，相比国内当时主流的单开门的二星级电冰箱而言，四星级电冰箱的冷冻室温度更低，可以达到-18℃以下（二星级电冰箱冷冻室温度为 - 12℃以内），冷冻食品的储藏期更长，可以达到 3 个月（二星级电冰箱冷冻食品的储藏期为一个月）。二是还要引进其生产标准。张瑞敏在引进德国生产设备的同时，还引进了 1942 条德国 DIN[①]标准及 ISO（国际标准化组织）标准。这两种引进特点实际上是为了应对两个问题，即青岛电冰箱总厂的转机和引进生产线后的保障。

在这个事件中，有一幕张瑞敏可能一生难忘，这一幕也是激发起民族情结的重要瞬间。

　　就在那天晚上，德国利勃海尔公司举行酒会来招待达成合作意向的张瑞敏一行。宴会上，五彩缤纷的烟花在夜空中绽开，异常耀眼。仰望漫天流彩飞扬的烟花，张瑞敏闻到了空气中硝烟的味道，这使他想到了家乡的过年。想到家乡，张瑞敏的脸上显出一丝忧郁来。德国人似乎察觉到了张瑞敏的心情，说："这些烟花都是中国制造的，它们真是非常美丽!我们非常喜欢中国的烟花。"看到陷入沉思中的张瑞敏没有什么反应，德国人又补充了一句："你们中国的工业虽然落后，但是你们的烟花还是世界一流的。好像指南针也是你们老祖宗发明的吧?很了不起!"德国人的话并没有恶意，可是张瑞敏却从中听出了嘲弄的意味。他本来忧郁的脸庞开始变得僵硬了。"中国，实在是太美妙了。古老的长城，神秘的皇宫，都是人类文明的奇迹，我非常想去看看……"德国人并没有看到张瑞敏脸上的变化，还沉浸在自己的遐想中。而此刻的张瑞敏，

[①] DIN 是德国的标准化主管机关，作为全国性标准化机构参加国际和区域的非政府性标准化机构。

他的思乡情绪猛地就被他内心深处骤然而起的一种叫作羞愧的汹涌波涛淹没了。张瑞敏想到的是，如果在人类社会即将进入 21 世纪的今天，我们中国人能拿得出手的，还是老祖宗的四大发明，那么，我们这个民族就真的没有希望了！什么时候，我们也能把自己先进的工业产品出口到全世界，让中国人在世界上真正地抬起头来。那一刻，也更加坚定了张瑞敏的决心和信心。要创出"名牌产品"，更要创出"世界名牌"。（林赛，2009：30-31，有删减）

终于，张瑞敏把德国利勃海尔生产线引入这个濒临倒闭的小厂中，给大家带来了信心。

（6）慧眼识人才——杨绵绵

张瑞敏可以说已经成了企业家智慧的象征。然而，任何精英的成功总会有智者的相伴。张瑞敏也不例外。一说到海尔，除了张瑞敏之外，被人们提到最多的名字就是杨绵绵。杨绵绵于 1941 年出生于江苏无锡。1963 年毕业于山东工学院内燃机专业，之后从事过教学、技术和管理等工作。后来，在青岛家电公司任引进项目办公室主任。1984 年被张瑞敏强力邀请加入青岛电冰箱总厂任副厂长兼总工程师，1991 年海尔集团成立后，担任海尔集团总裁，一直到 2013 年退休。

杨绵绵的名字听起来比较温柔，但她却是一个说话斩钉截铁、做事雷厉风行的女强人。杨绵绵曾多次在公开场合说过，她不是一只温顺的绵羊。她身上有股狠劲，曾用"与狼共舞，必须变成狼"来形容自己的角色定位。海尔的一名员工曾用"豪爽、豁达、更像男子汉"等词汇来描述她。2004 年，杨绵绵被美国《财富》杂志评为世界商界 50 名女强人之一，名列第 8 位。杨绵绵对海尔的作用在于她能够准确地理解董事会及董事会主席的决策，并能快速有效地执行和推进，为海尔集团的战略落地和实施，起到了重要的作用。杨绵绵和张瑞敏体现了一种战略与执行的匹配，张瑞敏具有超人的智慧，而杨绵绵具有强劲的执行能力，两人共同谱写了海尔的传奇。青岛海尔独立董事潘承烈曾经说过："没有杨绵绵的工作，张瑞敏的管理思想不可能如此顺利地执行，她擅长将首席执行官制定的政策落实下去。"[1]张瑞敏也曾经这样评价过杨绵绵："她最大的特长在于，你本来期望的是二，她却可以发挥到十。"[2]

---

[1] http://finance.ifeng.com/money/wealth/millionaire/20090916/1246283.shtml。

[2] http://news.cctv.com/xianchang/20090308/105481.shtml。

杨绵绵在加入青岛电冰箱总厂之前，由于担任青岛家电公司的引进项目办公室主任，在张瑞敏引进德国生产线上出力很大。在此期间，张瑞敏认知了杨绵绵的能力。生产线引进后，张瑞敏力邀杨绵绵加入了青岛电冰箱厂，任副厂长。张瑞敏后来曾说：“当年力邀杨总裁一同创业，有一点是觉得她和别人不同，在她的同龄人利用上班时间买菜、织衣、洗衣服的时候，她在认真地读书学习。”①

最终，杨绵绵被张瑞敏的真诚打动了，欣然接受了邀请，于 1984 年年底加入了这个其实当时她仍不抱很大希望的电冰箱厂。很多年后，杨绵绵说：“那时候，真的没有想过，这个电冰箱厂能走到今天这个地步，海尔会走到今天这个地步。当时我想，张首席（张瑞敏）也就最多干两年吧，他回去了，我也就回去了。结果一做就做了这么多年。”②从这一点来看，杨绵绵当时加入电冰箱厂，主要是因为张瑞敏的真诚和品质。杨绵绵也说：“给张瑞敏做助手是我的机遇，跟他干，敢想事，能干事，能成事。”③张瑞敏慧眼识人才，力邀杨绵绵，为海尔的成功打下了重要的人才基础。有人这样比喻：在海尔的创业史上，张瑞敏像一个治理理念的创造者、创新者，杨绵绵则更像一个“布道者”，是她将张瑞敏的思想水银泻地般地迅速传播到了企业的每一个角落。

（7）从零开始学做电冰箱

虽然利勃海尔项目已经尘埃落定，但是当时青岛电冰箱总厂的工人对电冰箱却一无所知。就连当时的杨绵绵对电冰箱也是知之甚少。虽然，德国生产线即将就位，但工人对相关技术还处于未知的状态。所以，需要到德国进行培训。张瑞敏把这项任务交给了杨绵绵。

在去德国培训之前，杨绵绵先让工人有一些电冰箱的知识储备。杨绵绵找到了一本名为《电冰箱》的书。她考虑到工人学习的效率，于是通过几番周折找到了该书的作者单大可。单大可是第二军医大学（现海军军医大学）的教授，由于工作中一些药品需要冷藏，但当时没有电冰箱，于是他自己研究，自己做电冰箱。单大可对电冰箱的制作有自己一套做法。单大可来到当时的青岛电冰箱厂为所有工人进行培训，并用他的办法，教大家怎样做电冰箱。与此同时，厂里的一个技术部门也被派到北京雪花冰箱厂参观学习。在零基础上，青岛电冰箱总厂的工人走上了电冰箱的制作之路。后来，杨绵绵讲起当时的条件时说：“作坊式的，完

---

① http://news.sina.com.cn/o/2005-01-26/13594954329s.shtml。

② http://women.sohu.com/20050308/n224535865.shtml。

③ http://chuangye.yjbys.com/gushi/anli/574283.html。

全是一个小作坊。比如说，电冰箱的内胆和箱体之间的发泡层，用两种料，一种叫黑料，一种叫白料，国外都是用机器的搅拌发泡的。我们是弄一个桶，桶里面加上白料，加上黑料，放一个钻床，钻床带一个大翅子搅，搅好了就马上倒进去，倒得慢了，就发不成泡了。"①

之后，杨绵绵带队去德国利勃海尔进行培训，德国工程师对这些工人积极的学习态度感到震惊，相比其他来接受培训的人，海尔的这些工人关心的是电冰箱知识的获取和疑问的解答，而不是旅游景点。德国利勃海尔的一个工程师赞扬他们说："你们这批人和当时来我们这里的另外一批中国人不一样，你们有理想，有激情。"②当然，德国人的严谨和认真也震撼了他们。杨绵绵后来讲过此行给她留下深刻印象的一个场景："我在利勃海尔看到德国一个普通的做果菜盒的操作工人，注塑出来一个果菜盒，他就欣赏一下，他的动作应该称为检查，但我从他的眼光里看到的是一种欣赏，对自己劳动成果的欣赏。欣赏之后，他就在这个机器周围一通忙活，让下一个干得更好。这种精神感动了我，我一下子看到，原来世界上还有这么认真负责的人。这个工人让我感动了很久，给了我灵魂上的震撼。我想我们也应该这么做，要想改善自己，先从认真做事开始。"③最后，这些参加培训的工人完全达到了德国利勃海尔项目的要求。

2.3.3   初见成效

张瑞敏进入青岛日用电器厂后，就积极地开始了他的一系列管理和变革。并逐渐有了成效。

（1）市场破冰

张瑞敏做事的时间节奏非常快，从 1985 年 2 月起，就开始了为期一个月的厂房改建，之后在德国利勃海尔工程师的帮助下，共用了两个月，19 条德国利勃海尔生产线全部安装完毕。之后，四星级"琴岛—利勃海尔"电冰箱在青岛电冰箱总厂的生产线上诞生了，当时单班日产 100 台。而此时的张瑞敏需要在市场中把产品卖出去。四星级"琴岛—利勃海尔"电冰箱渗透着张瑞敏和工人的期待和心血，终于走向了市场。然而，出师不利，卖不出去。原因是当时市场上的主力产

---

① http://www.dzwww.com/caijing/gsqy/200405/t20040519_154985.htm。

② http://www.qingdaonews.com/content/2004-05-24/content_3160539.htm。

③ http://www.qingdaonews.com/content/2004-05-24/content_3160539.htm。

品还是两星级和三星级电冰箱。虽然张瑞敏的四星级电冰箱质量很好，但是对于消费者来讲还是比较陌生，甚至可以说是曲高和寡。因为，消费者对质量的要求本来也是不高的。并且相比两星级和三星级电冰箱（当时价格 700 元左右），这种四星级电冰箱的价格（当时价格 1500 多元）是其两倍多。

这时，青岛电冰箱总厂的工人真的着急了，但是张瑞敏仍镇定自如，他深刻分析了内在的原因，要让消费者认知自己的产品，相信自己的产品。于是，张瑞敏决定在商场中现场比较四星级电冰箱和其他电冰箱的区别，并充分展现"琴岛—利勃海尔"电冰箱的制冷能力优势。经过海尔人的努力，市场之冰终于打破，一年内赢利 200 多万元。青岛电冰箱总厂创造了"当年引进、当年生产、当年赢利"的神话。

（2）"砸冰箱"

1984 年以前，青岛日用电器厂把产品分为一等品、二等品、三等品、等外品（即次品，是指虽不符合现有产品质量标准，但仍可使用的产品）进行销售。在改革开放伊始，产品比较缺乏，市场需求量大，因此，只要产品还能用，就可以卖出。等外品自然成为人们心目中也可以用的产品。张瑞敏上任后，意识到这个问题的严重性，给大家反复强调质量，并成立了质量管理小组。但是，工人的质量意识的提升却并不容易。因为，在他们的头脑里整天是一等品、二等品、三等品、等外品，固有的产品质量观念不容易改变。1985 年的一天，张瑞敏收到了一封用户关于电冰箱质量问题的投诉信。张瑞敏到工厂仓库里去，把 400 多台电冰箱，全部做了检查之后，发现有 76 台电冰箱不合格。这些电冰箱大部分是二等品、三等品和等外品，磕磕碰碰得最多，有的不是螺丝没拧紧，就是线路接头没焊牢。张瑞敏非常难过，我们到底缺了什么？为什么就不能生产出德国标准的产品呢？他意识到了问题出在质量观念上。他得想一个办法让工人警醒。于是，他让人们把这 76 台电冰箱抬到了一起，把厂里的工人和干部聚集在一起，当众把 76 台电冰箱砸毁，当时在场的人都舍不得让张瑞敏砸，希望自己可以买下这些次品。图 2-8 为张瑞敏"砸冰箱"的场景。

张瑞敏的"砸冰箱"事件已经被传为佳话，体现了张瑞敏的胆识和魄力！但是张瑞敏当时的这一决定也是无奈中最优的决定。因为，出现次品的原因不是技术，而是来自工人甚至社会的产品观念——产品分等级，次品也能用，等等。人的观念出了问题不能靠惩罚等基本的管理手段来解决，因为人的观念是很难改变的，除非受到强烈的冲击。"砸冰箱"不仅砸醒了工人的意识，更砸醒了社会的产品消费观念，同时也向社会显示了对产品质量追求卓越的决心和信心。

图 2-8　张瑞敏 "砸冰箱" 的场景

资料来源：青岛新闻网.2009-09-28. 张瑞敏：从工人到海尔首席执行
官.http://www.qingdaonews.com/gb/content/2009-09/28/content_8157953_2.htm

（3）因 "砸冰箱" 而被上级调查

1985 年，人们的生活并不富裕，一般工人每月的工资也就几十块钱，相对 1000多块钱的四星级电冰箱而言，得需要三四年的收入。更何况当时的产品质量标准比较笼统，有一等品、二等品、三等品等说法，次品只要能用，价格便宜就会有人买。然而，张瑞敏却砸了 76 台虽是次品但还能用的电冰箱，确实也招来有些人的不满。

后来，青岛轻工业局派调查组来调查这一问题，此时的张瑞敏心中确实不是滋味。当然，通过调查后，上级领导还是信任了他。

（4）加强质量关卡

经过 "砸冰箱" 事件后，工人虽然意识到了质量的重要性，增强了对张瑞敏的信任，但是有些人对质量是没有概念的，甚至是存在抵触情绪的。质量理念提出容易，但真正让工人理解并接受，需要一个过程。其实，对产品质量的关注早已被当时供不应求的市场所埋没。由于受到产品短缺的影响，消费者的需求难以得到满足，从而，消费者关心的不是 "好不好"，而是 "有没有"。因此，在这样的状态下，质量不好的电冰箱，只要能用，也能卖掉。但张瑞敏已经意识到，企业的外部环境将逐渐发生变化，短缺经济时代的生产和消费观念注定被淘汰，人们对产品的质量会越来越重视。

张瑞敏经过深思熟虑之后，最后决定必须卡住下线这道工序，检验不合格的产品一律都不能下线。同时，张瑞敏基于生产中的众多问题意识到了问题的关键，就是员工的素质。产品是由人生产出来的，只有人的问题解决了，才能保证质量。

于是，张瑞敏在每一条流水线的最终端都安排了一个特殊工人，严格控制和检查流水线上下来的产品，在每个产品上都有一些纸条，被称为"缺陷条"，经过每个工序时，工人就会标记上个工序留下的缺陷，最后所有缺陷都会由最终端的这个特殊工人按照缺陷条上的记录把这些缺陷修好，并把维修每个缺陷所用的时间记录下来，作为向该"缺陷"的责任人索赔的依据。这个特殊工人的工资就是索赔所得。同时，当产品合格率超过规定的标准时，就会得到一份奖金。这就是在海尔称为市场链机制的"SST"（分别是索酬、索赔和跳闸三个名词中第一个字的汉语拼音的声母），索酬就是通过建立市场链为服务对象服务好，从市场中获得报酬；索赔则体现了市场链管理流程中部门之间、工序之间相互咬合的关系，如果不能履约，就要遭到索赔；跳闸就是发挥闸口的作用，在既不索酬、也不索赔的情况下，第三方就会自动"跳闸"，并"闸"出问题来。这一制度的推出，保障了产品、服务、内部各项工作都有了更高的质量水准。

张瑞敏最后总结出了产品质量二定律：其一，高质量的产品是高质量的人生产出来的；其二，符合工厂检验标准的产品不一定是用户满意的产品，只有用户满意的产品，才是真正意义上的合格产品。张瑞敏基于这两条定律，对产品的质量狠狠抓起。图 2-9 是 1986 年，联邦德国驻华大使裴培谊看到海尔电冰箱生产线有序的工作状态，向张瑞敏竖起了大拇指。

图 2-9　1986 年，在青岛，看到海尔电冰箱生产线有序的工作状态，联邦德国驻华大使裴培谊
　　　　（左一）向张瑞敏（右二）竖起了大拇指

资料来源：青岛新闻网.2009-09-28. 张瑞敏：从工人到海尔首席执行
官.http://www.qingdaonews.com/gb/content/2009-09/28/content_8157953_2.htm

（5）借助"砸冰箱"事件进一步推进质量观念

"砸冰箱"事件彻底砸醒了员工的意识，大部分工人深刻认识到了"有缺陷的产品就是废品"的产品理念。张瑞敏紧跟一步，与工人沟通交谈，使该理念深入人心。然后再将理念固化为制度。最后达到理念与制度的统一。张瑞敏经常发起和主持一个个会议，讨论质量相关问题。"产品质量零缺陷"得到了认同。从本质上讲，对员工的管理，靠的不是制度，而是观念。在那种对质量要求不高的社会环境下，观念的改变是最为本质的。张瑞敏没有用传统的"惩罚责任人"的方式进行管理，而是用"砸冰箱"及"立观念"等方式彻底改变员工的观念，从而改变其行为。

（6）车间装空调，总裁吹风扇

在1990年的《青岛日报》上，一位记者曾以《车间装空调，总裁吹风扇》为题写了一篇报道，阐述了张瑞敏"不苦工人，苦自己"的故事。当时车间很小，加上天气比较炎热，工人工作时总是汗流浃背，从而影响了工作效率。为此，张瑞敏决定在车间装空调。其实，自己的办公室也没有装空调。但是，张瑞敏为车间装了空调，而为自己只装了电风扇。这一举动感动了工人，大家都心甘情愿地工作。

张瑞敏对员工的关心感动了员工，但他感觉这是很正常的，车间比较拥挤，天气炎热，装了空调可以给员工一个清爽的环境，使其更有效率地进行工作。

（7）说明书的问题

当时青岛电冰箱总厂生产的电冰箱质量虽得到了保障，但客户经常为一些技术操作问题犯难，不会用，经常投诉。许多维修人员为此经常抱怨"客户笨"。因此，电冰箱的营销出现了一系列问题。为此，张瑞敏亲自带队进行调查，最后发现是电冰箱的说明书出了问题。由于电冰箱的生产技术是从德国引进的，随机销售的使用说明书也是直接翻译德国的。德国人对电冰箱都比较了解，所以德国的说明书编写得都比较简单。而中国的大部分客户都是第一次用电冰箱，对电冰箱没有一点基础，在说明书上看不懂如何操作使用。张瑞敏决定对电冰箱的使用说明进一步细化，要站在客户的角度重新编写说明书。张瑞敏强调编写出初中文化程度就能看懂的电冰箱说明书，此后，客户投诉的现象马上消失了。

张瑞敏在意识中认为产品需要从客户身上着手，要满足客户的需要。他很早就主张"顾客永远是对的""先卖信誉、后卖产品"及"真诚到永远"等。

通过这个事件，员工才真正对"客户永远是对的"有了更深的理解。与这个事件相联系的是，后来张瑞敏在海尔还建立了"服务追踪体系"：海尔上门安装或上门维修后，客户总会收到一个电话，询问工作人员服务态度、服务质量等情况。

（8）举办"劣质电冰箱展览会"

为了更能强化员工的质量意识，张瑞敏不断地用一系列事件来警示大家。1986年，张瑞敏组织了一次全厂大讨论的活动："假如两年后市场疲软，电冰箱销不动怎么办？"用危机来强化员工的质量意识。

1987年，张瑞敏在工厂举办了"劣质电冰箱展览会"，通过反面的样本来进一步强化员工的质量意识。这次劣质电冰箱展览会展示了电冰箱的缺陷经常出在哪，对员工及社会起到了很好的警示与启发。

张瑞敏后来曾说："产品的质量有保证是一个成功企业最基本的要求，有了质量才会有研发创新、售后服务、营销策略等一系列的发展，否则其他一切将无从谈起"。

（9）"物价闯关"风波中以质量独树一帜

多年以后，当人们回忆起1988年，更多地会谈论惊骇一时的"物价闯关"和席卷全国的"抢购风"。据当时的报纸记载，"人们像昏了头一样，见东西就买，既抢购保值商品，也抢购基本消费品，连滞销的也不放过。"而"物价闯关"风波来源于当时的物价放开。1984年，中共十二届三中全会将"有计划的商品经济"定为经济体制改革的目标。要"让价格回到交换中去形成"及"用市场定价体制代替行政定价体制"。然而，由于在价格管制时期，潜伏着大量的隐性通货膨胀。一旦价格放开，这些隐性通货膨胀就要释放出来，价格就大幅度上涨。于是，为了稳妥，中国采取了一个过渡办法，先放开一部分产品的价格，暂时保留一部分计划价格。也就出现了一种生产资料或商品具有计划价格和市场价格两种价格，即 "双轨价格"。所谓"双轨制"，就是"市场轨"和"计划轨"并行，一种物资两种价格，市场价高格于计划价格，计划分配的比例逐步缩小，市场销售的份额逐步扩大。双轨制既避免了价格一次性放开给经济带来的巨大冲击，又延续了市场改革的精神。但是"双轨制"导致了同一商品在同一时间、同一地方有两种不同的交易规则。因此，出现了当时的"倒卖风"，由于计划价格远远低于市场价格，就出现了以计划价格获得商品然后以市场价格卖出的现象，甚至中间环节可倒好几次，获取暴利。在双轨价格的条件下，作为生产厂家，总会千方百计地少生产价格较低的计划内产品，多生产价格较高的计划外产品，还要想尽办法把计划内产品拿到市场上卖高价，因此，一些计划内的合同不能完成；作为用户，就千方百计地多买计划内的产品，少买计划外产品，还会通过各种手段去套购计划内的产品。这样，市场价格冲击了国家计划，常常使计划落空；计划价格的存在，又阻碍市场正常发挥作用。双轨价格之间摩擦和撞击的结果是，两种价格都在起作用，又都不能有效地起作用。计划失控了，市场机制也不灵。到 1988 年，出现了经济秩序大混乱。一些掌握计划内原材料分配权的人，只要批一个条子，卖给你几十吨钢材，你再转手按市场价卖出去，就可以轻而易举地赚到大笔的钱。

对于当时来讲，产品只要能用，肯定能卖掉。正是由于这一点，中国的电冰箱出现了疯狂式增长。海尔电冰箱诞生时正赶上中国电冰箱市场第一轮的"爆炸式增长期"。1985～1988 年，中国电冰箱年产量从 144.8 万台猛增到 757.6 万台，总产量跃居全球第一。而此前 1978～1983 年，国内电冰箱的总产量不过是 36.4 万台[1]。在"物价闯关"的时期，其他厂家都在关注产量时，张瑞敏冷静地关注质量，把住生产线的关卡，杜绝次品的下线。尽管，1988 年，海尔的电冰箱产量仅有 152185 台，仅占国内电冰箱总产量的 2%。但海尔电冰箱却靠这 2%的市场占有率以质量评比最高分夺得中国电冰箱史上第一枚质量金牌。

　　张瑞敏后来接受记者的采访时说道："上边就下来指令必须国产化率达到多少，还有一个量化的百分比。当时我们就想，我按照你的百分比去做，我们的质量就全完了。所以我们就没有理会，90％都是国外的，这事是被批评了的。但我是要拼市场的，不是简单服从上级的。后来实践证明，当时很多厂在这一点上没有过去。"[2]

　　"市场传达了需求旺盛的信息，但人们没能看到信息的本质，我们看到了后续的市场，在别人拼命上量时坚持抓质量。抓质量当时是有代价的，市场和收入都受影响，但结果当时那么多电冰箱企业，现在剩下的不多了。"[3]

（10）参加北京展销会

1988 年，张瑞敏把"琴岛—利勃海尔"电冰箱第一次送到北京展销。当场要和国内外的品牌电冰箱打擂台赛，这是张瑞敏有效展示海尔电冰箱质量的好机会，然而，这也是考验青岛电冰箱总厂的时候。这时的张瑞敏既担心又激动，最终海

---

[1] http://www.cheaa.com/product/2008/1031/150871.shtml。

[2] http://www.cec-ceda.org.cn/huodong/mxqyj/zhangruimin/05.htm。

[3] http://www.people.com.cn/GB/jingji/1039/2623092.html。

尔电冰箱以各项指标都领先把其他品牌比了下去。张瑞敏曾说，他一生中最难忘的事情之一就是第一次参加 1988 年的这次展销会。

（11）夺得第一金

张瑞敏进入青岛日用电器厂后，进行有效决策，停下洗衣机的生产，转向电冰箱的生产和研发，克服了资金困难，成功引进了先进的德国生产线设备。与此同时，张瑞敏努力地改变着当时厂子的现状，建立员工与领导者的信任，提升员工的素质，管理从最基本做起，经过张瑞敏及员工的艰辛努力，其呕心沥血之作"琴岛—利勃海尔"在 1988 年 12 月的全国首届电冰箱国优评比中，水到渠成地在全国 100 多家电冰箱厂中，以总分第一的成绩取得质量金奖。

这个金奖的获得，是对当时海尔人的极度认可，更是对张瑞敏认真做企业的极度肯定，同时更加坚定了张瑞敏的信心。当时的情景是不苟言笑的张瑞敏露出了孩子般喜悦的笑容。在 2011 年 8 月，我们访谈海尔总裁周云杰和梁海山时，他们都说张瑞敏平常是比较冷静、严肃且不苟言笑的，即使是在年终聚餐的时候。图 2-10 是 1988 年张瑞敏获得质量金奖归来，当时张瑞敏的笑容流露出了其无比激动的心情和做企业的坚持和自信。

在这张泛黄的照片上，着装朴素的张瑞敏，高举着那个曾经小作坊里打造出的质量金奖……这个时刻是张瑞敏进入青岛日用电器厂后被社会第一次公开地认可，是他呕心沥血地带领员工走出困境的见证。

图 2-10　1988 年张瑞敏获得质量金奖归来

资料来源：网易财经.2009-09-07. 海尔老照片.http://money.163.com/09/0907/15/5IKB9UER00253JPM.html

2.3.4　再接再厉

1988 年全国质量金奖的获取是对张瑞敏在这个濒临倒闭的小厂中几年如一日的成绩的见证。虽然拿了全国质量金奖，但是张瑞敏在高兴的同时还进行了及时的反思，因为生产中仍存在很多问题，他需要再接再厉。

（1）"挑刺会"

1988 年 12 月，在获得质量金奖的第二天，张瑞敏召集干部开了一个会议，这个会议不是庆功会，而是读了一封对海尔电冰箱提出建议和改进意见的用户来信，并且当场点名批评了有关部门负责人。点名批评后，所有中层干部都开始自查近期工作中存在的问题，找差距，分析原因。

一场原以为的"庆功会"变成了"挑刺会"。这在员工中也产生了强烈的反响，在金牌面前更多的是在找差距，这种危机意识，已经注入了每一个员工的心中。

（2）价格战中反其道而行之

1989 年 6 月，国内家电市场出现疲软状态，为了刺激需求，扩大销量，各个电冰箱厂家不得不开始降价，降价最大幅度达 50%。摆在张瑞敏面前的是要不要参与这次的降价。

然而，张瑞敏反其道而行之，并没有降价，反而把价格上涨了 12%。其实这是一个冒险之举。做出这个决定后，张瑞敏也是心中有些忐忑，急于等待着市场的反馈。

张瑞敏曾说："1989 年全国电冰箱降价的时候，那时真是晚上睡不着觉，为什么？ 1989 年全国电冰箱都降价，而那时我们做了一个决定就是提价。当时我们只有这么一个电冰箱厂，单打一。如果提价之后人家不要，你又没有别的东西，这个风险谁能承担？但是，在提价之后，我们集团的几个同事到各个商场去看，看到还是有很多人来排队买我们的电冰箱，就非常高兴。这件事对以后的很多事影响都非常深远，它给我一个提示——你只要是真正对市场、对用户非常真心，他就永远都会忠于你。"[1]

市场对青岛电冰箱总厂的电冰箱并不因涨价而舍弃，反而更为青睐，甚至出现了脱销现象。这对于张瑞敏来讲是一种具有很大风险的惊喜。后来的"真诚到永远"的提法，与这件事有直接的关系。

----

[1] http://www.cec-ceda.org.cn/huodong/mxqyj/zhangruimin/05.htm。

（3）获得管理"金马奖"及"国家质量管理奖"

1990 年,青岛电冰箱总厂荣获 1989 年度全国企业管理优秀奖——"金马奖"。这是当时全国企业管理的最高荣誉。图 2-11 是张瑞敏在"迎'金马奖'大会"上的情境。奖项的获得标志着青岛电冰箱总厂已积累了可移植的管理经验。同年青岛电冰箱总厂获得"国家质量管理奖"。这两个奖项是对张瑞敏管理的高度认可和其产品质量的高度肯定。

图 2-11　1990 年,张瑞敏（右一）在"迎'金马奖'大会"上高举起"金马奖"奖杯
资料来源:凤凰网财经.2009-09-08. 海尔照片里的故事 记录改革开放的成
就.http://finance.ifeng.com/news/special/gssjgyqy/corporate/20090908/1209799.shtml

（4）将产品出口德国

张瑞敏曾说:"我的最终目标是使海尔成为一个真正的世界品牌"[①]。张瑞敏做企业其中蕴含着一个非常重要的因素就是民族气节,他认为中国也会有自己的国际化品牌。这一想法来自于 1985 年的"引进德国生产线事件"。也许是这个原因,1990 年,在各种奖项的促使下,初见成功的张瑞敏想到了出口,决定小试牛刀。

将产品出口德国,是对张瑞敏的巨大挑战。因为德国是一个老牌的工业强国,其产品质量极高,德国人也为自己国家的产品而自豪。张瑞敏曾讲过一个故事:"我在德国参加一次宴会,一个德国的经理人带着他太太来,我问,海尔电冰箱你知道吗?她说知道。我问,你会买吗?她说我要买就买德国的'米勒'。为什么?因为'米勒'这个品牌在消费者心目中已经成了艺术品!海尔就要成为这样的品

---

① http://www.people.com.cn/GB/shizheng/252/8956/8965/20021025/850849.html。

牌！"①最终，张瑞敏把海尔电冰箱的商标揭下，与德国十几个品牌混在一起，让检验官进行检验，最后，检验官挑出三台他们认为最好的，最后辨认，都是海尔生产的。最后，德国人认可了海尔电冰箱，当时给了海尔2万台订单。

张瑞敏选择出口德国的主要目的是打造自己的品牌，当时，我国盛行出口创汇之风，国家政策也大力倾斜鼓励出口创汇，包含免税、年底外汇额度奖励等。为了获取更多的利益，当时很多厂家都把产品出口到发展中国家甚至一些非洲国家，因为这样出口非常容易。然而，张瑞敏反其道而行之，没有随大流，而是选择艰难的市场——德国，目的不是创汇，而是打造自己的品牌。

（5）青岛电冰箱总厂晋升为国家一级企业

1991年1月12日，青岛电冰箱总厂晋升为国家一级企业，是青岛市第一个获得该项资质的企业。

其实，这段时间的青岛电冰箱总厂，处于一个高频度获奖的时期。因为，张瑞敏已经逐渐意识到自己产品的品质需要权威机构和媒体的支撑，进一步扩大海尔电冰箱的知名度。

（6）撰写文章《成功了，再赢一次》

在青岛电冰箱总厂晋升为国家一级企业三天后，也就是1991年1月15日，张瑞敏在《海尔报》上撰写了文章《成功了，再赢一次》，告知员工处在成功时如何理解成功和对待成功。该文章的内容如下（有删减）：

> 成功，极富诱惑力的字眼。每一个人、每一个企业都在竭力追求，但每一个成功者的背后又都潜伏着失败的危机。要想长盛不衰，只有学"不死鸟"、自我革新，再赢一次。
>
> 1991年的方针是大家反复讨论几上几下形成的，其间凝聚了广大员工的心血，表现了强烈的参与意识和自我管理的责任。这就是希望所在。
>
> "举一纲，万目张"，今年的方针目标的核心是两个字："市场"。市场是我们曾很陌生的东西，今天却像一只无形的手在牵动着我们。"翻手为云，覆手为雨"，抢购风之高涨足以使你瞠目结舌，百思不得其解；但一夜之间的疲软滞销又会导致你一筹莫展，走投无路。可以说最可怕和最可亲的都是市场。你想赢得市场吗？简单得很但又艰巨得很：赢得用户心。否则便失去市场，失去一切。想登上并坐稳市场的宝座，想使

① http://tech.sina.com.cn/it/2005-05-16/0834607781.shtml。

用户有口皆碑，永恒的主题：高质量、多品种。

方针目标的正确和大家的一致认同，是实现的先决必要条件，但并不等于立马可以不费吹灰之力可得。"兵无常势，水无常形"，环境是动态的，随时变化的。因此在总的方针目标指导下要随时调整，以达到一种最佳状态，按"高差别化"的原则，我们的工作不是局部的个别的一般化的，而是全部的全方位的达到第一流的水平，可以这么说：成功在即。

六年，历史长河中一瞬，但海尔人饱尝了创业之艰辛，领教了市场之无情，体会了发展之不易，分享了成功之喜悦。我们像纤夫一样胼手胝足，一步一个脚印地向着胜利的彼岸迈进。

昨天，今天，明天，任何时间这种脚踏实地的精神都应闪光，那诱人的目标便不再是虚无缥缈的海市蜃楼，而是成功在即！

张瑞敏有句关于成功的名言是："你成功的那一天开始，你可能就已经是不成功了。因为，你成功的只是在你原来设定的那个目标上，而不是终极目标。"

2.3.5　筹谋大业

1991 年，又是一个不同寻常的年份，正如吴晓波（2007）在《激荡三十年》中写道："日渐世俗和商业化的时代特征，让中国不再像过去那么充满神秘感和难以琢磨。不过，在意识形态领域，两种不同的声音仍然还在隔空交锋。如果仅仅从报章上的争论来看，1991 年的中国弥漫着改革是姓'社'还是姓'资'的硝烟。而事实却是，争论如江面上迷眼的乱风。实质性的经济变革却如水底之群鱼，仍在坚定地向前游行。"而张瑞敏就是坚信经济改革的企业家之一，坚信改革的春天的到来。他意识到中国改革开放的春天马上就会到来。他一定要抓住这个即将到来的机会，筹谋一番大业。1991 年 1 月 15 日，张瑞敏在《海尔报》上写道，"想登上并坐稳市场的宝座，想使用户有口皆碑，永恒的主题：高质量、多品种。"高质量已经做到了，下一步应该借助改革开放的新时机，要做"多品种"。于是，他决定实施多元化战略。

（1）组建海尔集团

1991 年 12 月 20 日，张瑞敏兼并了青岛电冰柜总厂和青岛空调器厂，组建了"海尔集团"。当然，在兼并这两个厂的时候，有人劝张瑞敏不要兼并这两个不景气的厂子，而张瑞敏笑着回答："我不下地狱谁下地狱。"张瑞敏知道这是实施多元化战略的第一步。张瑞敏在合并后，对青岛电冰柜总厂和青岛空调器厂从技术及管理等方面进行了优化，使其很快改观，效益有效提升。

这个时候，张瑞敏基于一种对市场的敏感走了企业多元化发展的第一步，他的直觉告诉他，市场的机遇马上就要到来。果不其然，1992年1月邓小平的南方谈话使得中国企业的发展进入了又一个关键转折点。

（2）确定多元化战略

组建海尔集团的同时，张瑞敏预感到未来应是企业发展和扩张的最佳时机，决定进行企业的扩张。但是市场中还表现出了另一种现象。国家政策鼓励企业兼并重组，一些企业兼并重组后无法持续下去，或认为应做专业化而不应进行多元化。而张瑞敏认为海尔的规模扩张和发展必须在这个时间做下去，才能进入一个更广阔的发展空间。张瑞敏以"海尔文化激活休克鱼"的思路先后兼并了国内十八家企业，有效实施了多元化战略。"发展才是硬道理"，张瑞敏制定的多元化战略使得海尔得到了有效的发展。

张瑞敏此时所制定的多元化战略是有战略基础的，那就是1984～1991年的名牌发展战略，名牌发展战略为多元化战略的实施提供了坚实的基础。这也更说明了张瑞敏的远见，更说明了他对市场本质规律的遵循，那就是市场规则，无论市场如何变化，做企业需要从本质做起，那就是质量。张瑞敏的多元化战略是基于质量基础的进一步发展。东方亮了再亮西方，张瑞敏曾说：

> ……国内企业界对于多种经营有一个误区：所谓"东方不亮西方亮"，这边赔了那边来补。这种出发点就是错误的。……我们从不讲东方不亮西方亮。我们的原则是进入一个新的行业，做到一定规模之后，一定要做到这个行业的前三名。与其搞一大批中不溜的企业，不如搞三四家最大的。（胡泳，2007：78）

其实，1990年左右，中国的假冒伪劣产品盛行，全国进行了对假冒伪劣产品的整治工作，全国上下对产品质量有了空前的重视。而此时张瑞敏旗下的产品已经获得质量金奖。1984年别人关注产量的时候，张瑞敏关注了质量，此时别人关注质量时，张瑞敏实施了多元化扩张。总是快人一步。

张瑞敏对多元化有着自己独到的见解，在谈到多元化时，他曾经说道：

> 专业化与多元化并非对立的两极，企业成功与否并非与专业化和多元化有直接的联系。因为，它们不仅是企业经营状态连续体的界定概念，

而且在企业主体、企业战略空间等意义上有不同的含义。无论专业化还是多元化，都是企业的战略行为。既然是企业战略，就不应存在谁对谁错、谁好谁坏、谁优谁劣的问题，在这里只存在竞争力问题：你现在的竞争力能否允许你进入多元化领域或加快多元化发展，当决定采用专业化或多元化的战略后，又能使你的竞争力增强到什么程度，在市场上取得什么地位。否则，不管是专业化还是多元化都将失去方向和意义。

企业能力是多元化经营的基础和前提。多元化经营是不断提高企业能力的经营活动。企业的经营活动非常广泛，有战略性的，也有战术性的，它们对企业能力增长的贡献不一，多元化经营正是能够较大程度提高并不断延伸企业能力的战略性经营活动。

从世界大型企业集团的发展历程看，诚然，走多元化发展道路者居多，但走专业化发展道路而成功者，亦不乏其例。企业如人，个性不同，文化背景不一样，管理模式存在的差异更大，扩张如何能真正收效？关键要看企业的竞争力能否保持和增强，企业运行的成本是否降低，企业过去的文化精神能否战胜不同产业的"排异性"，继续保持生机与活力。

多元化与专业化，实际上都有风险，不能说搞专业化风险小，也不能说搞多元化风险大。这里边最关键的，要看你自身的能力，或者说关键看你的品牌、你的市场发育到什么程度。

世界 500 强，既有搞专业化的，又有搞多元化的。可口可乐算是专业化非常成功的典型，但如果说因此要求国内搞饮料的就搞饮料，你能不能做到可口可乐的程度？我看达不到。专业化扩张并不比多元化扩张容易，它要求以全世界为目标市场。如果只在中国做，你必死无疑。为什么呢？因为可口可乐和百事可乐在中国的市场份额每天都在扩大。你在中国都做不过它，怎么可能到国外去和它竞争？

如果是以世界市场为目标，你可以搞专业化。但你的市场费用能不能支撑？在市场经济条件下，世界的版图是名牌的国界，可口可乐也好，柯达、富士也好，说到底是一种名牌、一种实力的显示。如果没有这种名牌、这种实力，专业化与多元化都不行。中国是世界市场的一个组成部分，如果要谈专业化，就不能局限在国内某一个行业，否则是毫无意义的。要谈专业化，就要摆到世界上来谈，就要找出世界 500 强的专业化来。像世界家电名牌伊莱克斯，主要产品没几样，就是量大，全球空调需求量是 6000 万台，它能生产销售 1000 万台。

作为发展中国家的中国，我国的公司要进入世界 500 强，从多元化做起来，可能更容易些。家电企业有一个好处，就是技术和市场的相关度比较高。我们立足于先把一个产品做好，有了这个名牌效应，再向其他产品扩张。所以，我们从电冰箱到冰柜，再到空调、洗衣机，都没多大问题。但每上一个产品，要打海尔的牌子，必须经过内部认证；这个认证分了 5 级，有的产品差不多过一年之后才打海尔的品牌。这样，海尔每推出一个产品，消费者就觉得跟海尔原来的产品没有什么区别，因为名牌的内涵是完全一致的。

欧美企业与亚洲企业在认识上有很大差别。欧洲企业一般专做一种产品，而一种产品用很多不同的商标。按照他们的观点，做好一个就不错了，进入其他领域很困难。他们是对的。因为欧美市场已经成熟了，能占据一席之地就很不错了。然而亚洲就不同，亚洲市场空间大、发展快，很多领域可以较快进入。

再说，家电产品的相关度较高，因此，家电产品的多元化虽然总成本是上升的，但分摊到每一个产品的成本上是下降的。如果我只做一个电冰箱，我也要做那么多广告，也要做那么多市场开发，比如，在北京也要设一个办事处，售前售中售后的服务都少不了。这样，交易成本是不合算的。如果不针对具体对象谈专业化与多元化，等于关起门来谈，永远谈不出个所以然来。我们没有刻意去搞多元化，比如，为了一种形象就多进几个行业，没有。如果那样的话，我们不会一门心思做了 8 年电冰箱。

很多企业搞多元化不成功，归根结底是人员素质不行。这也是海尔眼下需要重点解决的问题，就是人员素质的提高跟不上企业规模的扩大。对海尔来讲，如果说 1997 年是扩张年的话，1998 年我们叫作调整年、培训年。我们没必要妄自菲薄，认为不可能搞多元化；也不能拔苗助长，非要搞多大不可。在专业化与多元化问题上，我们老是把不是一个重量级的企业往一块儿比，另外，就是把"强"与"大"混为一谈。而只有"强"，才能良性地发展"大"，如果没有这个"强"，单纯地"大"，"大"不起来。所以，美国一位学者提出，"大不是美，小不是美，只有从小到大才是美"，是很有道理的。

海尔在扩张上提出的理念是：兼并注重提高资产质量，提高品牌竞争力——新辟的产业或产品一定要进入同行业前三名；多强的人才做多大的规模——人的素质和管理水平提高在前，规模的扩张随其后。（胡泳，2007：77-80，有删减）

（3）建海尔工业园

1992 年，邓小平视察武昌、深圳、上海、珠海等地，其间的一些讲话，如"基本路线要管一百年，动摇不得。""计划多一点还是市场多一点，不是社会主义与资本主义的本质区别。""判断各方面工作的是非标准，应该主要看是否有利于发展社会主义社会的生产力，是否有利于增强社会主义国家的综合国力，是否有利于提高人民的生活水平。""社会主义的本质，是解放生产力，发展生产力，消灭剥削，消除两极分化，最终达到共同富裕。"及"改革开放胆子要大一些，抓住时机，发展自己，关键是发展经济。发展才是硬道理。"（吴晓波，2007，2008）等，鼓舞了一大批坚信改革的企业家。张瑞敏深受邓小平的南方谈话的鼓舞和激发。1992 年 3 月 26 日，一篇长达一万多字的通讯《东方风来满眼春——邓小平同志在深圳纪实》发表于《深圳特区报》，随之，全国各地报纸均头版头条进行转载。正如吴晓波（2007：270-271，有删减）所说：

在中国的改革史上，邓小平的南方谈话是一个重大事件。在有些时候，它甚至被认为是一个历史性的转折点。从 1978 年改革开放以来，中国的发展主轴已经向经济成长转移，然而围绕经济领域中出现的种种新现象，仍然有不少人以意识形态的标尺去丈量和批评。每当宏观经济出现被动的时候，便立刻会有批评和指责的思潮出现。这已经成为阻碍中国经济持续增长的最大的思想屏障。从上一年（1991 年）开始，《解放日报》发表皇甫平系列社论，对一些思想进行系统化的批评，当时引起某些人士的猛烈反扑，然而，加快改革与开放，毕竟已成为全民的共识，邓小平的南方谈话，是对僵硬思潮的致命一击。从此之后，在公开的舆论中，姓"资"姓"社"之类的讨论日渐平息……邓小平的南方谈话，不但在政治上造成了空前的震动，同样在经济上形成了强烈的号召力。那些谙熟中国国情的人，都从中嗅出了巨大的商机，很显然，一个超速发展的机遇已经出现了。这时候，需要的就是行动、行动……邓小平的南方谈话之后，全国立即出现了一股前所未有的办公司热。从 1992 年 2

月开始，北京市的新增公司以每个月 2000 家的速度递增，比过去增长了 2 到 3 倍。到 8 月 22 日，全市库存的公司执照已全数发光，市工商局不得不紧急从天津调运一万个执照以解燃眉之急。在中关村，1991 年的科技企业数目是 2600 家，到 1992 年底冲到了 5180 家。四川、浙江、江苏等省的新增公司均比去年倍增，在深圳，当时中国最高的国际贸易中心大厦里挤进了 300 家公司，一层 25 个房间，最多的拥挤着 20 多家公司，有的一张写字台就是一家公司。

终于，1992 年 10 月 12～18 日，中国共产党第十四次全国代表大会在京召开。这次代表大会的主要任务是，以邓小平同志建设有中国特色社会主义的理论为指导，认真总结党的十一届三中全会以来 14 年的实践经验，确定今后一个时期的战略部署，动员全党同志和全国各族人民，进一步解放思想，把握有利时机，加快改革开放和现代化建设步伐，夺取有中国特色社会主义事业的更大胜利。党的十四大最突出的特点和最重要的贡献就是确立了邓小平建设有中国特色社会主义理论在全党的指导地位。对建设有中国特色社会主义理论的主要内容作了概括，并将这一理论及以此为基础的党的基本路线写进了党章。

吴晓波（2007：290，有删减）在其著作《激荡三十年》中写道：

这真是一个矛盾重重的年代。人们常常困顿于眼前，而对未来充满期望。

正如发现了"创新"奥秘的美国经济学家熊彼特所言，"发展是一个突出的现象，它在流动的渠道中自发地、非连续地变化，是均衡的扰动，它永远地改变和取代着先前存在的均衡状态"。中国社会的发展也正如此，它一直在"自发地变化"，它来自一个单纯而僵硬的均衡状态，经过 15 年的发展，一切秩序都被颠覆，一切价值观都遭到质疑，一切坚硬的都已经烟消云散。

在过去的 15 年（1978～1992 年）里，观念的突破一直是改革最主要的动力，哪些地方的民众率先摆脱了计划经济的束缚，哪里就将迅速地崛起，财富向观念开放的区域源源地流动。而很多的改革又都是从"违法"开始的，那些与旧体制有着千丝万缕关联的规定成为改革的束缚，对其的突破往往意味着进步，这直接导致了一代人对常规的蔑视，人们开始对制度性约束变得漫不经心起来，他们现在只关心发展的效率与速度。查尔斯·达尔文在《物种起源》中那段有关"丛林法则"的经典论述，正成为中国企业史的一条公理："存活下来的物种，不是那些最强壮的种群，也不是那些智力最高的种群，而是那些对变化做出最积极反应的物种。"

　　1992 年是一个新阶段的起点。当市场经济的概念终于得以确立之后，面目不清的当代中国改革运动终于确立了未来前行的航标，改革的动力将从观念的突破转向制度的创新。在此之前，人们认为，中国之落后主要在于科技，只要大量地引进生产线和新技术，就能够很快地迎头赶上。而现在，很多人已经意识到，观念突破和技术引进所释放出来的生产力并不能够让中国变成一个成熟的现代国家，经济学家吴敬琏因此提出"制度大于技术"。

　　在此之后，我们即将看到，中国开始从观念驱动向利益驱动的时代转型，政府将表现出热烈的参与欲望和强悍的行政调控力，国营、民间和国际三大商业资本将展开更为壮观和激烈的竞争、博弈与交融。

　　1992 年是中国企业发展所经历的历史性的转折点，使得像张瑞敏这样的企业家更有信心地走下去，同时也给了他们先机。张瑞敏看到了时机的到来，中国的开放力度已经大大放开，需要抓住这一机遇。他决定建海尔工业园，以适应多元化战略的实施。建海尔工业园这件事，张瑞敏已思考了很久，邓小平的南方谈话，增强了他的信心。张瑞敏当时说："改革的胆子再大一点，改革的步子再快一点……这不就是给我们说的吗？机会来了，千载难逢啊！"

　　但是，建海尔工业园一个最大的难题就是资金。占地 800 亩（1 亩约为 666.7 平方米）的海尔工业园在当时的中国达到此等规模的也仅有海尔一家。由于几年的发展，青岛电冰箱总厂有了一定的资金，但是后期建设资金是一个大难题。因此，张瑞敏想到了贷款。经过张瑞敏的争取，最后得到贷款 8000 万元。但是，当时政策又发生了变化，不允许贷款买地，使张瑞敏又陷入困境。然而，就在这紧急关头，机会来了。当时，国家加大了金融改革力度，决定扩大股票发行，中国证券监督管理委员会（简称国家证监会）给青岛下达了 5000 万股股票的指标。青岛市委、市政府决定，把这些指标全给海尔，1993 年 11 月 19 日，海尔股票上市，资金顺利解决。海尔工业园终于建成（图 2-12），海尔工业园是海尔进行多元化的基础和保障，这次冒险的成功决定了海尔的今后发展。

图 2-12 青岛海尔工业园全景

资料来源：网易财经.2009-09-07.海尔老照片.http://money.163.com/09/0907/15/5IKB9UER00253JPM.html

（4）思方行圆呈现于海尔工业园中心大楼的设计

海尔工业园的中心大楼的外方内圆的造型是张瑞敏设计的，与海尔旗帜的方圆图案相呼应，如图 2-13 所示。

> 海尔中心大楼是民族的，更是世界的。外方内圆的建筑风格，诉说着变中求胜的理念；思方行圆，既有原则性，又不失灵活性。（胡泳和秦劭斐，2008：4）

思方行圆不仅是张瑞敏的处世哲学，更成为海尔人的处世哲学。

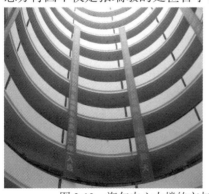

图 2-13 海尔中心大楼的方与圆（作者拍摄于 2011 年 8 月）

2.3.6　理论并行

在 1991～1998 年的多元化战略实施过程中,张瑞敏根据海尔的管理实际和经验,总结出了一系列的管理理论,并用通俗易懂的语言描述出来,有助于员工的理解与接受,使得海尔的管理效率大大提升。

(1)OEC 管理

OEC (overall every control and clear) 是指"日事日毕,日清日高",即每个人在每一天要对每件事进行有效控制并完成,从而进一步提升。

早在 1989 年,张瑞敏就开始了"日清日高"的管理方法,使得员工把工作做细,并当天完成,该方法比较有效。到了 1994 年,张瑞敏正式提出了 OEC 管理: O——Overall,全方位;E——Every (one、day、thing) ,每人、每天、每事; C——Control and Clear ,控制和清理。每人、每天、每事都执行到位,做到日事日毕,日清日高。每个员工责任权利都明确、两书一表(两书一表是岗位说明书、作业指导书、日清表)都规范,使工作目标、过程、激励、考核有效结合,总账不漏项、事事有人管、人人都管事、管事凭效果、管人凭考核。

1994 年,国家经济贸易委员会企业司和中国经济效益纵深行记者在考察海尔集团后,撰写了《一种值得借鉴推广的强化内部管理模式——关于青岛海尔集团"OEC"管理模式的调查》一文。得到了国务院 3 位副总理的重要批示,要求在全国的企业中推广海尔的 OEC 管理法。

海尔的 OEC 管理模式的成功应用吸引了全国各地多个企业的学习和仿效。然而,其他企业仿效一段时间后,就坚持不下去了。OEC 管理不在于其是一种方法,其更是一种机制和理念。海尔之所以成功在于张瑞敏从创业开始就从基本做起,并且善于从人性的角度运用有效的管理手段进行管理。

(2)斜坡球体论

海尔发展越来越好,但是员工的情绪也随之变得越来越懈怠了。有个事件是卖给用户的包装箱里没有说明书,遭到顾客投诉,分厂厂长不以为然,认为产量少的时候可以精益求精,而产量多了,难免有疏漏。基于此,在海尔集团中层以上干部的例会上,张瑞敏正式提出了斜坡球体论。他说:"市场好比是一个斜坡,而企业就像放在这个斜坡上的小球,它受到企业内部职工惰性和外部市场竞争所形成的双重压力,必须找到止动力和上升力,才能防止小球下滑。这个上升力,就是不断提升的企业大目标,就是创新精神。这个止动力,就是基础管理。这个思想,可以简称为'斜坡球体论'。"

（3）激活休克鱼理论

1991 年开始，基于多元化战略，海尔实施规模扩张。张瑞敏发现了市场上有许多管理缺陷而导致比较落后的企业，这些是其进行规模扩张的重要机会和兼并对象。于是，张瑞敏提出了"激活休克鱼理论"。张瑞敏把企业比作鱼，濒临倒闭的死鱼不能吃，因为吃了会付出惨重代价。效益很好的活鱼也不能吃，因为吃的成本很高。因管理不善而导致的缺氧的休克鱼是兼并的最佳对象，不但吃不坏，而且成本也低。只需要输入海尔的管理模式和企业文化就能使得休克鱼重新活跃起来。

"激活休克鱼理论"成为张瑞敏兼并其他企业所遵循的原则，为海尔的多元化战略起到了保障作用。基于"激活休克鱼理论"，海尔主要依靠整体兼并、投资控股、品牌合作等方式，从 1991 年至 1997 年先后"吃掉"红星电器、爱德集团、西湖电子等 18 家企业，其中兼并红星电器尤为重要。红星电器本来和海尔一样都是青岛市的重点企业，由于经营不善，已亏损 1 亿多元，资不抵债。张瑞敏分析了红星电器后认为："红星的失败，不是少技术，也不是少资金，更不是员工不好，关键是管理不到位，职工凝聚力差，缺乏将现有生产要素有效组合的灵魂。而海尔员工、干部有共同认可的价值观，形成了海尔文化。因此，我们当前的紧迫工作就是将海尔文化输入红星。只要思想认识一致了，统一了，一切都好办。文化是企业灵魂，无形资产可盘活有形资产，红星必然重生。"①海尔没有花一分钱，仅通过管理和文化的重新植入，激活了这个企业。

2.3.7　荣登学府

1996 年，成功的张瑞敏第一次登上了北京大学的讲堂。向北大学子讲授了海尔的管理和文化。1997 年 10 月，张瑞敏收到了美国哈佛大学商学院林佩恩教授发来的一份传真，邀请张瑞敏为哈佛学子讲授海尔如何激活被兼并的企业。1998年 3 月 25 日，张瑞敏应邀前往世界最高学府之一的哈佛大学讲课，演讲的题目是：《海尔如何吃"休克鱼"》。他说："所谓'休克鱼'，是指中国'硬件好而软件差'的企业，然后，利用海尔独特的管理经验、运行模式、质保体系、销售渠道，利用独特的文化精神，提高这些企业的素质，引导它们走上超常规的发展道路。例如，1995 年海尔集团兼并青岛一电器厂时，这个厂当时亏损 700 万元，随后第

---

① http://www.oh100.com/chuangye/750716.html。

二、第三个月减亏,第四个月盈亏平衡,第五个月盈利 150 万元……在整个兼并中,海尔只去了三个人,没增加一分钱的投入,没换一台设备,也没有换人,主要是注入了企业管理模式、文化和观念,就把它救活了。这个厂的洗衣机由行业倒数第一跃为全国第一……"张瑞敏的演讲获得外国学生的热烈掌声。张瑞敏成为中国第一个登上哈佛讲堂的企业家,如图 2-14 所示。

图 2-14 1998 年,张瑞敏(中)应邀前往哈佛大学讲课,讲授"海尔文化激活休克鱼"的成功案例

资料来源:青岛新闻网.2009-09-28. 张瑞敏:从工人到海尔首席执行官.http://www.qingdaonews.com/gb/content/2009-09/28/content_8157953_4.htm

2.3.8 冲出国门

1993 年 11 月 14 日,党的十四届三中全会通过了《中共中央关于建立社会主义市场经济体制若干问题的决定》强调各级党委和政府要用党的基本理论和基本路线统揽全局,把更大的精力集中到加快改革上来。这是中国改革开放以来对经验的反思与总结。中国的市场改革进一步打开,此时的中国已经不再是过去计划经济国家。民营经济快速发展,"投机倒把"现象也是十分严重,反映了各种市场中的矛盾。同时对国有企业进行改革,许多国有企业被改为民营,尤其是那些没有竞争力的国有企业都被放掉,政府将主抓那些具备资源优势(尤其是资源型企业)且有潜力的企业,掌握住国家的经济命脉即可。

1994 年,中国的许多品牌也相应崛起,各种产品的广告扑面而来,无论城市还是农村,各种墙上甚至包括猪圈上都喷上了产品的广告图像或宣传语。正如吴晓波(2008)在《激荡三十年》中写道:"随着经济的持续成长,民众的消费能力日渐提高，几乎所有的消费行业都呈现出兴旺蓬勃的景象。企业的高速成长使得企业家们信心爆棚，展现在他们眼前的是一个正在迅速膨胀和无限延伸中的大市场，'扩张、再扩张'的冲动催生出企业史上的第一次多元化浪潮。"张瑞敏比这次浪潮的到来提前走了3年，这是他对市场强烈敏感的体现。当时，柯达、麦当劳、肯德基、诺基亚、福特、通用等跨国企业纷纷而来，福特主管国际业务的执行副总裁韦恩·伯克当时说："我的头号业务重点是中国。"

面对外国企业和品牌的强势压力，中国的传统家电行业真正感到了压力（吴晓波，2008）。一场民族产业的保卫战迅速打响。而这时的海尔已经独具规模，不仅参与了这场保卫战，而且在谋划着要进行反击战。当时联想的柳传志在媒体上说："不管我愿不愿意，实际上已经充当了民族计算机工业的旗手。"在这一代企业家的心中认为，没有自己的民族产品和工业，只能是任人宰割。张瑞敏要实现中国自己的国际化品牌，柳传志要保卫中国自己的民族计算机工业，TCL的李东生同样以"敢死队"自称，长虹彩电喊出了"用我们的品牌筑起新的长城"的口号。这些企业家的崛起，震撼了国外的家电企业，当时全球最大的白色家电企业惠而浦在中国颇受挫折。

当时通用电气公司的董事长杰克·韦尔奇这样说道："理解中国市场的关键字眼是耐心！"这说明了当时中国市场中除了有民族信念的企业家外，还掺杂了一些浮躁和狂热的企业领导者。例如，1995年获得中央电视台"标王"的秦池酒厂，后来很快消失。当时这家酒厂厂长的豪言壮语："1995年我们每天向中央电视台开进一辆桑塔纳，开出的是一辆豪华奥迪"。他们坚信企业帝国可以一夜做成，他们有着做企业的激情，但没有做企业的沉着和冷静。这种狂躁更加偏离了市场的基本规则。当这家酒厂以"3.212118亿元"获得"标王"时，该厂厂长被记者问到投标数字是怎么计算出来的，其回答是："我也没怎么算，这就是我的手机号码。"这种现象是当时那个时代浮躁心态的一个缩影。

但是不可否认，中国的企业已经逐步崛起，从1996年开始，进入世界500强已成为很多中国企业家的目标。当时全亚洲成长速度最快的韩国大宇集团被当作中国许多企业的标杆，仿效这家公司的多元化发展，这把"多元化"热浪推向了高潮。吴晓波（2008：83）在《激荡三十年》中写道："每一个行业都充满了无数的商机，所有的人都变得迫不及待，扩张、再扩张，企业家还远远没有学会控制自己的欲望。日后的事实将证明，在多元化的浪潮中，那些失去理智和控制力的企业家都将自食其果。企业的激情继续在燃烧，这种浮躁现象在已经取得胜利的家电产业尤为突出。本土家电企业在打垮了跨国公司后，迅速地陷入了更为惨烈的'内战'，由于所有的企业都处在相同的技术层面上，所以'内战'的武器还是价格战，以及一轮又一轮的以'技术创新'为噱头的'概念大战'。"此时的价格战中，张瑞敏专注于企业的有效发展，选择了不降价，这是在为国际化战略做好了积淀。

1999 年 9 月 27 日，美国《财富》杂志把一年一度的年会放在中国的上海举行，其主题是"让世界认识中国，让中国认识世界"，这一举动足以体现中国改革开放以来被世界的重视。2001 年 7 月 13 日，中国申奥成功，同年 11 月 10 日，中国如愿加入了世界贸易组织（WTO）。张瑞敏感知到了当时的状态，海尔此时应该走出国门。张瑞敏说："海尔的目标就是冲出国门创品牌，创出中国的世界名牌，这是海尔的历史责任。"

其实张瑞敏对国际化的概念早就存在，这可以追溯至 1985 年他去德国利勃海尔引进生产线的时候，他感受到了德国人无意中的讥讽，因此他要做国际化的品牌。1990 年，他基于先难后易的思路，最早把电冰箱卖向德国。1997年，海尔参加了德国科隆举行的世界家电博览会，向德国人颁发"海尔产品专营证书"（图 2-15）。

图 2-15　1997 年 2 月 18 日，在德国科隆举行的世界家电博览会上，海尔向来自欧洲的十二位经销商颁发了"海尔产品专营证书"（前排右三为张瑞敏）

资料来源：青岛新闻网.2009-09-28. 张瑞敏：从工人到海尔首席执行官.http://www.qingdaonews.com/gb/content/2009-09/28/content_8157953_3.htm

（1）《并非新春寄语》

1996年2月18日，正在春节期间，张瑞敏在《读者报》上发表了文章《并非新春寄语》（有删减）：

跨入1996年，蓦然回首，却惊讶地发现，我们一直高喊的走向世界，倒成了世界在走向我们，而那感受又"真真切切"，并非"雾里看花"。

不信也得信，当屏幕上不断闪现着P&G时，"飘柔"正轻轻地靓丽着你的头发。既已从头开始了，就不必客气，脚下也得配套，忍痛来一双"耐克"，感觉极佳，可能不仅能使足下生辉，更使脸上增光，这也许是名牌效应。名牌已从头至尾了，更需要彻里彻外，于是改造茶文化"国粹"的重任落到了"可口可乐"的身上，不习惯也得习惯，那可是世界驰名商标，且名列前茅，只好委屈胃口"国际化"了。当然，不动声色而又潜移默化渗透国人的何止这些，皮尔卡丹、蓝带、AT&T、日立空调、松下电器……还在层出不穷，一个接一个，无奈的洋名牌"是你，是你，还是你"！

当你津津乐道于洋品牌的氛围时，可曾想过多少曾有口皆碑的中国名牌已成明日黄花；又可曾发现那些登堂入室的洋品牌，已不是纯粹的舶来品，而是地地道道用中国人的手，中国产的原料，在中国地盘上的"中国造"，将国际名牌与低廉成本相结合便意味着可怕的竞争力。

而面对这一切我们应该做些什么?又能做些什么呢?

去组织声势浩大的抵制运动吗?不可能。因为在这里起作用的是市场法则：优胜劣汰。消费者购物是受利益驱动，你绝无理由因为他买了洋牌子而扣一顶"不爱国"的帽子。何况中国市场已经是国际市场的一个组成部分。关税壁垒的消失，国际市场的一体化，已使名牌没有了国界。这对我们是挑战，也是机遇；是痛苦，更是现实。

坐以待毙吗，也不行。中国人必须有中国自己的国际名牌。因为那是一个国家实力的象征，是一个民族素质的外化，也是能否自立于世界强国的标志。

在11年的风风雨雨中，海尔人每时每刻都为创名牌而努力，我们创下了国内电冰箱的第一块金牌，国内商界的许多个第一，也创下了中国家电的第一名牌。在国际上我们也获得了越来越高的信誉，对创国际名牌我们充满了信心。但今天，时代要求我们快一些，再快一些，因为洋名牌"比你没商量"。这好比一颗拳坛新星，其目标必须指向泰森，否则，你不仅无法问鼎世界第一，而且会被打翻在地。

那么出路在哪里?我看应该从时间和空间两个方面去寻求，即抢时间和扩空间。所谓抢时间就是以最短的时间全面达到国际先进水平;扩空间，则是要最大限度地扩大我们在市场上不管是国内还是国际市场上的空间。

至于我们是怎么去抢去扩，应从何处入手，我不想再述说下去。因为它涉及我们每一个人，不仅要说更要去做，需要海尔人的众志成城。作为抛砖引玉，我希望大家都能来表达一下心声，用笔更用心来谱写一曲你自己的"新春寄语"。

（2）确定国际化战略

张瑞敏实施了多元化战略后，使得海尔规模成功扩张，最后形成了集黑白家电的综合型家电企业。而在 1999 年时，张瑞敏认知了当时的产品国际竞争局势，决定实施国际化战略。1999 年 2 月 17 日，张瑞敏在《海尔人》上发表了《海尔中国造》（以下有删减）一文，成为海尔国际化的宣言。

"海尔，中国造"是什么?

"海尔，中国造"是民族造。从鸦片战争以来的 100 多年间，仁人志士，革命先驱，为这"中国人民从此站起来了"而前赴后继，喊来了民族的解放与独立。而今天，世界名牌的多寡已是强国的重要标志。中华民族理应也必须有自己的世界名牌。因为那是一个民族高素质的外化，是划分世界市场版图的唯一武器。

"海尔，中国造"是全球造。"美国造"、"德国造"及"日本造"能为我所用，"英格兰"和　"日耳曼"可为我融智。想想吧，当网络把世界缩到方寸之间，信息已快到令人目眩，你还能闭门造车吗?不能，只能"好风凭借力，送我上青云。"充分利用其中可利用的资源以产生新的飞跃，使"海尔，中国造"为全世界各地的消费者造福，并受到全球的喜爱。

"海尔，中国造"是我们造。国际化、世界名牌的大目标握在你、我、他每一个海尔人手中。"不积跬步，无以至千里;不积小流，无以成江海。"控而不合，目标始终如一，千万遍不厌其烦地重复着正确的动作，我们就握住了"海尔，中国造"的真谛。而我们学习型团队中的每个人只要日清日高，优势互补，整体也不再是个体的简单相加，而质变为整体大于各部分之和的"海尔，中国造"。

"海尔，中国造"是自强造。我们直面的是世界的对手、风云莫测的商战、残酷的竞争，甚至居心叵测者的暗箭。对此，我们应有心理准备，"木秀于林，风必摧之"，而"民族劣根性"会使一些人奉行"我不行，也不能让你行"的信条。但我们更应坚信自胜才能胜人，而恶意中伤者的结局只能是"尔曹身与名俱灭，不废江河万古流"。

新春之际，让世界不同地方、不同国籍、不同肤色的海尔人，用不同的语言向着新世纪发出，一个共同的更强音：

"海尔，中国造！"

这是张瑞敏在面对国外品牌进入中国时发出的民族的呼唤。于是，他决定要走出国门。

（3）在美国建厂

1999 年，张瑞敏的国际化战略实施第一步不是对海外企业的并购，而是选在最具竞争力的美国来建造自己的海尔工厂。早在 1995 年，海尔已向美国出口电冰箱。当别人在专注国内市场时，张瑞敏早已关注国际市场。1999 年 4 月 30 日，张瑞敏决定投资 3000 万美元，在美国南卡罗莱纳州建立海尔美国工业园，在当地生产家电。

随之，社会上出现了很多的负面评论，认为海尔是盲目之举，非要到美国去，美国的地皮、劳动力都是很贵的，在美国建厂，成本太高，不符合逻辑。更何况中国的劳动力成本比较低，在中国发展就可以了。海尔内部也持有不同意见，尤其是其得力助手杨绵绵也表示不同意。他们认为去第三世界的国家建厂比较保险。但是，张瑞敏保持着自己独有的冷静和睿智，他想做的是要抓住风险背后的机遇，要把海尔做成世界的知名品牌。他认为美国是世界技术最集中的地方，利用这一地域的技术优势，逐步向外推广和延伸。面的人们的质疑，张瑞敏如是说："为什么我想先在美国建厂？因为美国是世界上高科技最集中的地方，在那儿建厂，可以充分利用它的技术优势。然后，我们再把这些技术推广到我们其他地区的工厂去。可口可乐最值钱的东西是它的配方。配方在哪儿？在美国公司总部。它用这个配方，想到哪儿去建厂就到哪儿建。配方就相当于脑子、软件，分布在世界各地的加工厂只是个躯体。我们去美国建厂，也是为了得到这种配方。但这个配方人家不会轻易给你，你必须成为在美国的厂子，打入它的主流社会，你才可能得到。"
"千万不要被'中国第一'所迷惑。国门之内无名牌。不推进国际化战略，不进入全球十大经济区，我们在国际竞争中就没有立足之地。所以，我们的中国造必须走出去，跟德国造、美国造一比高低。大家担心我们还没有准备好，贸然进入国际竞争难以取胜。这个担心不是没有道理。但是，如果等我们完全准备好了再出击，那是天真的幻想。我国加入世界贸易组织的时间一天天在逼近，全国的企业还都没有准备好呢，外国大公司已经张开了血盆大口进来了。在中国家电行业中它们垂涎三尺的，首先是海尔。""先进入发展中国家，容易倒是容易；但由于发展中国家市场的影响力有限，你花了很多时间和精力占领了它，对发达国家市场的震动并不大。如果反过来，我们先攻下发达国家的市场，难是难一点，但影响力会很大。下一步再去占领发展中国家市场，就是水到渠成的事了。"

同样，张瑞敏谈到国外市场时说道：

> 现在很多跨国公司一进入中国市场，首先喊的就是要打倒海尔，所以国内这块要守好，而拳头是要坚决打出去的。现在中国加入世界贸易组织，海尔已经感受到先行者的回报了，我们在海外的收益就是证明。海尔国际化从难到易的道路一开始就比较明确，因为海尔的目标就是创名牌，要是到发展中国家去，那就很难，因为它的要求比较低，标准低，就会给我们的员工一个错觉，以为跨出国门就是这个要求，但是到发达国家就不一样了，要以更高的要求来挑战自己。（赵子仪，2010：13，有删减）

于是，1999 年，张瑞敏决定投资 3000 万美元，在美国南卡罗莱纳州建立海尔美国工业园，全面实施国际化战略。2000 年 5 月，南卡罗莱纳州的美国海尔工业园建成。在我们访谈海尔总裁周云杰时，他说，当时的海尔向美国出口电冰箱已经达到 50 万台，而实际上达到 29 万台，就可达到建厂的盈亏平衡点。"美国制造"的标签是个卖点，能大大提升海尔的知名度，对美国零售商很有吸引力，可以平等地与美国企业竞争，其优势是很大的。还可以在当地收集信息，在当地进行技术开发。

（4）其他主要事件

2001 年 6 月 19 日，海尔收购了意大利迈尼盖蒂冰箱厂，进入欧洲市场。2002

年1月8日，海尔与日本三洋电机株式会社合作，在日本成立"三洋海尔株式会社"。海尔正式进入日本市场。此外，还包括参加博鳌亚洲论坛、竞购美泰克、结缘奥运等。

2.3.9　感触网络

在张瑞敏实施国际化战略的时候，就已经察觉到互联网时代的即将到来。

（1）新经济冲击下的感触

1999年1月，世界经济论坛年会在瑞士达沃斯召开，张瑞敏参加了论坛，并深受启发，感到了危机。他曾经对该论坛报告写了自己当时的感触（有删减）：

> 报告说，在21世纪，企业要想生存必须具备3个条件：第一是企业内部的组织结构、组织体系要能够适应外部市场的变化。外国企业在市场经济中久经拼杀，仍然感到内部组织的调整跟不上外部市场的剧烈变化，而中国有很多企业还在搞官本位，这是厅局级的，那是部级的，另外内部还是直线职能式的结构，金字塔形的，你怎么能适应外部呢?第二是要有一个全球化的品牌。中国有几个全球化的品牌?这方面的差距非常之大。第三是要有一套能够在网上销售的战略。中国企业在传统商场里销售的战略尚不过关。何谈网上?

2000年1月，张瑞敏又去瑞士达沃斯参加了当年的世界经济论坛年会，大会的主题是"新经济"。回来后，张瑞敏在2000年2月16日的《海尔人》撰写了《"新经济"之我见》一文（有删减）：

> 参加在瑞士达沃斯召开的 2000"世界经济论坛"年会，受益匪浅。会议就"新经济"展开的讨论，引人注目。诸多国家元首、企业巨子在发言中见仁见智，但均认为新经济关系到企业存亡，国家兴衰。
>
> 何谓新经济?我认为应是以数码知识、网络技术为基础，以创新为核心，由新科技所驱动可持续发展的经济。
>
> 新经济是新冲击。本届年会提出了人类在21世纪将面临两项革命的观点，即网络革命和遗传基因革命。网络将打破传统经济下以国界划分的经济区域，而使所有企业都面对世界经济一体化的冲击。在由网络搭

建的全球市场竞争平台上，企业的优劣势被无情地放大，优者更优，劣者更劣。

因此，拿到上网的入场券是参与新经济最起码的条件。入场券反映了你的管理素质，不能设想管理混乱的企业可以上网。因为网络可以将输入的正确信息运作得更有效率，但无法将输入的错误信息转为正确的信息。临渊羡鱼，不如退而结网。应针对达不到标准的问题亡羊补牢，以拿到上网的资格证。

无形资产是新经济下企业生存的资产。新经济下顾客对品牌的忠诚度显得比任何时候都重要。因为你的竞争对手、你的用户不再局限于地区性的市场、商场，而是同在相互不谋面的全球性网络。用户对你认可还是否定都在瞬间完成，而起决定性作用的是品牌的美誉度。没有顾客的忠诚度，也就失去了网上的生存权。对海尔而言，要以对全球用户的忠诚度换取全球的知名品牌，争取新经济时代的生存权。

创新是新经济的核心。充分利用了网络技术的企业会比过去跑得更快，但要比对手跑得更快，则必须创新。因为大家同样都在利用网络的有利条件。首先是观念的创新，其次是新技术的创新，利用网络优势整合全球科技资源为我所用，以创新技术来创造新需求进而创造新市场。

人，是保证创新的决定性因素。人人都应成为创新的主体。我们设计的市场链的思路正是体现了这一点。为每个员工提供最大的发挥空间，利用网络的共享信息和组织结构扁平化所带来的最短信息链，经营自我，挑战自我，体现自身价值和创新成果，形成团队合力。

值得我们进一步深思的是年会的指导思想：挑战满足感。聚焦 21世纪的新世界，成功的标准已被界定为创新能力，我们的使命则是为世界进步而努力！

（2）市场链改造

基于对新经济下的感触，张瑞敏决定对海尔的组织结构进行变革。1999 年 8月，张瑞敏对海尔的组织结构进行战略性变革，把组织的垂直结构调整为水平结构。同时集团成立董事局，张瑞敏任董事局主席。成立了物流、商流及资金流三个中心。

利用信息流拆除了企业与企业之间和部门与部门之间两堵墙，进行了市场链流程再造。企业内部人人都是市场，并都有自己的市场，人与人及部门与部门之间互为市场关系。各个部门按照市场链的逻辑运行。1999 年 12 月 8 日，张瑞敏曾对海尔中高层干部讲道："市场链改变了计划经济下企业的直线职能式管理。其出发点是，企业必须适应市场的变化，尤其需要适应加入世界贸易组织以后，中国市场成为国际市场的一个组成部分对中国企业的要求。在新的形势下，组织结构必须做出相应的调整，把每个人都与市场联系起来。否则组织结构制约了员工迅速解决问题的积极性，每个人都感受不到市场的压力或者感受不到市场的变化，企业会对市场产生适应不良，最终被竞争对手打倒。"

市场链业务流程再造主要基于"订单"这一逻辑纽带，以 OEC 为管理平台，以索酬、索赔及跳闸为手段，重新整合企业资源。每个人都有自己的顾客，并与市场零距离。

（3）继续强化市场链机制实施

市场链机制的有效实施要基于人的观念，为此，张瑞敏从 2000 年 10 月开始，每周六上午都要对海尔的中高级经理人进行培训。张瑞敏和集团总裁杨绵绵主要以互动的方式与海尔的中高级经理人解决集团本周内各个事业部在市场上遇到的问题，反思市场链改造过程中存在的问题，及时解决。

市场链的改造并不是立马见效的，甚至出现了反弹，出现过危险的情况，电冰箱等产品销售收入连续几个月下滑。但是，张瑞敏意识到这是正常的现象，任何事物的开展初期都会有一个低谷状态，就像一个人手术后需要静养，并不代表身体已经不行了。于是张瑞敏没有惊慌，镇定地展开市场链的再造。

（4）SBU 的提出

SBU（strategical business unit）是指战略事业单位。即海尔中的每一个员工都是一个独立的业务单位。早在 1998 年 9 月 8 日，张瑞敏就在海尔内部推行"内部模拟市场"，这是 SBU 的前身。把内部员工变成每个独立的业务个体，每个人都是首席执行官（CEO），员工之间是一种市场关系，并能感受到市场的压力。2000 年，张瑞敏探索出"SBU 理论"，包含市场目标、市场订单、市场效果及市场报酬四个要素，全都转化到每个人身上。

2.3.10　视野全球

海尔已经成为国际化的品牌企业，但是，传统企业的"生产-库存-销售"模式不能满足用户个性化的需求，企业必须从"以企业为中心卖产品"转变为"以用户为中心卖服务"，即用户驱动的"即需即供"模式。互联网也带来全球经济的一体化，这需要整合全球的资源来应对这种即需即供的模式。于是，2005 年，张瑞敏决定实施全球化品牌战略。

国际化和全球化之间是逻辑递进关系。"国际化"是以企业自身的资源去创造国际化品牌，而"全球化"是将全球的资源为我所用，创造本土化主流品牌，是质的不同。因此，海尔整合全球的研发、制造、营销资源，创全球化品牌。

张瑞敏谈到国际化与全球化的区别时说道：

> 国际化还是以母国为中心来整合全球资源，竞争力仍然体现在母国
> 的层面上。全球化是把全球当成一个地球村，充分利用全球化资源，它
> 的竞争力体现在每一个当地化的海尔身上。[①]

2008 年，由美国"次贷危机"引发的全球性金融危机爆发，海尔没有受到这次危机的影响。此时，海尔正在张瑞敏的主导下进行一次非常重要的转型，从以企业为中心向以用户为中心转型，从制造业向服务业转型。2008 年 8 月 28 日，张瑞敏继 1984 年的"砸冰箱"后，又一次举起了大锤，他要砸的已不是电冰箱，而是仓库。

张瑞敏及海尔决策层计划要取消 DC 库（海尔在各工贸公司设立的物流仓库）的时候，大多数人都反对，几乎认为这是不可能的，市场形势这么差，有仓库都未必能满足客户的需求，更别说取消仓库了。其中客户也反对，因为他们怕造成交货不及时。一位海尔的老客户也是大客户给海尔反映："你们要取消仓库，大方向我们认可，但你们这样做是违约的。"张瑞敏为了不让变革的成本影响到客户，海尔改变了自己的供应链流程，按单生产。虽然没有仓库了，但通过订单模式和流程的变革，海尔把货放在公路上，放在集装箱上，实现即需即供。

金融危机已影响到中国市场，市场零售大幅下滑，行业的库存大幅上升，而海尔的库存却处理得很好。

2.3.11　模式探索

互联网时代的到来颠覆了传统经济的发展模式，而新模式的基础和运行则体现在网络化上，市场和企业更多地呈现出网络化特征。在海尔看来，网络化企业发展战略的实施路径主要体现在三个方面：企业无边界、管理无领导、供应链无

[①] http://www.fyrczp.com/article/article.php?newsid=460。

尺度。进入互联网时代，海尔积极把握时代变革探索新模式，2005 年 9 月正式提出"人单合一双赢"模式。"人"即员工；"单"不是狭义的订单，而是用户资源。"双赢"，就是把每一个员工和用户结合到一起，让员工在为用户创造价值的同时实现自身价值。"人单合一双赢模式"使每个人都是自己的 CEO，它把员工从传统的科层制中解放出来，组成一个一个直面市场和用户的小微企业。这些小微企业把全球资源都组合起来，对产品不断迭代升级，自发现市场需求，自演进达到目标。

海尔"外去中间商，内去隔热墙"，把架设在企业和用户之间的引发效率迟延和信息失真的传动轮彻底去除，让企业和用户直接连在一起，从传统串联流程转型为可实现各方利益最大化的利益共同体。在这个利益共同体里面，各种资源可以无障碍进入，同时能够实现各方的利益最大化。现在的海尔，没有层级，只有三种人——平台主、小微主、创客，都围着用户转。平台主从管控者变为服务者，员工从听从上级指挥到为用户创造价值，必须要变成创业者、创客，这些创客组成小微创业企业，创客和小微主共同创造用户、市场。小微主不是由企业任命的，而是创客共同选举的。创客和小微主间可以互选，如果小微主做了一段时间被小微成员的创客认为不称职，可以被选举更换。如果企业内部的人都不行，还可以引进外部的资源。这些小微成员加上社会的资源，就变成了一个生态圈，共同去创造不同的市场。这就会形成有很多并联平台的生态圈，对着不同的市场，对着不同的用户。

截至目前，海尔集团已支持内部创业人员成立 200 余家小微公司。创业项目涉及家电、智能可穿戴设备等产品类别，以及物流、商务、文化等服务领域。另外，在海尔创业平台，已经诞生 470 个项目，汇聚 1328 家风险投资机构，吸引4000 多家生态资源，孵化和孕育着 2000 多家创客小微公司。越来越多的社会人员选择海尔平台进行创业，海尔创建的创业生态系统已为全社会提供超过 100 万个就业机会。

因此，2012 年，张瑞敏决定实施网络化战略。探索互联网时代的组织模式。2012 年 12 月，张瑞敏获得了瑞士洛桑商学院的"IMD 管理思想领袖奖"，这个奖表彰了其对现代管理实践所做的贡献。

2013 年 7 月 28 日，张瑞敏在青岛举办了"商业生态，平台战略——2013 海尔商业模式创新全球论坛"①，旨在探索互联网时代的组织模式，并就海尔多年的探索做了演讲。内容如下（有删减）：

尊敬的各位领导、各位来宾，女士们、先生们，早晨好。非常高兴有这个机会在这里跟大家分享一下海尔多年以来在互联网时代商业模式的探索。

今天我和大家分享的内容主要分三个部分，第一个就是企业战略和组织框架的颠覆性探索和追求，第二个就是在这个前提下利益攸关方角色的转换，第三个就是如果一个商业模式可持续发展，关键就在于建立一个互联网时代的企业文化。这三者之间的关系，第一个就是企业的战略和组织结构，美国的企业史学家钱德勒有一句话，叫"企业的成长主要取决于两个变量，第一个变量就是战略，第二个变量就是组织结构"，换句话说如果一个企业在战略和组织结构上有问题，这个企业不可能成长。那么战略是什么呢？可能有很多企业都说我的战略就是要达到多少，或者我的战略就是在这个行业里成为第一，这些都不是战略，只是一句口号而已。战略就是有竞争力目标的差异化的路径，比方说我要达到这个第一，可以，但是大家都想达到第一，你凭什么能达到呢？因此我的路径和你不一样，所以战略首先是差异化。如果这种差异化的路径设计好了之后，它一定要涉及你整个的组织结构，所以组织结构一定要跟着变化，这就是企业的两个变量，战略和组织结构。

第二个就是在这个变化的前提下，它一定要涉及人，人是这个变化的基础。这里头各方的角色，主要的就是三方。第一个就是内部的员工，第二个就是外部的用户，第三个就是利益攸关方。

第三个就是这个模式是否能够经得住时间的考验，这是模式是否可持续，在于这个模式有没有一个基因，这个基因就是你的企业文化。今天我这个演讲的内容大体就是这么一个结构。

首先想说一下第一个，就是企业的战略和组织结构颠覆性的探索和追求，我说的颠覆性探索，这里头讲的很多东西，我们直到今天还在继续探索，因为我们所处的这个互联网时代，企业的管理模式的探索是没有路标的。

---

① http://money.163.com/special/2013haier/。

这里头讲了四个部分,第一个部分基本上讲了一个"是什么",就是传统的管理模式是什么。既然要颠覆的话,那么首先要清楚传统的管理模式是什么。第二个就是"为什么"要颠覆它。因为到了互联网时代,互联网时代最主要的一个就是用户主导企业了。第三个就是海尔怎么来颠覆的。第四个就是这个颠覆的目标追求到底是什么。

传统的组织管理应该说是它的企业管理理论的基础,就是亚当•斯密的《国富论》提出的分工理论,分工理论就是传统企业管理的理论基础。亚当•斯密是在 1776 年写出的《国富论》,到现在为止过去 230 多年,也就是统治企业管理的基础理论已经有 200 多年。所以你看《国富论》第一章的第一篇就是论分工,他特别举了一个例子,如果做一些别针的话,如果用作坊式的生产,可能一个人一天一根也做不出来。但是如果是分工流水线式的来做,一个人可能做几千根,这个就是现代企业管理理论的一个基础。

所以这导致了两方面,第一个在制造方面就是流水线。这个是科学管理之父泰勒提出来,所谓的科学管理就是把所有原来没有量化的东西量化,举一个非常著名的例子就是时间动作研究,每一个工序、每一个动作都进行研究。他亲自做了一个很有名的案例,火车司炉工往里填煤的时候,这一锹应该是多么重。直到今天我们的流水线,我们的工艺基本上还是这一套。

第二个方面就是组织,组织上就是科层制,科层制就是德国的组织理论之父马克斯•韦伯所提出的,当然也叫作官僚制。一个组织像一个金字塔形状的,他当时提的大体应该是三层:上面是塔尖,即高层管理者,中间是中层管理者,下面是基层员工。当然大的企业组织可能不是三层了,可能要十几层。

到现在为止,这个分工理论受到了挑战,挑战就是互联网时代。所以你看美国的企业史学家钱德勒把现代工业资本主义的原动力归结为规模和范围,他著有很有名的一本书——《规模经济与范围经济》。所谓规模经济简单来说就是做大,所谓范围经济,即我不光做这个行业,相关的我也都来做,也就是做广做强。我们现在有个口号叫做大做强,其实差不多就是在这个原动力下,就是我把规模做到最大,把范围做到最强。这个做到了之后，等于你把门槛设得很高，我现在再想进则很难再进去。

但是现在信息技术时代的原动力改了，改成了平台，换句话说规模和范围把分工理论推到了极致，规模越大的企业它的分工越细，但是平台颠覆了这个分工理论。为什么呢？一个平台上面是双边的和多边的交易市场。举个例子来说，现在的电商，有的发展得非常快，不管是像淘宝、京东，这些都发展得很快。如果我要做一个传统的商店，无论如何我在现在的这种时间下发展不到它那么快，因为什么呢，它没有了过去的那种分工理论下的复杂，它的传递速度非常快，它在平台上可以使很多的交易非常快地完成。

出现这个现象就是因为互联网时代，互联网时代导致了用户主导企业。其实企业和用户之间信息永远是不对称的，但是传统企业时代是信息不对称的，主导权在企业手里头。在传统经济时代，企业的信息主动权在企业手里，哪个企业发声大就可以得到用户多。传统时代谁的广告厉害，谁就可以得到更多的用户。所以那个时候谁是中央电视台的标王，谁就可以获得更多的用户资源。

但是在互联网时代变过来了，也就是说信息不对称的主导权到了用户手里。现在是用户可以知道所有企业的信息，而企业很难知道所有用户的信息，比方说我要买一张机票，我可以知道所有航空公司机票的价格，但是航空公司难以知道到底用户心里想的是什么。所以这个就是像管理大师德鲁克所说的，"互联网消除了距离，这是它最大的影响。"既然消除了距离是零距离，所以所有的商业模式，今天企业的商业模式都要变革，因为今天所有企业的商业模式都建立在分工理论上，但是在零距离的时代，你原来那种商业模式都不好用了。

这个就是海尔对这个商业模式的探索。还是我刚才所说的，就是主要两方面，一个是战略，一个是组织结构。战略我们现在就把它变成了人单合一双赢的模式。所谓人单合一简单地说人就是员工，单是什么呢，单就是员工的用户，双赢就是这个员工为用户创造的价值，他所应该得到的价值。这个就一下子把组织细分了。海尔现在有 8 万多人，8 万多人在这个理论下，在这个模式指导思想下就一下子变成了 2000 多个自主经营体，一般最小的自主经营体只有7个人，一下子把这个组织给细分了，把原来的金字塔模式给压扁了。

在这个前提下，这个组织也改变了，我们叫作平台组织下的自主经营体并联平台。首先一个平台组织，我们不再是一个正三角式的组织，而是变成了一个可以有很多的群体在上面进行交易，变成一个并联的了。过去企业这个流程应该是串联的，如最先是设计，设计出来之后是制造，制造出来之后是销售，销售出来之后是售后服务，它是一个串联的流程。现在变成一个并联的，也就是所有的相关人员在每一个环节都在一起。针对设计而言，设计的时候用户就要在里面，供应方就要在里面，大家都在里面进行这个设计阶段，也就是说在设计阶段已经决定了这个产品在市场上今后到底可不可以卖出去。

最后因为这边是一个人单合一，很小的一个自主经营体要去创造一个市场，所以它要建立一个生态圈，也就是说它不一定用你集团内部原来的资源，它可以去整合外部的资源，所以它形成一个生态圈的关系。

我们这个模式的探索是从2005年的9月开始的，到现在为止已有八年的时间，应该说在这当中也经过了很多的曲折，其实是个试错的过程。这就像钱德勒所说的，这两个变量之间实际上是一个从属关系，这就是从属理论，战略决定组织结构，组织结构从属于战略。举例而言，战略就像人的脑袋一样，组织结构就相当于这个人的身体。一个人如果现在要向右转，脑袋向右看了，但是身体没转过来，那你不可能向右走过去。所以说，这个战略和组织结构一定是匹配的。

我们探索的情况简单给大家汇报一下。首先要解决一个将企业所负责的大单解构为每一个员工负责的单。企业拥有很多的资产，但是你怎么样分解到员工身上其实很难，或者根本做不到，也没有想去做。这里讲的主要是三方面，第一个是资产，第二个是用户，第三个是损益表。

首先是资产，企业都有资产负债表，但是这个资产的优劣与员工没有什么关系，它很难量化到每个人身上。所以西方财务报表有很重要的两个原则，第一个叫作实现原则，第二个叫作配比原则。所谓实现原则呢，就是权责发生制，也就是说我这个企业的物权转移了就算结束了。你比方说我把这个货卖给一个商店，商店给我开了发票了，在我这个报表上已经实现销售了。但是实际上钱并没有回来，但是我记到了应收账款上。谁对这个负责呢？没有人负责。

另外就是配比原则，简单来说就是费用摊销。这里面产生了多少费用，摊到每一台产品上面就算了。我们这个人单合一的基础，就是要把这些员工无偿占有的资产变成有偿的负债,他才能够有了增值的驱动力。比方前面所说的,现在 100 万的产品给了商店，商店我这里记着销售了，那就没事了，但是在我们这 100 万是谁卖的就记到谁身上，这是你的负债，你一定要保证这个产品最后不是卖出去的问题,不是收回钱的问题，一定要知道这 100 万的产品到底是谁买了去的，我要的是用户资源，你一定要把用户资源给我拿回来。所以他需要做到这一点，不是光收回钱来就可以了，你对企业是负债的。所以每个人都驱动起来了，都要对自己的资产负责。

这个配比原则呢，传统报表是费用摊销，我们这里现在在推行的是挣够自己的市场费用，比方说我出差，我可以住什么样的宾馆，我可以报销多少钱，可以。但是要和你的损益挂钩起来，你没有挣出这个钱就是你的亏损，所以每个人都非常重视投入产出，而不是规定我可以花的钱，我就非常坦然地去花。

在这个前提下就是用户了，过去企业的用户由企业创造，这是肯定的。所以德鲁克有一句话是，每个企业要问自己三个问题，即我的用户是谁，我给用户创造的价值是什么，我给用户创造价值之后我得到的价值是什么。他问了很多的企业，企业回答不出来，这个都是非常难的问题。但是作为我们，要把它变成全员契约，每个人都要有自己的用户，这不是企业要有用户,这要变成你自己的用户。比如说我们现在的销售，一个销售最基层的自主经营体，一个团队是 7 个人，这个团队管着一个县，这一个县所有的用户由这个团队来创造，所以我们叫"我的用户我创造，我的增值我分享"。就是这一个县 100 万人口应该创造 30 万的海尔用户，是我的单，所以我的用户我创造。我的增值我分享，创造出来的增值部分由我来分享。所以，它完全变成自主经营的了，而不是每次来请示。这个团队在市场前沿有三个权，现场决策权、用人权和分配权。可想，一旦有了这三个权就和一个一般的独立公司来讲没有什么区别。

最后落脚点就落到损益表上。传统的损益表很简单，就是我知道损益是多少，即他知道是什么，但是他不知道为什么。你说为什么亏损了呢？可能销售价格低了，或者成本高了，但是为什么高了或者低了却不知道。

我们搞了一个战略损益表，战略损益表就是从创造交互用户切入，然后创建可持续增值的生态圈，也就是说我的用户是交互用户，我这个增值变成一个生态圈，而不是原来的层级结构。具体讲一下这个战略损益表。

这是传统损益表，很简单的就是收入减去费用、成本等于利润的这么一个结构。海尔这个战略损益表就变成了四个部分，我们这个名也是全球唯一的一个，这是国外一个教授的一个提议，叫作"宙斯模型"，就是把四个象限，每个象限的第一个英文字母拿出来变成一个"ZEUS"这个单词。这四个象限第一个是交互用户，第二是人力资源，第三是预实零差，第四是闭环优化。

第一个交互用户就是我们的战略，我们的战略就是创造一个交互用户，所谓交互用户和传统企业过去用户完全不一样，过去我们对用户完全是咨询式的，我们可以发很多的问卷问用户，你到底喜欢什么样的产品，对我们产品有什么样的意见，这是作为我们开发的一个基础。但是现在完全是在网上和用户进行交互，当然我们现在正在推，对传统企业来讲这个推起来很难。为什么呢？因为他习惯于去咨询用户，而不是让用户在这个平台上变成几个群体来自动交互，再自我增值，所以这是我们正在探索的一个东西。如果没有这个东西，你很难融入互联网时代。用户交互体现的是全流程的用户体验，全流程的用户体验其实就是用户要参与设计一直到参与这个销售。

第二个人力资源就是交互用户的一个承接，承接这个资源。也就是说有了这个目标之后，你再由谁来承接它，就是这个人力资源。这就是刚才所说的变成了一个生态圈。

第三个预实零差就是要落地，现在目标有了，承接资源也有了，说这个目标很好，这个人也说我保证完成，也有能力完成，但是每天是不是完成了，我们有个日清体系，每天要保证落地，每天要到人到日。

　　这里头有三个"零"的原则，一是零库存，我们零库存在几年前提出的时候受到了一线销售人员非常强烈的抵制，零库存就是说用户要马上提供，用户不要不能变成库存，不要说零库存，就是把货摆在这也不一定能卖出去。那好了，现在要零库存怎么做呢？你要是有库存就是你的问题，他马上就说这个我承担不了，这是研发的问题，或者供应链的问题，好了那就倒逼过来。其实零库存是让整个体系都围着市场转，都要围着自己的用户转。这个最后变成不是卖货的。原来是为仓库制造产品而不是为用户制造产品。我制造出来的产品到底谁要呢？我不知道，我先放在库里再去促销。我这个产品在最后总装线上走的时候我已经定了，这个产品是给谁的，但是我现在没有做到这一点，我现在在生产线上只能达到 20%可以保证这个产品就是给谁的，直接发到那个地方去，但是还有一些没有做到，这是正在推的一件事。

　　二是零签字，现代企业里头签字是很厉害的，特别是大型企业，特别大的事要高级领导签字。你看那个签字表很多人都签字，但是没人负责，真正出了事所有的人都不会负责，因为签字人看到前面有人签字了，我怕什么呢？上面的领导一看你底下人签字了，你负责吧，都互相推诿，其实真出了事谁都找不着，而且他们希望签字人越多越好。零签字要的是什么呢？不是说无序的谁都不管，而是一定要事先的预案，就是说全面的预算体系，这个事先一定要做到。另外他一定要有自主经营体，没有自主经营体一个个的落地保证，你这个零签字也根本做不到。

　　三是零冗员，人单合一就不应该有多余的人。

　　第四个闭环优化，所谓闭环优化是在前三个象限的基础上不断再来提升，所以我们这个就叫作人单自推动。这个驱动机制是人单自推动，人和单的自推动。怎么自推动呢？我这个单目标要求得很高，我可以拿这个单来招聘有高水平的人，我们叫作竞单上岗。竞来的人可以完成更高水平的单，完成了这个单可以得到更高的价值，下次再提出比现在更高的目标，就可能再来优化更高的人，不一定是原来这个人。所以这个就是人和单这种良性优化，即人单自推动。这就是我们战略损益表的一个内容。

　　这个战略损益表落地的时候，每个人要有一个人单酬表。把战略损益表分解了，原来是企业一张损益表，现在变成了战略损益表，而且每个人要有一个战略损益表,那每个人的战略损益表在我们这里表现的就是这个两维点阵图。你看一个横轴一个纵轴,这个横轴就是传统的数,我这个销售额是多少,利润是多少,和一般的企业都一样,这是需要的。我们这定的是二四六八分区,就是达到行业的平均水平,一直成为行业的第一,一直成为行业领先,一直到不断的优化,当然这里头对应的有一些具体的数。最重要的是这个纵轴,横轴可以说是果,纵轴是因。

纵轴底下就是四个象限,我们把它分到 10 个分区。第一个分区就是看你有没有把你各种资产、用户分到每个人,变成每个人的负债,也就是有没有做到人单合一的基础。到了 2 分区,你在 2 分区有没有做出我们叫一个体系一个机制,体系就是开放体系,所谓开放体系就是作为一个开放的并联平台,并联平台就是说你很多的资源都是社会上的,而不仅仅是企业内部的。再一个是驱动机制,就是人单自推动,有没有真正的在社会上招聘更优秀的人。这个做到了之后,从 2 分区之上到 10 分区之间,就是从你做了一个样板扩展到这个全部,最后到 10 分区,大体上就是这么样。所以这个推行起来是最困难的,当然现在好处是有信息化了,每个人把所有的资产、用户及他自己产生的效果和对他的薪酬都对应起来,这是非常复杂的工程,我们已经做了很长时间,但是很难做到位。

下面就是对于这个组织的探索。这是我们过去的,过去就是正三角式金字塔组织。这里面的关系很简单,内部员工之间的关系就是层级关系,就是上下级的这个层级关系。和合作方之间就是博弈关系,比如说和供应商就是价格,我希望它的价格更低。其实供应商也希望我们的价格更低、折扣更高。企业和用户之间,企业是主导关系,这个正三角式金字塔式的结构在互联网时代肯定是不行了。

所以我们探索的就是把它压扁了,把正三角倒过来变成一个倒三角,再往前走一步就变成了一个扁平化的网状组织。这个网状组织最主要的就是把原来企业的这些部门之间变成一个协同的关系,合作方变成一个合作的关系,用户也参与我们的设计,这上面变成一个真正的以海尔自经体为基本的细胞,一个并联平台的生态圈。所谓的生态圈,它这个组织不是固定的,人员也不是固定的,是根据需求随时来改变的。

这里头很重要的就是自主经营体，这个自主经营体体现在我们已经把它做到基本上像一个自组织一样。自组织主要有两个要素，第一个是引进负熵。大家知道熵是一个企业或者一个组织产生混乱的量度，熵越大这个组织越混乱。这个负熵就是阻止它混乱，使这个企业充满活力的量度。所谓引进负熵就是我们这变成一个开放的体系，完全引进各方面的最优秀的资源。

所以我们这里有四个字，叫按单聚散，就是以这个单聚了这 5 个人去完成，下一个单可能目标是不一样的，不一定是这 5 个人去做，我们可以另外再有人去竞争下一个单。所以这个按单聚散和过去企业组织是完全不一样的，过去企业组织如果说是这个项目团队干了这个项目可以再去干下个项目，不停由他们去干，我们这个完全是按单去变人，而不是按人去变单。

第二个是正反馈循环，我们叫人单自推动的循环，因推动果，果推动因，就是人单自推动。我们对传统权威的类型有一个颠覆。马克斯•韦伯提出的权威一共是三类，一类叫传统型，一类叫卡里斯马型，一类叫法理型，所谓传统型就是世袭制，子承父业。卡里斯马型是早期基督教的一个概念，也就是说人有非凡的魅力，像有神助一样。有很多成功的企业差不多都是这种卡里斯马型。还有一个是法理型，按照法理程序选举出来的领导人。我们不是这种传统的，像韦伯所说的这种类型，我们是另外一种，就是自主经营体。自主经营体没有谁在领导他，过去是他的上级领导，现在是他的用户，所以他一定要听从用户，用户变了他就要变。每个人都努力把自己的价值发挥到极致，有点像中国古文化里头 2000 多年前《易经》所说的乾卦达到最高的境界就是群龙无首。大家都把群龙无首当作贬义词，其实这是一个境界，每条龙都不会互相混乱，每个人都会做到极致。像一般系统论说的整体大于部分之和。

刚才说的是我们一些探索，下面是我们追求的三个"无"的目标。一个是企业无边界，一个是管理无领导，一个是供应链无尺度。

首先，企业无边界是最大的挑战，美国的经济学家科斯曾获得诺贝尔奖，他提出了企业边界，其对企业的划分很简单，交易成本和管理费用的比较产生了企业的边界，也就是说你比别人做的成本要高，没有竞争力你就不要做，你做得比别人有竞争力你就多做，所以这个边界的大小就是这么来分的。互联网时代就没有边界了，像这个众包模式，沃尔玛的众包连销售都可以众包，顾客你顺路可以给其他顾客捎着货，像宝洁的老总到我们这来跟我们说他的设计也外包。所以这个众包模式已经没有什么边界。

再一个跨界经营，谷歌做无人驾驶汽车，典型的跨界经营，这个已经颠覆了企业边界。我们海尔探索是按单聚散的人力资源成本，就是我不是按照企业现有的人到底能不能干这个事，这个事能干到什么程度，如果我的人干这件事不如别人干的有竞争力，按照科斯的理论我就不应该干了，但是我可以整合外部的人，我可以把它干到最好。美国的太阳计算机公司的乔伊，曾提出一个非常有名的乔伊法则，其对科斯定律提出一些质疑，说科斯定律有瑕疵，什么瑕疵呢，无论是谁，大部分聪明人总归是为别人工作，也就是说你公司的人绝对不是全世界最聪明的，你为什么不能去找那些最聪明的呢？就像维基经济学所说的那个题目非常刺激——《世界就是你的研发部》——你只要点一下鼠标就可以整合到全世界最优秀的人员，为什么要用你现在的人去研发呢？这也是我们很多企业经常会提出的，我的研发部很厉害，我有多少多少博士，我有多少多少海归，其实已经不符合现代互联网的思路。所以企业无边界对企业来讲，是我们追求的一个很大的目标。

其次是管理无领导。传统时代就是马克斯·韦伯提出来的科层制，互联网时代是用户驱动企业。我们现在探索的是自治的小微公司，福布斯杂志前一段时间发表的那个文章，把我们还作为一个封面，他的题目写的就是海尔消灭中层，这个是挺刺激的，应该说中层消失了，没有中层，你怎么会知道用户需求是什么呢？所以就变成了一个个的自治小微公司。

最后是供应链无尺度。过去我们就是大规模制造，特别是中国企业，主要的竞争力就是大规模制造。互联网时代是个性化定制，你这个供应链再按照大规模制造设计供应链肯定是不行了，所以我们现在探索的就是按需设计、按需制造、按需配送。人家要一个单独的你给他设计，当然怎么来做这是很大的一个题目，这就是我讲的第一部分。整个海尔人单合一的模式的探索一些内容。

　　第二部分就是由此带来的企业各部分角色的这种变化，主要是内部员工、外部用户加上合作方，最后我们的目标就是追求全员契约。

　　先是从员工来讲，简单地说就是把员工从原来的一个指令人和执行人，其实有的中层他既是下指令的指令人，也是接受指令的执行人，那么现在呢，把他变成一个接口人，也就是说不是要你把这件事做好，而是要你去整合相关的人把这个事做好。举个例子，我们做国际市场的人他们过去这一个团队，比方说 10 个人来做某一个国家，比如说做尼日利亚市场，可能是 10 个人来做，现在就变成了 1 个人，我们俗称光杆司令。这一个人怎么样呢？我把这个项目目标定下来以后整合全球的资源，甚至他们做一个项目的时候，包括思科、微软他们也参与。他们在这方面非常有能力，但是他们不知道那个项目到底是要什么，所以一下子把他整合到一块，那就完了。非要自己人去做，没有这个必要，所以首先把它变成一个接口人。例如，像我们研发现在 1100 多的接口人，接口全球的资源是 5 万多。外围的这个资源就更多了，比如这 5 万多比较主要的，美国的一些非常有名的大学都在这里面。

　　有个教授问我，国际上购并 80% 可能是失败了，失败的原因最主要的就是跨文化融合，这个可能非常难。其实我说跨文化融合在某个意义上说应该是个伪命题，为什么呢？就是说你看到的只是各种文化的不同的表象，但是人的本质都是一样的，所以就是康德所说的："人是目的，不是工具。"所以康德所说的不论任何时候任何人，都不能把自己和他人当作工具，而应该当作目的，因为每个人自身就是目的。如果你把他当成目的，而不是工具，这个问题也可以迎刃而解。

　　我们现在初步有一些成果，左边（PPT 中的一个成果）这个是去年被波士顿咨询公司评为全球最具创新力的企业第八位，唯一进入前十位的一个中国企业——海尔。另外一些大部分是互联网时代的企业，所以海尔也是在消费类、零售类的企业当中排到了最高，主要原因我觉得可能就是我们这种模式的探索和创新。另外从实体上来讲，海尔在白色家电行业现在连续四年在国际上被评为第一。

　　从报表上来看，企业重点的两个指标，一个是利润，一个是现金流。我们这个利润是连续从 2007 年到 2012 年，利润的复合增长率达到 35%，这个主要原因是一个自主经营体，因为每个人都要为自己的利润负责，所以利润的增长可以保证可持续的发展。

CCC（现金流量周期）是企业报表非常重要的一个指标，营运资金周转天数，我们达到负 10 天。我前些年看到这个指标全球最好的是戴尔，曾经达到了负 37 天，现在戴尔也不行了，也达不到这么高，现在可能连负 10 天都不一定能达到。我们现在达到负 10 天，而我们原来是正 30 天，现在有些企业是正 40 天、正 50 天，你这么多天的营运资金要去银行筹措或者到股市上拿，但是对于负 10 天，我 10 天的营运资金都是多出来的，我可以来运作。

最后用狄更斯在《双城记》里的一句话作为今天演讲的结尾，就是"这是最好的时代，这是最坏的时代。"互联网对每个企业来说，如果你能适应它、驾驭它、走到它的前面，互联网对于你就是最好的时代，如果你背离它，那么互联网对我们每个企业就是灾难，就是最坏。

谢谢。

张瑞敏对管理模式的探索又一次走进了国际的高等学府，在西班牙 IESE 商学院（Institute of Higher Business Studies），张瑞敏做了一场关于互联网时代企业管理思想的演讲，就互联网时代企业管理话题，阐释了海尔人单合一管理理论。在瑞士 IMD 商学院（International Institute for Management Development），张瑞敏带去了人单合一双赢模式的演讲。

IESE 商学院的卡洛斯教授对张瑞敏此行的评价是：张瑞敏先生的演讲，给沉闷的欧洲经济吹来一股清新之风，张瑞敏先生带领海尔所进行的商业模式创新，就是一场互联网时代的管理思想解放运动。从传统走向现代，从封闭走向开放，从守旧走向创新，海尔模式创新的本质就是一种对进取、速度与价值的追求，通过对人单合一文化融合的研究，海尔的探索具有了时代意义。战略大师加里·哈默评价张瑞敏为互联网时代 CEO 的代表，"竞争战略之父"迈克尔·波特评价其为"杰出的战略思想家"。

总之，张瑞敏进入青岛日用电器厂是一种意外的收获，必然的承担。试探前进的张瑞敏进入青岛日用电器厂后并没有随波逐流，从基层走来的他遵循从基本做起，从简单做起的管理理念，制定了《企业管理十三条规定》，并"豪饮 40 盅酒借钱给员工发工资以度年关"。最基本的责任与最基本的信任开始感染每一位员工的心。电器厂从凌乱不堪到逐步改善，这个小厂已渐渐离不开张瑞敏，张瑞敏也渐渐恋上了这个曾经狼藉的小厂。"引进德国生产线"的成功，使得张瑞敏看到了自己的事业的未来。这个当时的小厂应是他需要精心制作的作品，张瑞敏决定留下，这是他造梦的地方，要以它实现中国的国际化品牌。

第3章　张瑞敏的互动分析

基于第 2 章张瑞敏的故事，本研究发现张瑞敏的故事充满了他与其他实体的各种互动，互动对象主要涉及组织及环境、政府、竞争者及合作者、管理学界、企业内部管理者及员工等。张瑞敏与组织及环境的互动属于宏观层面的互动，与政府、竞争者及合作者、管理学界的互动属于与组织外部对象的互动，与企业内部管理者及员工的互动属于与组织内部对象的互动。所以，本研究先从这三个方面进行分析，提炼各个互动的特点，最终探索张瑞敏的领导角色。

3.1　张瑞敏与组织及环境的互动

领导与组织及环境之间存在着天然的互动关系（Weiner and Mahoney，1981）。在张瑞敏的领导下，海尔从一个负债 147 万元且濒临倒闭的小厂子成为目前一家全球化的知名企业。这完全离不开张瑞敏与组织及环境的有效互动。本研究发现，张瑞敏与组织及环境的互动是基于组织的有效发展和环境的快速变化而展开的。作为组织的领导者，张瑞敏既融于组织又独立于组织，与组织共同发展。

1984 年，张瑞敏临危受命接任青岛日用电器厂的厂长。青岛日用电器厂产品质量差，销量低下，亏损严重，已经负债 147 万元，濒临倒闭。面对这样的一个组织，张瑞敏深感压力和挑战。然而，也是从这一刻起，张瑞敏展开了与组织及环境互动的一系列奇迹。

本研究从张瑞敏的战略制定及相关故事中，看到了张瑞敏与组织及环境的有效互动。我们重新锁定在张瑞敏的这些故事中进行分析。本研究通过这些故事发现了张瑞敏在互动中的领导行为及行为基础，行为基础是领导行为的支撑点，两者共同体现了内在的互动机理。

3.1.1　领导行为

在张瑞敏的故事中,本研究发现了张瑞敏与组织及环境的互动中的领导行为,具体分析如下。

（1）对组织的方向设计

从张瑞敏更名"青岛日用电器厂"为"青岛电冰箱总厂"、制定各个阶段的战略（名牌战略、多元化战略、国际化战略、全球化品牌战略、网络化战略）等关键事件中,本研究归纳出了张瑞敏在与组织及环境互动中体现的互动行为,即对组织的方向设计。张瑞敏曾经说:"如果把海尔比作一艘船的话,我仅仅做一个船长是不够的,应该是一个设计师,因为这个船随时要根据战略做调整,所以这个船就需要不断地改进,有的时候甚至把这个船抛弃掉,重新打造一艘,因为它只要服从于战略,而不是根据船的大小去航行。"张瑞敏的这段话显著表达了他对组织方向的关注。在《辞海》中,"设计"是指在正式做某项工作之前根据一定的目的、要求,预先制定方法、图样等（夏征农和陈至立,2010）。因此,本研究用了"设计"一词来表达张瑞敏的行为。

1）更名"青岛日用电器厂"为"青岛电冰箱总厂"

我们再看张瑞敏1984年更名"青岛日用电器厂"为"青岛电冰箱总厂"这个事件,张瑞敏甩弃了青岛日用电器厂原先的产品,转向生产电冰箱。当时张瑞敏面临的现状是青岛日用电器厂产品无竞争力。该厂虽然产品类型较多,但质量却非常低下,尤其是当时生产的洗衣机,在市场中无任何竞争力。而当时白色家电行业的发展水平比较低,并且电冰箱与其他家电不同,是没有替代的生活必需品。家中可以没有洗衣机,因为用手洗就可以了,但没有电冰箱的话,其他物品是不具有替代性的。同理,空调可以由风扇替代,电视机可以由收音机替代等。张瑞敏也敏锐地意识到,随着人民生活水平的不断提高,电冰箱的需求会越来越大。而国内电冰箱行业尚初步发展,电冰箱在中国家庭中的普及率还非常低。

还有一个非常重要的因素决定了张瑞敏的这一决策,就是当时德国利勃海尔项目已经争取到。青岛家电公司已经和德国利勃海尔签署了项目引进协议,然而受900万元的制约,该项目却很难落地。张瑞敏意识到筹措900万元资金的难度,然而他也同时遇到了青岛日用电器厂如何转机的难题。两个难题先后摆在了张瑞敏面前,张瑞敏需要迎难而上,同时将这两个难题连接在一起,就变成了一个解决焦点,这会更容易解决。

因此,张瑞敏对青岛日用电器厂的方向进行了第一次设计,专注于电冰箱的生产，把厂更名为"青岛电冰箱总厂"。在这个事件中，也体现了张瑞敏善于整合资源，对机会的把控，德国利勃海尔项目对濒临倒闭的青岛日用电器厂来讲是一个很好的机会。

总之，张瑞敏进入青岛日用电器厂的第一个重大决策体现了其对市场及现有资源的认知和控制，体现了张瑞敏的智慧，同时也反映了决策的资源和经历的约束。

2）不同阶段的战略设计

我们再来关注张瑞敏对组织不同阶段的战略设计。基于组织及环境的不同状态，张瑞敏及时设计组织的战略方向，在不同阶段实施了不同的发展战略。本研究归纳了不同战略阶段环境、组织及张瑞敏的互动状态，详见表3-1。

表3-1　海尔的战略发展阶段及张瑞敏与组织及环境的互动

时间	环境	组织	张瑞敏
1984~1991年名牌战略	刚刚改革开放，并确定青岛市为要开放的14个沿海城市之一；市场需求空间大，消费者对质量没有概念；家电行业几乎只关注产量，对质量无所谓，且竞争小	负债147万元，濒临倒闭，员工懒散，技术落后，产品无任何竞争力	转向做电冰箱，引进德国生产线，确定名牌战略。对品牌进行长期投资，提升品牌价值
1991~1998年多元化战略	国家政策进一步开放，鼓励企业兼并重组，一些企业兼并重组后无法持续下去，或认为应做专业化而不应进行多元化；1992年邓小平的南方谈话；市场需求空间大，消费者已关注质量；家电行业已开始关注质量，竞争加强	青岛电冰箱总厂晋升为国家一级企业，质量得到认可。员工素质高，技术先进，产品具有竞争力	组建海尔集团，确定多元化战略，提出"激活休克鱼理论"，规模扩张，冒险建海尔工业园。开始实行OEC（overall every control and clear）管理法，即每人每天对每件事进行全方位的控制和清理，目的是"日事日毕，日清日高"
1998~2005年国际化战略	国家努力申请加入WTO，国企改革，明确非公有制经济是中国社会主义市场经济的重要组成部分。鼓励出口创汇；消费者品牌意识加强，国外品牌逐渐走向市场；家电行业竞争加剧。国内很多企业响应中央号召走出去，但出去之后非常困难，又退回来继续做订牌	海尔完成了多元化规模扩张。拥有了丰厚的企业文化积淀，员工整体素质高，产品具有竞争力	确定国际化战略，在美国建厂，提出"走出去、走进去、走上去"的三步走策略，以"先难后易"的思路，首先进入发达国家创名牌，再以高屋建瓴之势进入发展中国家，逐渐在海外建立起设计、制造、营销的"三位一体"本土化模式。在海尔推行"市场链"管理，以计算机信息系统为基础，以订单信息流为中心，带动物流和资金流的运行，实现业务流程再造
2005~2012年全球化品牌战略	互联网时代带来营销的碎片化，传统企业的"生产-库存-销售"模式不能满足用户个性化的需求。消费者对品牌及服务诉求大大提升；家电行业竞争激烈。国际化品牌及服务成为行业追求的目标	海尔已成为国际化的家电巨头，具有很强的国际化品牌影响力。市场链机制有效运行	确定全球化品牌战略，从"以企业为中心卖产品"转变为"以用户为中心卖服务"，即用户驱动的"即需即供"模式。将全球的资源为我所用，创造本土化主流品牌。探索互联网时代创造顾客的"人单合一双赢"模式

时间	环境	组织	张瑞敏
2012 年以后 网络化战略	互联网颠覆了传统经济的发展模式，而新模式的基础和运行则体现在网络化上，市场和企业更多地呈现出网络化特征	海尔已经在管理模式创新及发展上非常成熟。全球影响力加强，虚实网结合的人单合一模式为海尔的进一步发展奠定了基础	确定网络化战略，打造组织平台，实现企业无边界、管理无领导、供应链无尺度

名牌战略 1984 年，是中国的企业元年，中国的改革力度进一步加大。此时的青岛也被确定为要开放的 14 个沿海城市之一，市场需求空间大，消费者对质量没有概念。家电行业几乎都只关注产量，对质量无所谓，且竞争小。当时人们几乎都不知道怎么做企业，共识就是挣钱，对产品质量的关注度很低。产品只要能用就行了。这种对产品质量无所谓的态度在当时很普遍，这种心态的存在有原因的。第一，刚刚改革开放，中国的企业都比较落后，其产品质量也是比较差，然而，刚刚改革开放后消费者的自由需求迅速增加，因此，对产品更是期望度比较低，能买到、能用就可以了，多数企业也就不谈质量。第二，人们的生活水平都比较低，从而制约了其对高质量产品的诉求。所以，在那个时代，社会对产品的质量意识是比较弱的。再加上当时政策的不清晰，市场比较模糊，所以，大部分企业都在追求产量，争取短期利益。而张瑞敏没有这样做，而是看透了市场未来的发展趋势，消费者内心真正的诉求，那就是质量。

另外，当时的组织是负债累累、濒临倒闭的小厂，员工懒散，技术落后，产品无任何竞争力。他担任了这个厂的厂长，要让这个厂转危为安，走出困境，他需要从根本上解决这个难题。借助德国利勃海尔项目，从产品的根本做起，抓质量，打造名牌的电冰箱。

基于环境和组织的状态，张瑞敏制定了决定海尔崛起的关键战略——名牌发展战略，狠抓质量。事实已经证明，张瑞敏所制定的名牌战略是正确的，青岛电冰箱总厂在 1988 年 12 月的全国首届电冰箱国优评比中，在全国 100 多家电冰箱厂中，以总分第一的成绩取得质量金奖。此事件表达出了张瑞敏对市场的强烈敏感性。

张瑞敏抓住了当时改革开放的机遇，积极引进了德国生产线，以"要么不干，要干就要争第一"的观念从质量抓起，打造中国名牌。其实，抓住改革开放时机的企业很多，但关注产品质量的并不多。很多人认为原来设备差，既然引进了好的设备，产品已经比原来好得多了，市场又供不应求，能卖就行了，全力以赴上产量。但张瑞敏没有这么想，他当时的目标就是为用户提供高质量的产品。这个事件过程也反映出了张瑞敏对市场规则的遵循及做企业的认真和负责。

多元化战略　1991 年，名牌战略的制定与实施把当年负债累累、濒临倒闭的小厂彻底激活，青岛电冰箱总厂已经得到了市场的认可。此时的张瑞敏在组织的方向上又进行了深入反思。1990 年开始，电冰箱就逐渐出现了饱和。并且国家政策进一步放开，鼓励企业兼并重组，一些企业兼并重组后无法持续下去，或认为应做专业化而不应进行多元化。1992 年 1 月邓小平的南方谈话使得中国企业的发展进入了又一个关键转折点，进一步唤醒了市场，增强了企业家的信心。虽然当时还在议论中国走"资"还是"社"的问题，但张瑞敏已经看到了改革春天的到来。当时的青岛电冰箱总厂已经晋升为国家一级企业，产品质量得到认可，员工素质大大提升，技术先进，产品具有了竞争力。所以，此时的组织需要适应市场的发展，张瑞敏选择了多元化战略，并组建海尔集团，提出"激活休克鱼理论"，进行规模扩张，抓住机遇建设海尔工业园。开始实行 OEC 管理法。这是对组织的又一次方向的设计。通过多元化战略，海尔兼并了包括洗衣机、电视机、空调等产业在内的多个企业，进入了多个领域。1991 年 12 月，张瑞敏兼并青岛电冰柜总厂和青岛空调器厂，组建了"海尔集团"，实施多元化战略。当然，在兼并这两个厂的时候，有人劝张瑞敏不要兼并这两个不景气的厂子，而张瑞敏笑着回答："我不下地狱谁下地狱。"张瑞敏知道这是实施多元化战略的第一步。在三厂合并后，张瑞敏对青岛电冰柜总厂和青岛空调器厂从技术及管理等方面进行了优化，使其很快改观，效益有效提升。这就是张瑞敏做企业的规则，质量意识他一直坚守着，虽然当时的市场并不清晰和规范，人们都是凭着一种感觉在走，但是，像张瑞敏这样的企业家基于对市场的敏感和对市场规则的把握，选择了多元化战略。对市场的敏感已经完全体现，对市场规则的遵循是张瑞敏更加关注的。面对这样一个时机，多元化战略是海尔最为适合的，这就是市场规则遵循。

国际化战略　张瑞敏实施了多元化战略后，使得海尔规模成功扩张，最后形成了集黑白家电的综合型家电企业。而在 1998 年，张瑞敏为组织的方向又进行设计，制定了国际化战略。1998 年，国家努力申请加入 WTO，国企改革，明确了非公有制经济是中国社会主义市场经济的重要组成部分。同时鼓励出口创汇；消费者品牌意识加强，国外品牌逐渐走进中国；家电行业竞争加剧。此时的海尔完成了多元化规模扩张，拥有了丰厚的企业文化积淀，员工整体素质高，产品具有竞争力。张瑞敏设计了组织新方向——国际化战略。于是 1999 年在美国建厂，提出"走出去、走进去、走上去"的三步走策略，以"先难后易"的思路，首先进入发达国家创名牌，再以高屋建瓴之势进入发展中国家，逐渐在海外建立起设计、制造、营销的"三位一体"本土化模式。并在海尔推行"市场链"管理，以计算机信息系统为基础，以订单信息流为中心，带动物流和资金流的运行，实现业务流程再造。这又是一种市场敏感和市场规则遵循的体现。

全球化品牌战略　2000 年之后，中国制造在全世界可以说是大行其道，但是所生产产品的资源还是来自于中国，张瑞敏充分认识到了这一点。此时城市化的进程推进使得城市购房迅速突起，中国的房地产业到达了一个空前的鼎盛时期。中国制造和房地产的过热使得中国各种原材料和能源出现紧缺，从而价格也一路飞涨。2003 年，中国遇到了有史以来的"电荒"，这使得各种原材料价格更是上涨，于是中国的国有能源企业在全国范围内寻找石油、天然气、矿产等资源。于是，中国的重化工运动开始了。大量企业都把目光投向了能源行业。2004 年，中国针对银行贷款、土地管理、房地产等推出了一系列紧缩政策。2005 年"中国制造"的商品的廉价使得各国的制造业受到了挑战，于是，各国把中国当成了反倾销的重点。总之，在 2005 年左右，资源成为各国的关注点，也是这个时代的关注点。2005 年，互联网时代带来营销的碎片化，传统企业的"生产—库存—销售"模式不能满足用户个性化的需求。消费者对品牌及服务诉求大大提升；家电行业竞争激烈。国际化品牌及服务成为行业追求的目标。海尔已成为国际化的家电巨头，具有很强的国际化品牌影响力。市场链机制有效运行。张瑞敏抓住了互联网时代的机遇，对组织的方向进行积极设计，从满足大规模制造转变为满足用户个性化需求的观念，确定全球化品牌战略。从"以企业为中心卖产品"转变为"以用户为中心卖服务"，即用户驱动的"即需即供"模式。将全球的资源为我所用，创造本土化主流品牌。张瑞敏把资源和互联网时代连接了起来。互联网也带来全球经济的一体化，国际化和全球化之间是逻辑递进关系。于是，通过互联网将全球的资源为我所用，创造当地的本土化主流品牌。在张瑞敏的眼中，"国际化"是以企业自身的资源去创造国际化品牌，而"全球化"是将全球的资源为我所用，创造本土化主流品牌，是质的不同。因此，海尔将整合全球的研发、制造、营销资源，创全球化品牌。

网络化战略　随着技术的发展，互联网时代已经到来，这对于传统的制造业来讲是一个严峻的挑战，如何破冰和突围是这些传统制造企业关注的焦点。当时乐视 TV（虽然后来失败）、小米手机等抓住互联网主旋律的企业迅速崛起，使得传统制造企业感到了恐慌。

在张瑞敏眼中，互联网时代的到来颠覆了传统经济的发展模式，而新模式的基础和运行则体现在网络化上，市场和企业更多地呈现出网络化特征。网络化企业发展战略的实施路径主要体现在三个方面：企业无边界、管理无领导、供应链无尺度。于是，在2012年，张瑞敏制定了网络化战略。在这个时代，张瑞敏在探索着互联网时代的管理模式——"人单合一"。

总之，这些数据都体现了张瑞敏在与组织及环境互动中对组织方向的重视和设计，张瑞敏在谈海尔发展时曾经说道：

> 海尔的发展是很快的，但是，我们也是一步一步走过来的。我们把差不多每7年作为一个战略阶段，每一个阶段转折的时候，能不能看清楚这个转折的方向，对企业来讲是非常关键的。你很难非常明确地知道，应该什么时候转移，转移到什么地方去。（赵子仪，2010：11）

> 企业发展过程实际上就是战略转移的阶段性连接，旧的战略不断地、不失时机地被新的战略替代，这样才能使企业不断达到新的高度，赢得长期持续发展。海尔的成功也正是在于这种战略更替和转移的成功，在于它能够根据内外部环境的变化不失时机地以新的战略替代旧战略，顺利实现不同阶段之间的战略转移。（赵子仪，2010：12）

> 每个战略阶段有两点，第一要有差异化战略，第二要及时进行转移。难在一个战略成功之后，往往有一个思维定式，很难转向另外一个更高层次的战略，往往用过去的一个成熟战略思维定式再来做新的工作，很难做好。（胡泳，2007：77）

从张瑞敏的这几段讲话中可以看出，其对组织方向的设计是一个首要问题，在每一个阶段都需要看清楚市场，找准发展的方向，需要一步步踏实地走下去。抓住时机快速进行战略方向的转移，实现原有的突破。

总之，张瑞敏的这些事件都体现了他在与组织及环境互动时的一种领导行为——对组织的方向设计。"设计"一词具有全局、长远及目的（价值）性，能够有效表达张瑞敏在与组织及环境互动时的行为。比传统常说的"计划"、"规划"及"制定"等词汇含义更为丰富。所以，本研究用"设计"这一构念来表达张瑞敏的领导行为。

分析到这里，本研究很容易地发现张瑞敏的这些事件数据又体现了他的另一个互动行为——对市场机会的把控。"把控"在《辞海》中的意思是把握与控制（夏征农和陈至立，2010）。"把"与"控"分别动态地表达了张瑞敏对市场机会的把握与控制。张瑞敏在对组织方向设计的同时，对市场机会的把控行为也会发生。因为张瑞敏是通过对市场机会的把控而进行组织的方向的设计的。所以，下面着重基于数据来分析张瑞敏对市场机会的把控行为。

（2）对市场的机会把控

在张瑞敏更名"青岛日用电器厂"为"青岛电冰箱总厂"、制定各个阶段的战略（名牌战略、多元化战略、国际化战略、全球化品牌战略、网络化战略）等关键事件中，都体现了他对市场的机会把控行为。同时，本研究发现，张瑞敏在非组织方向设计时，也善于把控市场中的机会。张瑞敏曾经说道：

> 海尔之路越走越宽，最重要的原因，就是面对机遇，一次也不放过。海尔现在还能生存，是因为具备识别机遇的眼力和抓住机遇超前发展的办法。（赵子仪，2010：79）

这些都体现了张瑞敏对市场机会的重视，要适时抓住市场中的每一个机会。除了上述的事件外，还有一些事件也体现了张瑞敏对市场机会的积极把控。就主要事件分析如下。

1）借助德国利勃海尔项目救厂

张瑞敏把对青岛日用电器厂的改观和德国利勃海尔项目两个难题衔接在一起，如果借助利勃海尔项目的话，这个濒临倒闭的小厂会有所转机。于是，张瑞敏基于青岛电冰箱总厂引进德国生产线。对于青岛电冰箱总厂来讲，张瑞敏把握住了"德国利勃海尔项目"这一重要的机会。

这里体现了张瑞敏对全局中资源的有效整合，用德国利勃海尔项目来营救当时这个负债累累、濒临倒闭的小厂。

2）借助北京展销证明产品实力

张瑞敏基于组织名牌发展战略的方向设计，狠抓质量，最终获得了市场的认可。但是，这需要有一个证明自己产品质量的机会。1988年，全国在北京举行了电冰箱展销会，张瑞敏得知这个消息后，就把"琴岛—利勃海尔"电冰箱送到北京展销。当场要和国内外的品牌电冰箱打擂台赛，这也是考验青岛电冰箱总厂的时候。这时的张瑞敏既担心又激动，最终海尔电冰箱以各项指标都领先把其他品牌比了下去。张瑞敏曾说，他一生中最难忘的事情之一就是参加这次的展销会。

虽然这只是一次比赛，但这是张瑞敏能够有效展示海尔电冰箱质量的好机会。张瑞敏把这次展销会看作一个为其企业增光添彩的好的市场机会。显示了其对机会的有效把控。

3）抓住了兼并"休克鱼"的机会

张瑞敏在1991～1997年进行多元化规模扩张的过程中，充分体现了其对市场机会的把控。他发现了市场上存在许多管理不善而导致比较落后的企业，这些都是海尔进行规模扩张的重要机会和兼并对象。于是，张瑞敏提出了"激活休克鱼理论"。张瑞敏把这些企业比作缺氧的休克鱼，只需要输入海尔的管理模式和文化就能激活，成本很低。张瑞敏抓住了这个市场机会，从1991年至1997年吞并红星电器、爱德集团、西湖电子等18家企业。在第2章已经讲过，兼并红星电器海尔没有花一分钱。对于这次的规模扩张，张瑞敏曾说道："1997年国家政策鼓励兼并，我们就抓住机遇兼并了18个企业，实现低成本扩张，有的企业等于是地方送给我们的。比如，海尔的电视机、电脑行业就是通过兼并进入的。"

4）适时抓住与外部合作的机会

张瑞敏的与外部合作充分体现了其对市场机会的把控。张瑞敏常说"管理即借力"，就是看企业有没有开阔的思路整合更多的机会和资源。张瑞敏善于捕捉市场中的借力机会。这在对外的合作中表现得非常突出。张瑞敏与外部合作的前提是能否带来有利的机会和资源。

因此，自1991年制定了多元化战略开始，他始终都在关注市场中的与外部合作的机会。例如，1993年，与日本三菱重工合资建立柜式空调厂，设立三菱重工海尔空调有限公司，同时与意大利梅洛尼设计股份有限公司合资创办青岛海尔梅洛尼有限公司；1998年，与荷兰飞利浦集团公司的"H-菲利浦技术联盟"合作；2001年，海尔与中国香港中建电讯合作成立了一家合资公司，海尔占51%的股份，同年，与约旦SEC等4家公司合资组成海尔（中东）贸易有限公司；2002年，与日本三洋建立竞合关系，海尔正式进入日本市场；2005年，与北京奥组委签署协议；2006年，与日本三洋株式会社进一步合作成立合资公司——海尔三洋株式会社，与英特尔合作建立创新产品研发中心，以及海尔中央空调与"鸟巢"建设方北京城建集团合作；2007年，在北京举行"海尔·英特尔全方位战略合作签约仪式"；2010年，与山东省上海世博会参展工作领导小组办公室在上海签署战略合作协议，同年，与日本骊住集团在东京签署战略合作框架协议；2011年，与日本三洋电机株式会社正式签署协议，收购三洋电机多项业务；2012 年，海尔集团收购三洋电机株式会社家用电器业务交割仪式在东京顺利举行；2013 年，海尔宣布与欧洲领先的家电制造商之一法格家电成立合资公司；2016 年，海尔收购通用电气家电公司。

张瑞敏积极地进行这些与外部的合作，其实质是看到了背后的市场机会或资源，通过合作共赢的方式获得。

总之，张瑞敏适时把控市场中的机会，利用这些机会促进组织的发展。下面张瑞敏的一些讲话充分体现了他对市场机会的重视和把控。

> 计划经济时期企业只需有一只眼盯着政府，按指令办事就可以了。市场经济发展到一定水平上需要有两只眼，一只盯着内部员工，保证最高的工作效率；另一只盯着市场，盯着用户，以争取更大的市场份额。在计划经济向市场经济转轨时期，企业必须有三只眼。要用第一只眼盯住内部管理，最大限度地调动员工的积极性；第二只眼盯住市场变化，策划创新行为；第三只眼用来盯住国家宏观调控政策，以便抓住机遇超前发展。

> 在中国搞企业就是这样，开了绿灯的话你不往前进也是错误的，开了红灯你非要闯肯定会出事。

> 有时候各种变化太快，但变化快不能成为企业搞不好的理由。我们所说的"三只眼"就是盯着并又抓住各种变化，并使之转化成为企业迅速腾飞的机遇。（胡泳，2007：82，有删减）

张瑞敏以变制变，应对市场中的各种变化，把控市场中的机会。张瑞敏对市场机会的把控总是抓住风险背后的机会。张瑞敏曾说：

> 东南亚金融危机也是一个很好的例子，当时我们就感到对我们来说这是个机遇，虽然我们设在印度尼西亚和马来西亚的工厂都不景气，可是那时候，我们认为东南亚国家的家电消费是持币待购，是因为发生了金融危机才不消费，并不是家里不需要。于是，我们在这些国家做了很多的广告，而且都是非常好的位置，包括在机场、超级市场，广告的价钱降到金融危机之前的 1/3 都不到，那是非常好的时机。金融危机过去之后，需求量一下子就上来了。

> 在加入世界贸易组织之后，我们就更需要第三只眼，因为危机是时

刻存在的，今天是东南亚金融危机，明天就可能是南美金融危机，总归
要有危机感；我们如果等的话，永远等不到一个发展的机会。

我们认为东南亚金融危机是风险，但风险当中存在着机会。对企业来
讲，应该专注于风险的机会，而不应该被风险所吓住。如果你想等待风险
过去，那么下一个风险又会来到。风险对于企业来讲，永远都是存在的。

站在海尔的角度上，关键在于能不能应对挑战，面对挑战，敢于挑
战。如果能的话你就可以创造很多很多的机遇，如果不敢或者不能的话，
我认为机遇与你没有缘分。

机遇与挑战不可能截然分开，面对挑战要有解决挑战的勇气，在解
决问题过程中提高自身的能力，在参与过程中不断发展壮大，这就是抓
住了机遇。从某种意义上说，所谓挑战就是风险。举个例子，到目前为
止，海尔进入美国市场在国内的争议就比较大。到底是好还是不好，会
成功还是会失败？的确，走出去就会有风险。可是不敢冒风险，你就连
一点成功的机会都没有。所以说不敢面对风险其实就是最大的风险。（胡
泳，2007：83）

是的，机会和风险是并存的，张瑞敏善于把控风险背后的机会，并进行有效
的利用。

总之，数据分析到这里，本研究归纳出了张瑞敏与组织及环境互动的两种行
为，即对组织的方向设计和对市场的机会把控。这两种行为相辅相成，互相促进。
在数据中，又体现了张瑞敏的另一种行为——对组织的运行把控。这是一种对组
织方向设计或市场机会获取后对组织日常运行中的适时把控，是一种动态的日常
管理描述，以适应环境的变化。

（3）对组织的运行把控

在张瑞敏与组织及环境的互动中，组织的方向设计是前提，对于组织而言，
张瑞敏又进行着适时的运行把控。本研究基于张瑞敏的相关事件所提炼的运行把
控这一行为是指张瑞敏对组织运行过程中的状态把控，使其按照设计的方向发展。
在与张瑞敏访谈时，他特别强调组织运行与方向设计的一致性，每周都会有一个
高管的会议，被称为"调频会"，使组织按着设计的频率运行，实现组织的全面
运行把控。下面就几个关键事件来分析张瑞敏对组织的运行把控。

1）市场初始破冰时的价格坚持

我们再把时间拉回到1985年，关注当时张瑞敏对市场的破冰的事件。这时的

张瑞敏已经制定了名牌发展战略，设计好了组织的方向。并引进了德国利勃海尔的电冰箱生产线。两个月内把 19 条德国利勃海尔生产线全部安装完毕。四星级"琴岛—利勃海尔"电冰箱在青岛电冰箱总厂的生产线终于诞生。产品终于走向了市场。虽然其质量胜别人一筹，但价格却是别人的两倍。曲高和寡的产品对于消费者来讲还是比较陌生。全厂的员工着急了，但是张瑞敏应对了这个压力，坚持走下去，对自己的产品充满信心，在商场中现场与其他电冰箱比质量和性能，最终，市场终于突破，一年内赢利 200 多万元。也因此创造了"当年引进、当年生产、当年赢利"的神话。

在这个事件中，张瑞敏知道产品的本质竞争力还是质量这一市场规则。他的坚持和冷静使得其组织的运行实现了有效性。

2）"砸冰箱"及举办劣质电冰箱展览会

在第 2 章中已经提到这两个事件，这两个事件都体现了张瑞敏对组织运行的把控。名牌战略的实施需要对组织运行进行有效的把控来作为保障。1985 年，张瑞敏看到了员工、社会对质量的无所谓态度，这种风气在当时十分普遍。张瑞敏为了把控组织的有效运行，把 76 台次品电冰箱全部砸毁，彻底砸醒了员工的质量意识，砸醒了社会对产品质量的关注。

为了进一步强化员工的质量意识，1987 年，张瑞敏在工厂举办了"劣质电冰箱展览会"，用这一个活动来警示和强化员工的质量意识，同时引起了社会的强烈反响。举办劣质电冰箱展览是张瑞敏对组织运行把控的有效体现，他用活生生的劣质产品来提醒和强化员工的质量观。

3）"物价闯关"风波中坚持质量

1988 年的"物价闯关"带给了很多企业用产量来获取高额利润的机会。而张瑞敏没有让自己的组织进入这种追求产量而忽视质量的热潮中。在这个时期，张瑞敏沿着名牌战略的方向，把控着组织不偏离轨迹，冷静地关注质量，把住生产线的关卡，杜绝次品的下线。最终靠 2% 的市场占有率以质量评比最高分夺得中国电冰箱史上第一枚质量金牌。

张瑞敏后来说道："后来实践证明，当时很多厂在这一点上没有认识清楚。市场传达了需求旺盛的信息，但人们没能看到信息的本质，我们看到了后续的市场，在别人拼命上量时坚持抓质量。抓质量当时是有代价的，市场和收入都受影响，但结果当时那么多电冰箱企业，现在剩下的不多了。"

张瑞敏关注着市场，不受短期利益和诱惑的干扰，把控着组织的运行轨迹不偏离所设计的方向。

4）价格战中反其道而行之

借助德国利勃海尔项目，张瑞敏扭转乾坤，在名牌发展战略的实施下，使得青岛电冰箱总厂转危为安。1988 年，青岛电冰箱总厂获得了全国电冰箱质量评比第一名。然而，经过了 1988 年的物价闯关后，迎来了 1989 年国内家电市场的疲软状态。家电市场随即进入了价格大战，各个厂家纷纷降价，降价最大幅度已达 50%。

这又是组织有效运行的一个挑战，张瑞敏再一次顶住了压力，没有降价，反而把价格上涨了 12%。张瑞敏做出这个决定后，心中也是不安。但是，市场对青岛电冰箱总厂的电冰箱并不因涨价而舍弃，反而更为青睐，甚至出现了脱销现象。

张瑞敏在环境的急剧变化中，又一次把控住了组织的运行，使其没有偏离所设计的方向。

5）避开"创汇之风"，将产品出口德国

1990 年，中国的家电行业仍处于疲软状态，国家出台政策大力鼓励出口创汇。许多企业为了短期利益，都把产品出口到发展中国家甚至一些非洲国家，因为这样出口非常容易。

张瑞敏没有随波逐流，不受外界短期利益的干扰和诱惑，而是将产品出口德国，这是对组织沿着所设计的方向进行着有效的控制。张瑞敏选择了德国，主要基于三个原因，一是青岛电冰箱总厂的生产线是引进德国的，所以选择了德国；二是想到德国证明一下自己的产品；三是德国是一个工业强国，先从难的市场入手，后续的其他市场更加容易打开，先难后易。从最难入手，能够有效维护和提升企业的形象，同时能够使其他国家也关注到自己的企业和产品。这与 1999 年走国际化时在美国建厂是同样的想法。

6）冒险建海尔工业园应对未来发展

企业的有效运行需要靠坚实的资源基础，1992 年，张瑞敏为了能够有效实施多元化战略，决定给自己的组织建一个广阔的资源基地，能匹配未来的发展。建海尔工业园对海尔发展意义重大，能为企业的未来发展提供基础保障。数年后，我们也能够看到，海尔工业园的壮观和意义。

在第 2 章中已经讲述过，建海尔工业园最大的难题就是资金。张瑞敏为项目的资金几经波折，渡过难关，最终把海尔工业园建好。张瑞敏后来面对记者时说道（有删减）：

　　另一个印象最深刻的就是海尔工业园的建设。人家给我们的评论常常是"什么事都是先想好了，再干"。唯独这件事不是这样，当时怎么想也想不出明确的答案，或者说想不出非常明确的解决办法。但是根据那时的分析，感觉当时是一个非常好的时机，不能够错过。1992 年 4 月邓小平的南方谈话之后，我们就分析这是个很好的时机，6 月我们就把地圈下来了，没想到圈下来之后没过一个月，国家就规定不准贷款买地。整个这项投资是 15 亿元，这个资金从哪来？我们贷款贷到 2.4 亿元的时候，青岛市银行就不准贷款了，那时又是睡不着觉。你说这个地方都挖开了，银行那边就停止贷款。那这边呢，工厂又不能停工。所以一方面要做银行的工作，另一方面只得寄希望于公司上市融资。

　　后来我们这个工程，包括上市公司，出去的资金，包括我们自己的，还有什么银行贷款，1996 年底全部归还了。现在想起来呢，如果海尔当时未能实现上市，也许海尔从此就垮了。这算是挺冒险的一件事。我们没有干过这种事，这是唯一的一次。[①]

建海尔工业园是张瑞敏的一次大冒险，正是这种对组织的运行把控，才使得企业获得了有效的发展。

7）其他相关事件

除了以上的主要事件外，张瑞敏对组织的运行把控分别在组织方向的不同时期，表现为对市场拓展、产品提升、团队建设、技术关注等的把控。

在市场拓展上，如 1993 年，为实现多元化战略，除巩固东北市场及华东市场以外，继续拓展南方市场和农村市场。2006 年，为实施全球化品牌战略，在印度首都新德里进行手机新品发布会，并正式宣布进入印度市场，同年进军澳大利亚，海尔首家澳大利亚专卖店在悉尼开业。2007 年，收购印度一家年产能 35 万台的电冰箱厂。2008 年，海尔电冰箱进入英国第二大零售渠道销售 A+级节能电冰箱。

在引领市场上，张瑞敏 1993 年，决定投产 BCD222B、BCD268 全无氟超节能电冰箱，超前市场，引领市场。强化企业的认证体系，1994 年，率先通过 ISO9001-94E、欧洲共同体 CE、德国 GS 等国际质量认证。1996 年，海尔成为国内唯一一家有"国际质保体系及环保体系"的国际双保企业。同时加强技术合作，1998 年，与北京航空航天大学、美国 C-MOLD 公司合资组建"北航 H 软件有限

①　http://www.cec-ceda.org.cn/huodong/mxqyj/zhangruimin/05.htm。

公司"。同时，与复旦大学联合建立博士后流动站。在关注技术合作的同时，推出创新产品并建设自己的实验室，2006 年，生产不用洗衣粉的洗衣机，2007 年，海尔数字化家电实验室获批企业国家重点实验室。

对于团队建设，张瑞敏 1999 年建设海尔大学，强化团队的培训与建设。并经常在周末，对中高层管理人员进行定期的培训。例如，2006 年，建立 "U-home U-life" 海尔网络家庭新标准；2010 年，由海尔牵头的《家庭多媒体网关通用要求》正式成为 IEC 国际标准。

张瑞敏对组织的运行把控是基于创新的观念和思路而展开的，他曾说：

> 搞好企业要悟出一个观念，确立一个思路，把握好一个度数。如果哪一天海尔没有了别人还考虑不到的角度和思路，恐怕也就是企业走下坡路之时。（赵子仪，2010：79）

> 企业只有在经营管理观念上领先，才能在市场竞争中领先。正所谓没有思路就没有出路。（张瑞敏，1995：32）

总之，张瑞敏不仅对组织的方向进行有效的设计，而且善于把控市场中的机会，更对组织的运行有效的把控，使其不偏离设计的方向。在张瑞敏与组织及环境的互动中，数据共体现了张瑞敏的这三种领导行为。表 3-2 列出了张瑞敏与组织及环境互动中的领导行为和主要支撑数据。

表 3-2　张瑞敏与组织及环境互动中的领导行为和主要支撑数据

张瑞敏的领导行为	主要支撑数据
对组织的方向设计	• 将 "青岛日用电器厂" 更名为 "青岛电冰箱总厂" • 不同阶段的战略设计
对市场的机会把控	• 借助德国利勃海尔项目救厂 • 借助北京展销证明产品实力 • 抓住了兼并 "休克鱼" 的机会 • 适时抓住与外部合作的机会
对组织的运行把控	• 市场初始破冰时的价格坚持 • "砸冰箱" 及举办劣质电冰箱展览会 • "物价闯关" 风波中坚持质量 • 价格战中反其道而行之 • 避开 "创汇之风"，将产品出口德国 • 冒险建海尔工业园应对未来发展 • 其他相关事件

3.1.2　行为基础

基于张瑞敏与组织及环境互动中的领导行为，本研究又进行了进一步探索，提炼了张瑞敏的行为基础，包括市场敏感、市场规则、局势关注及民族抱负等。

（1）市场敏感

张瑞敏与组织及环境互动的故事体现了他对市场具有强烈的敏感性。不管是对组织的方向设计和运行把控，还是对市场的机会把控行为，其背后的基础是张瑞敏对市场的敏感。"敏感"在《辞海》中的意思是指对外界事物察觉快速，反应很快，可很快判断或反应过来（夏征农和陈至立，2010）。这个词能有效体现张瑞敏对市场的应对状态。

张瑞敏对组织方向的设计呈现出了其对市场的强烈敏感性。1984 年，张瑞敏透过大家都关注产量的迷雾，察觉到了未来市场对质量的关注，制定了名牌战略；1991 年，张瑞敏察觉到了市场的进一步放大，制定了多元化战略；1998 年，张瑞敏突破了国内市场，选择了国际化战略；2005 年，张瑞敏察觉到了全球资源的整合需要，互联网时代的到来，选择了全球化品牌战略；2012 年，互联网对于传统制造业是一个非常大的挑战，为了应对这一挑战，张瑞敏选择了网络化战略。张瑞敏凭借着对市场的强烈敏感性，在与组织及环境的互动中，设计着组织的方向。

因此，张瑞敏能有效看透市场的迷雾，识别市场中的机会，做到先知先觉。从形式上看，张瑞敏的决策似乎与当时的情境是相矛盾的，选择逆流而上，但实质上是紧随时机的发展。当别人关注产量时，他关注质量，实施名牌战略；当别人关注质量，并认为专业化优于多元化时，他选择了多元化战略；当别人为了利益贴牌出口创汇时，他选择了"先难后易"的国际化战略；当别人关注国际化时，他意识到了全球资源的有效利用，实施了全球化品牌战略。当别人关注全球化的资源配置时，他抓住了互联网时代的特点，打造组织平台，实施网络化战略，实现企业无边界、管理无领导、供应链无尺度。张瑞敏关注了当时政策环境的影响，如改革开放、邓小平的南方谈话等，并能理性地进行分析。当时在改革开放初期，政策是不太清晰的，在政策规范不清晰的状态下，张瑞敏能够抓住政策背后的机会，这完全体现了他对市场敏锐的感知。

张瑞敏对组织的运行把控也呈现出了其对市场的强烈敏感性。在 1985 年第一次把电冰箱产品推向市场却遭遇冷场时，他察觉到了市场的力量，坚持不降价，积极进行营销，最终突破市场，创造了奇迹。在 1988 年的"物价闯关"风波中看到了后续的市场，在别人拼命抓产量时坚持抓质量，把住生产线的关卡，获得了市场的认可。在 1989 年的价格战中察觉到市场对质量的逐渐关注，于是反其道而行之，坚持不降价，反而把价格上涨了 12%，最终却获得市场的青睐。在 1990 年，察觉到了创汇之风背后的机会，需要先难后易，把产品出口德国。在 1992 年，察觉到了改革春天的真实到来，冒险建海尔工业园以匹配企业的多元化发展。其他事件也呈现出了张瑞敏对市场的强烈敏感性。张瑞敏曾说：

> 一个企业在发展战略转移时，如果完全像一个人在黑暗中摸索前进，不知道该往哪里走，就会出现很大风险。从 1992 年至 1998 年海尔开始搞多元化，外界一直争论得比较多。我认为多元化不是你要不要搞的问题，而是你能不能搞的问题，如果企业有能力，必须搞多元化。说到底，多元化就是国际化，如可口可乐，看似专业化，就做一种饮料，但全世界都有它的市场，从市场的角度看，就是多元化，所以说企业做大之后必须走国际化的路子。（胡泳，2007：80）

张瑞敏对市场的机会把控也呈现出了其对市场的强烈敏感性。在对组织的方向设计和运行把控中，都存在着其对市场机会的把控行为，这些都基于张瑞敏对市场的强烈敏感性。张瑞敏对市场的快速反应也充分体现了他对市场的强烈敏感性。张瑞敏曾经说道：

> 市场决策有时候是凭第六感觉，凭个人眼力，反正不可能一开始就能把所有的利弊都分析得很清楚。反过来如果一切都看清楚了，这时候决策谁都会做了，也就没有你发展的机会。机遇和努力是缺一不可的，机遇一定要抓住，而努力之后才可能有机遇。
>
> 我们总是在不断地敲门，这扇门敲不开就换一扇敲敲。机遇就是这样，突然有一天一扇门开了，我们就进去了。没抓住机遇的企业，往往是要么从来不敲门，要么敲不开就放弃，还怪门太紧。他们与我们的最大不同就在于：门后没有目标。
>
> 如果有 50% 的把握就上马，有暴利可图；如果有 80% 的把握才上马，最多只有平均利润；如果有 100% 的把握才上马，一上马就亏损。（胡泳，2007：84-85）

张瑞敏在谈到市场时曾打了个很有名的比喻：

如果把追随市场比作打靶，可以说，20 世纪 40～50 年代美国人靠打固定靶谋取了世界经济的统治地位，即瞄准固定的市场，组织生产，降低成本，提高效率，以此赢得竞争；到了 60 年代，日本开始崛起，他们把市场细分，如同射击中的打游动靶，产品跟着变化的市场转，为自己创造了新的机会；现在，进入知识经济时代，瞄准市场就如同打飞靶，需要有前瞻性，有提前量，必须不断地创新才有生命力。所以，我要求技术人员必须明白，设计的价值就是为市场服务，脱离市场需求的技术没有任何竞争优势。（张大鹏，2012：61-62）

张瑞敏打飞靶的比喻充分体现了其强烈的市场敏感性，做到以变制变。2002年 7 月，在海尔的一次互动培训课程中，面对 70 多位中高层管理者，张瑞敏提出了一个很像"脑筋急转弯"的问题，即"如何让石头在水上漂起来?"人们的答案是"把石头掏空"、"把石头放在木板上"及"做一块假石头"等，而张瑞敏的答案是"速度"。张瑞敏当时说："《孙子兵法》上有这样一句话，'激水之疾，至于漂石者，势也。'速度能使沉甸甸的石头漂起来。"张瑞敏认为要以"第一速度"满足市场需求，即要以市场的第一速度进行产品开发；要以市场的第一速度进行销售；要以市场的第一速度进行纠错不过夜。"第一速度"的目标就是要实现"三个零"即零库存、与用户零距离、零营运资本。而对于组织来讲，张瑞敏不断进行改革与调整，进行迅速反应。张瑞敏说："在信息化时代，速度决定着企业的成败。海尔流程再造就要以更快的响应市场速度，来满足全球用户的需求。"1999 年，比尔·盖茨在《未来时速》一书中说道："在未来的 10 年中，企业的变化会超过它在过去 50 年的总变化……如果说 80 年代是注重质量的年代，90 年代是注重再设计的年代，那么 21 世纪的头 10 年就是注重速度的时代，是企业本身迅速改造的年代，是信息渠道改变消费者的生活方式和企业期望的年代。"这个时代，不是大鱼吃小鱼，而是快鱼吃慢鱼。以"速度"求胜是海尔人的共识，"迅速反应，马上行动"的标语在海尔到处可见，这是张瑞敏要求每个员工必须具备的工作作风。对于组织及环境，张瑞敏总是识别和把握机会，迅速地反应，进行组织的适时优化调整。

正如张瑞敏所说的，海尔现在还能生存，是因为具备识别机遇的眼力和抓住机遇超前发展的办法，企业与人生一样，缺少的不是机遇，而是发现机遇的眼睛。总之，张瑞敏对市场的强烈敏感性是其与组织及环境的行为基础之一。

（2）市场规则

在张瑞敏与组织及环境的互动中，同样呈现出了其对市场规则的遵循。这也是张瑞敏的一个行为基础。在张瑞敏对组织方向的设计、运行的把控，以及对市场的机会把控中都体现了其背后的行为基础——市场规则。"规则"是指市场的规律或原则。本研究用这一词来表达张瑞敏对市场本质的关注。

市场是有规律和原则可循的，领导的行为和组织的发展需要符合市场的趋势。张瑞敏在与组织及环境互动的故事中，无不体现了他对市场规则的重视和遵循。在对组织方向的设计行为中，每一个战略阶段的设计体现了其对市场规则的遵循。张瑞敏曾经说道：

> 国际上认为企业在 20 世纪 80 年代应该以品质作为企业主题，也就是应该抓全面质量管理，那时候我们主要抓了质量；90 年代应该是以企业再造为主，我们也形成了自己的整个机构和规模；2000 年的主题是速度，我们就是做国际化。所以我们的战略和国际上推崇的管理思想是相吻合的。作为一个企业如果战略不明确，定位不明确，它就很难发展。战略明确首先要观念创新。（张瑞敏，2000：26）

这段话反映出了张瑞敏在与组织及环境的互动中对市场主旋律的关注，即对市场规则的遵循。因此，张瑞敏在 2013 年 "商业生态，平台战略——2013 海尔商业模式创新全球论坛" 上的演讲中说道①（有删减）：

> 我们现在初步有一些成果，左边（PPT 中的一个成果）这个是去年被波士顿咨询公司评为全球最具创新力的企业第八位，唯一进入前十位的一个中国企业——海尔。另外一些大部分是互联网时代的企业，所以海尔也是在消费类、零售类的企业当中排到了最高，主要原因我觉得可能就是我们这种模式的探索和创新。另外从实体上来讲，海尔在白色家电行业现在连续四年在国际上被评为第一。

也就是说，张瑞敏对市场规则的遵循，也获得了管理学界的认可。

在张瑞敏对组织的运行把控中，1985 年生产的电冰箱第一次推向市场时对价格的坚持；1988 年 "物价闯关" 风波中坚持质量；1989 年价格战中反其道而行之；

---

① http://money.163.com/special/2013haier/。

1990 年避开"创汇之风",将产品出口德国等事件都体现了张瑞敏对质量先行的这一市场规则的遵循。张瑞敏曾经说道:

> 质量是一个永恒的主题,也是企业竞争的必要条件,或者是一个基础条件。没有质量其他的就免谈,企业也不可能有任何的竞争优势,所以说质量是企业永远都要来经营、都要来做的。(张瑞敏,2006a:21)

这就是张瑞敏对市场规则的深刻认识。

在张瑞敏对市场机会的把控中,1991～1997 年,基于"激活休克鱼理论",进行规模扩张,以及一直以来适时抓住与外部合作的机会,都充分体现了其对市场规则的遵循。

张瑞敏关注市场的本质(如质量先行、兼并"休克鱼"等),从市场本质的角度考虑问题,从而决定了他在活动中的领导行为。张瑞敏对市场规则的遵循深深扎根于其与组织及环境的互动之中,成为其重要的行为基础之一。

(3)局势关注

在张瑞敏与组织及环境的互动中,也体现了另一种行为基础,即对"局势"的关注。数据体现了张瑞敏特别关注事务的局势变化,善于迅速地任势掌控整个局势的变化。在《辞海》中,"局"有多种含义,如①棋盘,也用作下棋或其他比赛的量词,一局棋,第三局;②形势、情况或处境,如局面;③圈套,如骗局;④某些聚会,如饭局,赌局;⑤拘束,如局促,局限;⑥部分,如局部;⑦机构,如邮局,公安局;等等(夏征农和陈至立,2010)。从棋盘这一含义来讲,"局"首先是指全局和整体,是不同利益个体或团体所形成的整体态势,即形势、情况或处境。对于当事人来讲,应对事务有着整体建构和把握。在《辞海》中,"势"表示势头,是指事务发展的状况,情势(夏征农和陈至立,2010)。因此,"势"是指"局"的整体态势的发展走向和势头。因此,"局势"是指某一事物的一个时期内的发展状况(夏征农和陈至立,2010)。所以,在张瑞敏的思维中,"局"是指各个相互冲突的个体或团体所组成的一个整体状态,"势"是指"局"中各个个体或团体相互冲突而产生出来的发展势头。简而言之,"局"是静态的一种状态,"势"是动态的一种势头,因此,"局"的"势",可用"态势"来表达。所以,本研究用"局"和"势"来表达张瑞敏对各个事务处理时的应对状态。

在 1984 年,作为青岛家电公司总经理的张瑞敏争取到了德国利勃海尔项目,但是需要 900 万的资金,成为一大难题。就在这时,张瑞敏接到了接任濒临倒闭的青岛日用电器厂的厂长的指令，他临危受命，另一个难题也就出现了，他如何救厂。张瑞敏关注到了整个局势，将这两个难题进行整合，转化为一个难题，只要把利勃海尔项目的资金解决，就能解决青岛日用电器厂当时的困境。于是，张瑞敏借助德国利勃海尔项目进行救厂。这个事件体现了张瑞敏对全局的关注，善于整合资源，借助利勃海尔的"势"来解决青岛日用电器厂的转机难题。

同样，1988年张瑞敏对于整合局势的关注，借助北京展销之势来证明自己的产品实力。在与外部合作中，张瑞敏关注全局，借助合作对象之势来发展企业。在1989年的价格战中，张瑞敏借助别人降价之势，从反面衬托自己产品的提价，获得市场的关注和青睐。1990年，在"创汇之风"中，张瑞敏借助他人的出口发展中国家之势和德国对产品的严格要求之势，将产品出口德国，先难后易，获得了市场的认可和关注。而且，1999年，在美国建厂，也是同样道理。

本研究也同时发现，张瑞敏对"势"的运用主要从正面和反面两个角度任势，1989年价格战中的提价就是一个从反面的角度借势。1984年的借助利勃海尔项目救厂就是一个从正面的角度借势。

以上说的都是张瑞敏善于根据"局"的分析从正反两面借势，但张瑞敏也善于破势和造势。"砸冰箱"的例子很明显地体现了这一点。在当时的"局"中，不管是员工还是社会，都存在着对质量无所谓的态度之势，张瑞敏想到的是要把这个势破掉。于是，在大庭广众之下，砸毁了76台次品电冰箱。从而通过这个事件造就了"质量"之势，唤起了员工的质量意识，并借助媒体之势，宣传到社会，唤醒了社会对产品质量的重视和对青岛电冰箱总厂的产品质量的共鸣。在这个事件中，包含了张瑞敏的破势、造势和解释。

总之，张瑞敏在与组织及环境的互动中，特别关注"局"与"势"，进行有效的运用，最后达到顺势而为。

（4）民族抱负

通过数据，本研究发现，在张瑞敏的内心深处，一直存在着一个民族情结，那就是做中国自己的国际化产品，来证明中国的实力。这个情结产生于张瑞敏去德国引进利勃海尔生产线的时候。

我们重新回到张瑞敏在1985年亲赴德国引进电冰箱生产线这一事件。那次德国之行，张瑞敏感受到了德国先进科技的场景，更感受到了德国人的严谨与认真，同时也受到了内心民族责任的激发。在第2章已经提到，在这个事件中，有一幕使得张瑞敏可能一生难忘，这一幕也是激发起其民族情结的重要瞬间。在这里，再次回到这一瞬间，来说明张瑞敏的民族抱负。

> 张瑞敏想到的是，如果在人类社会即将进入 21 世纪的今天，我们中国人能拿得出手的，还是老祖宗的四大发明，那么，我们这个民族就真的没有希望了！什么时候，我们也能把自己先进的工业产品出口到全世界，让中国人在世界上真正地抬起头来。那一刻，也更加坚定了张瑞敏的决心和信心。要创出"名牌产品"，更要创出"世界名牌"。
> （林赛，2009：31）

张瑞敏的民族抱负从此而生，深深植入他做企业的过程中，用自己的企业和产品来证明中国的经济实力和尊严。

张瑞敏在接受《齐鲁晚报》采访时，做了如下的对答（有删减）①：

> 齐鲁晚报：记得您曾经说过，如果中国的企业都被外国企业打败，海尔也要最后一个倒下。现在海尔已经入选"世界最具影响力的 100 个品牌"，不知道现在您对这句话是否有了新的认识？
>
> 张瑞敏：说这句话的时候，应该是十年前（1994 年）。主要目的是激励大家做好中国要加入世界贸易组织后的充分准备。现在再来看，就不仅仅是倒下不倒下的问题了，而是不能够倒下。
>
> 国家是一个政治概念，民族是一个文化概念。一个没有文化的民族，是不能够存在的。文化就是一个民族的根，名牌就是在体现民族文化，体现一个民族的素质。过去有的媒体说张瑞敏不应该自己给自己套上这么沉重的十字架，民族的大义何必要背到自己身上呢？我不这样认为。我们需要通过名牌这个媒介，体现出我们整个民族的文化，整个民族的素质。当然你真要做到的话，还是需要付出很大的努力。
>
> 齐鲁晚报：尽管利润很低，但海尔一直执着地做家电行业，有人评价说是"痴"、是"傻"，那么是否还有更合适的产品去创世界名牌？
>
> 张瑞敏：现在家电利润确实很低。原来利润很高，现在是微利的，有的厂家甚至还亏损，这是多年竞争下来的结果。其实这也是好事，家电市场已经完全市场化了。

---

① http://www.qingdaonews.com/content/2004-04/15/content_3008600.htm。

现在还有什么产业是暴利的？汽车？美国通用现在一辆车才赚 18
美金，比家电还要微利。汽车在中国现在是暴利，但维持时间不会长，
这样看它风险更大。家电这个行业，让我们学会了怎么样在激烈的竞争
中站住脚，怎样发展壮大。

有什么更合适的产品去创世界名牌？我认为中国各行业都应该去创
一个世界名牌。不是说谁能不能做，而是你想不想做。我觉得中国各行业
都应该做，如果你现在不做，今后做就更难，机会不是越来越多，而是越
来越少，跨国大公司不愿意让你树立自己的品牌，他一定要把你挤掉。

张瑞敏的回答完全呈现出了他的民族抱负，这是他做企业的根本力量。张瑞
敏基于这种民族抱负，开始他的创业之路，在每一个发展时期，他都坚持着这一
心态。所以，在别人追求产量的时候，他坚守质量。在别人出口创汇时，他毅然
把产品走向了德国，并最终在美国建厂。这些举措都呈现了张瑞敏的民族抱负。
张瑞敏的做企业是和国家的尊严连接在一起的，图 3-1 展示的张瑞敏的亲笔"品
牌中国"表达了他做企业的民族抱负。

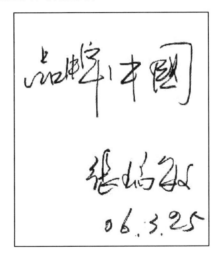

图 3-1　张瑞敏的字
资料来源：品牌中国. 2006-03-27.海尔集团将参加品牌中国总评榜品牌典范企业的评
选.http://union.brandcn.com/lianmengdongtai/060327_14329.html

总之，张瑞敏是有信念的，要做中国国际化的品牌。他是始终带有一种信念
的，那就是中国的企业和产品也可以向世界说行。这种信念早在 1985 年的"引进
德国生产线"事件中，当德国人向他说起中国仅有四大发明，而无中国真正自己

的优势产品时，张瑞敏头脑中涌现了对祖国尊严的维护，他需要向世界证明，中国也会有国际化的知名品牌。这种信念就是张瑞敏领导角色的民族气节。因此，其国际化战略实施第一步是在美国建厂，提出"走出去、走进去、走上去"的三步走策略，以"先难后易"的思路，首先进入发达国家创名牌，再以高屋建瓴之势进入发展中国家，逐渐在海外建立起设计、制造、营销的"三位一体"本土化模式，这把张瑞敏的民族豪气表现得淋漓尽致。张瑞敏始终认为，企业家是社会精神的代表（张瑞敏，2007）。2017 年 9 月 25 日，《中共中央国务院关于营造企业家健康成长环境弘扬优秀企业家精神更好发挥企业家作用的意见》（简称《意见》）正式公布，这是中国 60 年来首次将企业家精神和企业家权益写入国家政策法规，《意见》是有着划时代意义的里程碑事件。张瑞敏的理解是：新时代下要重构企业的战略成长，首先要求企业家对企业家精神赋予新的内涵，新的企业家精神有三个核心要素，即运筹能力、历史使命感和更大的格局（张瑞敏，2017）。这种历史使命和更大格局，就是张瑞敏的民族抱负。这一民族抱负（做中国自己的国际化品牌）使得张瑞敏始终坚持着这一方向向前发展，成为张瑞敏与组织及环境互动中的重要基础之一。当然，现在更大的格局是打造中国的管理模式。

（5）政策关注

张瑞敏与组织及环境的互动中，呈现出了另一个重要的行为基础，就是其对政策的关注。在每一个关键时期，都识别政治政策的动向，抓住潜在的市场机会，把控组织的有效运行。1984 年，抓住了国家鼓励引进项目的政策机会，积极引进了德国利勃海尔项目；1990 年，反思国家鼓励"出口创汇"的政策，把产品出口德国；1992 年，看到邓小平的南方谈话，抓住改革开放的机会，建海尔工业园，并同时进行多元化扩张；1999 年，抓住了中国即将进入世界贸易组织的机会，走国际化，在美国建厂；2005 年，关注到了能源的政策，决定整合全球化资源，走全球化品牌战略。这些都是张瑞敏时时对政府活动关注的表现。

我们再把张瑞敏的三只眼说法重复一下：

> 计划经济时期企业只需有一只眼盯着政府，按指令办事就可以了。市场经济发展到一定水平上需要有两只眼，一只盯着内部员工，保证最高的工作效率；另一只盯着市场，盯着用户，以争取更大的市场份额。在计划经济向市场经济转轨时期，企业必须有三只眼。要用第一只眼盯住内部管理，最大限度地调动员工的积极性；第二只眼盯住市场变化，策划创新行为；第三只眼用来盯住国家宏观调控政策，以便抓住机遇超前发展。

在中国搞企业就是这样，开了绿灯的话你不往前进也是错误的，开了红灯你非要闯肯定会出事。（胡泳，2007：82，有删减）

张瑞敏对政府的那只眼突出了他对政策的关注。

（6）企业执着

张瑞敏与组织及环境的互动过程中，可以说是挑战重重。然而，张瑞敏仍然坚持着企业往前发展的信念。张瑞敏曾婉言拒绝担任青岛市副市长职务，坚持不做大官，要做企业的风范，执着于企业，打造中国的名牌。他曾经说道：

实际上，当你成功的那一天开始，你可能就已经是不成功了，因为，你成功的只是在你原来设定的那个目标上，而不是终极目标，企业家问计于谁呢？还得问自己。（张瑞敏，2006b：16）

张瑞敏执着于企业，把自己融于企业。他曾经说过："企业家，应以企业为家。"在2002年，张瑞敏入选"感动中国2002年年度人物"时的颁奖词很生动地描述了他对企业的执着。

无论在种种赞誉和表彰中，或是在种种质疑和非议中，他都一如既往。以自己的创新与开拓树立了来自东方的产品品牌；以自己的智慧和魄力打造出与时俱进的企业文化；以自己的胆识和勇气缔造着融入世界的品牌传奇。[①]

3.1.3　互动机理

基于前面的论述，本研究发现，在与组织及环境的互动中，张瑞敏基于市场敏感、市场规则、局势关注、民族抱负、政策关注、企业执着等行为基础，行使着对组织的方向设计和运行把控，以及对市场的机会把控三种领导行为。张瑞敏对组织及环境进行认知，用"眼力""识别"机会，把控市场机会。环境是"变化"和复杂的，但"变化"就是机会，需要"紧随市场"，"以变制变"。然而，由于"认知局限"，往往需要靠"直觉"，要有"全局思维"及"超越思维"，明确企业的"理念"和"思路"，并选择合适的"角度"，发掘"风险"背后的"机会"，要敢于"尝试"、"坚持"、"努力"和"挑战"。基于企业的状态，

---

① http://news.sina.com.cn/c/2005-12-29/11138725166.shtml。

进行"冒险"。走一条符合"环境"和"管理规律"的企业之路。张瑞敏在互动中关注的核心是市场机会，这充分体现于张瑞敏的机会把控行为之中，盯住和识别市场中的机会，快速地以变制变，并对组织进行实时调整。

因此，张瑞敏与组织及环境的互动机理如图 3-2 所示。在张瑞敏与组织及环境的互动中，焦点是"市场机会"。市场是一个广义的概念，是指企业业务所针对的对象，可分为产品市场、竞争市场、合作市场等。环境的范畴大于市场的范畴，环境包含一般环境和行业环境。市场隶属于或夹缝于环境之中，但又可以独立于环境。张瑞敏需要快速地识别环境，从而可以把控市场中的机会，且要以变制变。组织需要针对市场与环境进行有效调整。最终体现为组织的战略转移和连接。张瑞敏对组织能够快速地进行方向及标准设计，并有效地对其运行进行把控。

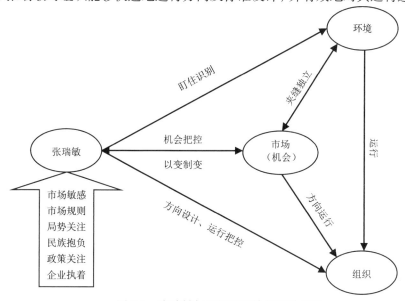

图 3-2　张瑞敏与组织及环境的互动机理

3.2　张瑞敏与组织外部对象的互动

3.1 节所分析的张瑞敏与组织及环境的互动是一种宏观层面的互动，下面将从具体的互动对象进行分析。数据中显示，张瑞敏所互动的组织外部对象主要包括政府、竞争者及合作者、用户、管理学界等。下面就每一个具体对象进行分析。

3.2.1　张瑞敏与政府的互动

在张瑞敏的故事中，呈现了其与政府的互动，且主要表现为三种方式：一是张瑞敏对国家政策的认知与把握；二是获得政府支持；三是张瑞敏以政治身份形式参与政治。其行为表现为对市场机会的把控和组织的运行把控。本研究把张瑞敏与政府之间的互动内容及行为数据进行了整理，详见表 3-3。

表 3-3　张瑞敏与政府的互动

互动方式	政府	张瑞敏
对国家政策的认知与把握	1978 年，中共十一届三中全会确定改革开放； 1984 年，青岛被确定为开放的 14 个沿海城市之一； 1984 年，对价格放开政策的把握	实施名牌战略，狠抓质量
	1990 年，国家鼓励出口创汇	出口德国，目的不是创汇，而是品牌
	1992 年，邓小平的南方谈话； 1992 年，中共十四大正式确立市场经济体制改革目标	实施多元化战略
	1999 年，中国第九届全国人民代表大会二次会议明确非公有制经济是中国社会主义市场经济的重要组成部分； 1999 年，国家进行国企改革； 2001 年，中国加入世界贸易组织	实施国际化战略
	2004 年，《国务院关于推进资本市场改革开放和稳定发展的若干意见》颁布，明确指出大力发展资本市场对实现 21 世纪头 20 年国民经济翻两番的战略目标具有重要意义	涉足金融市场
	2006 年，在首次中美战略经济对话中，中美双方就城乡均衡发展，经济的可持续增长，促进贸易和投资，能源、环境和可持续发展等问题进行了广泛而深入讨论	实施全球化品牌战略
政府支持	1984 年，国家项目管理办公室也是看到青岛没有什么引进项目，张瑞敏又如此地苦苦争取，才把利勃海尔这个项目给了青岛家电公司	靠真诚和坚韧打动政府相关人员
	1985 年，因"砸冰箱"而被上级调查。政府对此宽容（林赛，2009）	靠智慧、真诚和坚韧打动政府相关人员
	1992 年，建海尔工业园时，"张总，凭良心说，这些年不管你海尔上什么项目，我们行是一贯支持你的吧？可这一回你的胃口太大了。我粗粗一算，你要还清本息，大概得 100 年，我们行太小，爱莫能助了。"（林赛，2009）	靠智慧、真诚和坚韧打动银行家，进行关系维持，获得贷款
	1992 年，建海尔工业园获得 8000 万元银行贷款； 1992 年，青岛市委、市政府将国家证监会给青岛下达的 5000 万股股票的指标全给了海尔，解决了建海尔工业园的难题	靠智慧、真诚和坚韧打动政府相关人员
政治身份	2001 年，张瑞敏荣获"全国优秀共产党员"； 张瑞敏连续当选党的第十六届、十七届、十八届中央委员会候补委员	靠智慧、真诚和坚韧赢得政府的青睐

　　张瑞敏的故事充分体现了其与政府互动的三种方式，张瑞敏与政府的互动中对国家政策的认知与把握是包含在张瑞敏与组织及环境的三者互动中，在3.1节的政策关注中已经论述。在这三种互动方式中，蕴含着张瑞敏的领导行为，本研究对此进行了归纳。

　　（1）领导行为

　　在与政府互动的数据中，主要呈现了张瑞敏的两种领导行为，即对市场的机会把控和对组织的运行把控。

　　1）对市场的机会把控

　　张瑞敏与政府的互动中，呈现了他对市场的机会把控行为。这一行为在3.1节已经论述过。中国改革开放以来，政府对市场的影响是很大的。首先是政策的滞后性和刚性。滞后性表现为改革开放过程中的探索，需要市场先行，实践一段时间后政策才出台。刚性表现为政策在一定程度上对市场的强制性。其次是政府权力的倾向会带来市场机会或资源的波动。

　　张瑞敏不仅关注市场竞争中所浮现的市场机会，还关注政策或政府权力影响而导致的市场机会。其相应的故事在3.1节已经提及。对市场的机会把控是张瑞敏与政府互动的行为之一。前面所提到的张瑞敏经典的"三只眼"说法，张瑞敏用了一个"盯"字很形象地表达了他对政府的重视。从中很容易看出，张瑞敏与政府互动中关注的核心是机会价值，动机主要是发现市场中的机会，认知、盯住或打动政府，以获得政府给予的机会和支持，互动的核心是机会价值。

　　2）对组织的运行把控

　　张瑞敏在与政府的互动中，蕴含着张瑞敏的另一种领导行为，即对组织的运行把控。通过与政府的有效互动来保障组织的有效运行，尤其是降低组织运行中的风险。例如，在冒险建海尔工业园事件中，这种互动表现得非常突出。张瑞敏靠自己的智慧和坚韧，博得了青岛市政府的认可。1992年，青岛市委、市政府将国家证监会给青岛下达的5000万股股票的指标全给了海尔，解决了建海尔工业园的资金风险。这充分体现了与政府互动中对组织运行的有效保障。张瑞敏回忆起这个事件时曾经说道：

　　　　后来我们这个工程，包括上市公司，出去的资金，包括我们自己的，还有什么银行贷款，1996年底全部归还了。现在想起来呢，如果海尔当时未能实现上市，也许海尔从此就垮了。这算是挺冒险的一件事。我们没有干过这种事，这是唯一的一次。

所以，当时的 5000 万股股票对海尔来讲是雪中送炭，救了海尔。当然，在其他如争取利勃海尔项目等事件中，张瑞敏同样获得了政府的支持。

（2）行为基础

本研究进一步分析张瑞敏与政府互动中的行为基础，数据主要呈现出了四种行为基础，即张瑞敏的市场敏感、政策关注、政治关联及政治距离。

1）市场敏感

在数据中很容易看出，张瑞敏与政府的互动是基于市场敏感而展开的，这种市场的敏感性能使其有效地识别市场中基于政府活动而产生的机会。张瑞敏能敏锐感知市场中的政府活动的每一个动向，发掘背后的机会，进行有效的利用。由于 3.1 节对市场敏感已做了论述，这里不再赘述。

2）政策关注

张瑞敏与政府的互动首先是基于其对政策的关注。张瑞敏善于识别政治政策的动向，抓住潜在的市场机会。在表 3-3 中所列举的数据已经展示了张瑞敏对政策的关注。他的"三只眼"的说法是其对政策关注的很好表达。由于 3.1 节对政策关注已做了论述，这里不再赘述。

3）政治关联

同时，本研究发现，张瑞敏的另一种行为基础是政治关联。张瑞敏与政治是存在关联的，靠智慧、真诚和坚韧打动政府，以获得政府的支持。1984 年，张瑞敏在争取利勃海尔项目时，他的真诚和坚韧打动了国家项目管理办公室，该部门也是看到青岛没有什么引进项目，张瑞敏又如此地苦苦争取，就把利勃海尔这个项目给了青岛家电公司。1985 年，在"砸冰箱"被上级调查时，他的真诚和坚韧感动了政府，理解了他的良苦用心。1992 年，张瑞敏在恳求银行家贷款时的场景，显示了他的真诚和坚韧。青岛市委、市政府看到了张瑞敏真地想把企业做好的真诚和坚韧，并为之感动，最终把国家证监会给青岛下达的 5000 万股股票的指标全给了海尔，保障了海尔工业园项目的顺利完成。

张瑞敏连续当选党的第十六届、十七届、十八届中央委员会候补委员，这对于一个企业家而言是很高的政治荣誉，也充分体现了他的政治关联。

本研究用政治关联这个词来表达张瑞敏与政治的联系，政治关联（political connections）是一种基于个人行为并能服务于个人目的和企业目的特殊的社会结构关系（Granovetter，1973；Michelson，2007），即政商关系。政治关联在中国是一种微妙而又复杂的社会现象。张瑞敏的政治关联是一种正常的连接关系，政府被张瑞敏的真诚和坚韧打动，给予一定的支持，不仅有利于海尔的发展，更有利于整个社会的发展。

4）政治距离

张瑞敏虽然对政治政策十分关注，并存在着政治关联。但张瑞敏却与政治保持着一定的距离。在张瑞敏的数据中，张瑞敏极少谈政治。因为政治是一个比较敏感的词，他往往是避而不谈的。与政治保持着一定的距离，并不代表他不关注政治，也不代表没有政治关联。张瑞敏关注政治是为了发掘背后的市场机会，有利于企业的有效发展。存在政治关联是为了获得政府的支持，保障企业的有效运行。从主观方面，张瑞敏极少谈政治，与政治保持着一定的距离。这更反衬出了张瑞敏的政治性。企业家谈不谈政治反映了其在主观上与政治的距离。张瑞敏低调沉稳地做着自己的企业，沉思于企业的管理，很少去谈政治。

2013 年 6 月，柳传志在正和岛企业家俱乐部提议：“从现在起我们要在商言商，以后的聚会我们只讲商业不谈政治……”，把企业家该不该谈政治推向了热点。《南风窗》杂志的记者覃爱玲在该刊 2013 年第 17 期（2013 年 8 月 14 出版）发表了题目为《中国企业家的政治观》一文，论述了企业家该不该谈政治的问题。张瑞敏在接受凤凰财经独家对话时表示：

> “在商言商”和企业家的担当这两个问题不能割裂开来，企业永远不可能离开社会，现在一些企业家以在商言商为借口，以牺牲社会环境和社会利益为代价，不仅牺牲了社会利益，自己也不能获得增长。“皮之不存，毛将焉附？”企业应该像老子《道德经》里所说，做到上善若水，水利万物而不争，企业只要为社会创造利益，其实企业也会自然生存下去。[①]

张瑞敏虽然很少谈政治，但是关注政治的，与政治保持着一定的距离，这种政治距离的保持，使其能够更自若和专心地运行自己的企业。

总之，张瑞敏与政府的互动是基于市场敏感、政策关注、政治关联及政治距离而展开的，从而有效把控市场机会和组织运行。

（3）互动机理

基于前面的分析，本研究提炼出了张瑞敏与政府的互动机理，如图 3-3 所示。张瑞敏基于市场敏感、政策关注、政治关联及政治距离，盯住和认知政府，发现并抓住其中的市场机会，通过智慧、真诚和坚韧打动政府，获得相应的机会和支

---

① http://finance.ifeng.com/a/20130729/10287406_0.shtml。

持。表现出对市场的机会把控和对组织的运行把控两种领导行为。

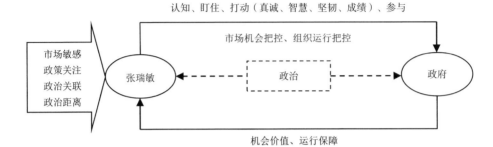

图 3-3　张瑞敏与政府的互动机理

3.2.2　张瑞敏与竞争者及合作者的互动

张瑞敏的故事中同样体现了其与竞争者及合作者的互动。组织不是孤立存在于市场的，需要与行业内的其他个体或组织进行联系。尤其是竞争者及合作者。基于第 2 章张瑞敏的故事及其他数据，本研究归纳了张瑞敏与行业内的竞争者与合作者的主要互动内容，详见表 3-4。

表 3-4　张瑞敏与行业内客体的互动

互动对象	主要事件	张瑞敏
合作者	1984 年，为引进德国生产线，求助投资者，并与领导、专家、业内人士论证该项目； 1992 年，建海尔工业园需要融资，求助各个银行家	以智慧、真诚和坚韧打动他人
	2002 年，海尔与日本三洋电机株式会社合作，在日本成立"三洋海尔株式会社"。海尔正式进入日本市场	以品牌及资源优势，打动对方，借助合作，进入对方市场
	2013 年 12 月，海尔与阿里巴巴合作，共创互联网时代的物流系统和商务平台	优势互补，共赢
竞争者	1984 年，竞争者重视产量时，张瑞敏抓质量； 1989 年，家电行业价格战中，张瑞敏反其道而行之，对电冰箱涨价； 1990 年，竞争者为了出口创汇获取利益时，张瑞敏为了创品牌选择了出口德国； 1991 年，竞争者认为专业化优于多元化时，张瑞敏选择了多元化； 1999 年，竞争者关注多元化或向发展中国家发展时，张瑞敏选择了在美国建厂，走国际化； 2005 年，竞争者关注国际化时，张瑞敏选择了全球化品牌战略； 2012 年，竞争者关注全球化资源利用时，张瑞敏选择了网络化	识别先机，出奇制胜

续表

互动对象	主要事件	张瑞敏
竞争者	1988 年，张瑞敏把"琴岛—利勃海尔"电冰箱第一次送到北京展销； 1988 年，获得全国首届电冰箱国优评比质量金奖； 1991 年，青岛电冰箱总厂晋升为国家一级企业	以活动、奖项或资质等展示自我优势
	从 1991 年至 1997 年先后"吃掉"红星电器、爱德集团、西湖电子等企业	以"激活休克鱼理论"收购或兼并
	2005 年，竞购美国第四大家电巨头美泰克，最后又退出	欲转变一种国际化思路（兵无常将，水无常形）

基于表 3-4，本研究对张瑞敏的领导行为、行为基础及互动机理进行分析。

（1）领导行为

张瑞敏与竞争者及合作者互动中的主要领导行为呈现出对市场机会的把控。

1）对于竞争者

对于竞争者，张瑞敏总是识别先机，出奇制胜。1984 年，竞争者重视产量时，张瑞敏抓质量。1989 年，家电行业价格战中，张瑞敏反其道而行之，对电冰箱涨价。1990 年，竞争者为了出口创汇获取利益时，张瑞敏为了创品牌选择了出口德国。1991 年，竞争者认为专业化优于多元化时，张瑞敏选择了多元化。1999 年，竞争者关注多元化或向发展中国家发展时，张瑞敏选择了在美国建厂，走国际化。2005 年，竞争者关注国际化时，张瑞敏选择了全球化品牌战略。2012 年，竞争者关注全球化资源利用时，张瑞敏选择了网络化。张瑞敏在 1997 年 2 月 5 日的《海尔人》写的一篇文章，很生动地表达了他对竞争者的态度（以下有删减）：

两强相遇勇者胜

1997 年，在狼烟骤起的家电市场上，海尔将与攻城略地的洋名牌狭路相逢，决一雌雄。

大军已压境，兵临城下。听，速败论甚嚣尘上；看，弃城易帜名、弹冠相庆。但勇者无惧。曾记否，创业时我们胼手胝足，一年的销售额尚不及今天的一小时；曾记否，那个曾让青岛人都感陌生和茫然的名字——海尔，今天却回荡在北起阿尔卑斯山脉、南至亚马孙平原那无限广阔却又已融入胸中的地球村回荡着。

决战在即之时，我们不仅要靠信心的坚定，更要靠实力，即创造出优势和转化出强势。

靠速度去创造优势。"激水之疾,至于漂石者,势也。"湍急的水流之所以能漂起石头,关键是靠速度。市场竞争亦如此,有道是:"快鱼吃慢鱼。"靠快我们争得了中国家电第一名牌,因此使某些跨国大公司盯上了我们,并直言不讳:"想在中国取胜须先打败海尔。"那我们的对策呢?唯有针锋相对,以快制快,永远地比对手快一拍,高一等。

转弱势为强势,从国际市场一体化的全局看,海尔尚处于"敌强我弱"之势,但却可以转化出无数个"我强敌弱"之势。关键在于"战略上以一当十,战术上以十当一"集中优势兵力打歼灭战,从而造出若干个局部的"小强势",进而转化为全局的"大强势"。

最后的成败却在人,在每一位海尔人,要巩固我们的阵地,发起我们新的冲锋。万名海尔人,万名勇士,紧紧凝聚,众志成城,所向披靡。那么,展现在我们面前的一定是"青山遮不住,毕竟东流去"的历史必然!

张瑞敏面对竞争者的豪言壮语表达了他要靠速度创造自己的优势,快速地获取市场中的机会,先发制人。张瑞敏不随大流,总是能在竞争对手面前识别先机。张瑞敏曾经说道:

> 我总是在思考一个现象:1965年,我上中学时到青岛中山公园劳动,在喂狼的时候,给它一根骨头,所有的狼都上来抢。再扔一根骨头,这些狼又同时来抢这一根骨头。哪怕扔进去五、六根骨头,它们也不会是每一只狼分一根,而是共同去抢一根,抢完了再抢另一根。[1]

张瑞敏不与竞争者进行无谓的正面竞争,关注的是用户需求,识别市场先机,走了一条自己的路,当竞争对手意识到时,海尔已经走了很远。

在与竞争者的互动中,张瑞敏特别强调通过自我否定来发现市场中的机会。他曾经说道:

> 海尔要永远追求否定之否定的境界与高度。在市场竞争中,与其让别人来打倒你的产品,不如先打倒自己的产品,只有不断地自己打倒自己,才能在市场上永远不被人打到。

---

[1] http://finance.huanqiu.com/roll/2011-01/1449893.html。

所谓"变易"，就是市场不变的原则是永远在变，与其以不变应万变，不如变到市场上去。"不易"，就是在不变当中永远有一条可以指导你在变中取胜的原理。只有掌握这条原理，才会在市场竞争中取胜。"简易"，就是以最简单、最简化的办法获取市场上最快的收益。

市场永远在变，如果只是适应市场，你可能永远落在市场后面。要想走在市场前面，起导向作用，就应该创造市场、创造用户。可以把市场比作一个蛋糕，我们不过分地在现有市场中抢份额，而是去另外创造一个市场，另做一个蛋糕，这个市场便是你独有的了。（胡泳，2007：95-96）

张瑞敏在 1999 年 4 月 28 日的《海尔人》上写道（有删减）：

胜人者有力，自胜者强

海尔靠 14 年的奋斗，把一个濒临倒闭的小厂发展成驰名中外的国际化企业。回头审视，可能有三点对青年企业家的工作有益：

首先是观念创新。为找准发展的道路要不断审时度势，更新观念。否则，没有思路便没有出路，虽竭尽全力，依然会南辕北辙或事倍功半。

其次是积小胜为大胜。即便是思路对头，也要时时努力，不能懈怠，更不能企图一蹴而就或等待天上掉馅饼。认认真真做好每天的每一件事是从量变到质变的前提和基础。

最后是"胜人者有力，自胜者强"。先哲老子的话告诉我们，战胜对手先要战胜自我。而战胜自我是痛苦的。应视名利为身外物，视挫折为财富，得意不忘形，失意不失态，顽强拼搏，以成大业。

2）对于合作者

对于合作者，张瑞敏总是把握机会，优势互补，达到共赢。1984 年，为引进德国生产线，求助投资者，并与领导、专家、业内人士论证该项目。1992 年，为建海尔工业园需要融资，求助各个银行家。2002 年，海尔与日本三洋电机株式会社合作，在日本成立"三洋海尔株式会社"。海尔正式进入日本市场。2013 年 12 月，海尔与阿里巴巴合作，共创互联网时代的物流系统和商务平台。这些都表现出了张瑞敏对市场机会的有效把控。张瑞敏善于整合市场资源，有效推进企业发展。

在张瑞敏眼中，竞争者也可以变为合作者。2002 年，张瑞敏在东京的演讲体现了这一点。

现在看来，我们能够发展起来主要靠两点：

第一是创新。美国的管理大师德鲁克说过："创新是创造了一种资源。"我们当时什么都没有，但是我们通过创新来创造资源，这个创新就是不断地为用户创造价值，一切都围着市场转。

第二是以变制变。因为你不可以期望市场不变，市场永远在变。与其以不变应万变，不如变到市场前面去。我们的做法是以变制变，变中求胜。

……

这就是创造市场的观念，"只有淡季的思想，没有淡季的市场"。如果你认为市场是淡季的，就不可能想办法改变现状，就会认为卖不出去是正常的。

……

我们认为一个中国企业或中国投资的外国企业，都应变成开放的系统。在互联网时代，和外部市场紧紧联系在一起，和市场、用户都是零距离。在这个情况下我们提出来，在互联网时代，企业应该推倒两堵墙：一是企业和企业之间的墙要推倒。企业之间不再仅仅是一个单纯竞争对手的关系。二是企业内部各个职能部门之间的墙要推倒，否则，你就无法感觉到市场的反应。

在互联网时代，没有一个企业可以消灭或打倒所有竞争对手，也没有一个企业可以满足所有市场上消费者的需求，所以大家必须联合起来。

我们的联合有两种方式。一种叫纵向联合，就是我和我上游的企业和分供方联合在一起，大家一起满足最终消费者的需求。不是分供方满足我的需求，我再去满足用户的需求，而是大家联合到一起去满足用户的需求。比方说我们的蓝牙网络家电就是和爱立信进行联合开发的结果。他们在北欧，我们在中国，利用互联网和时差，双方二十四小时不间断地进行接力式开发。另外如艾默生是全世界最大的电机企业，现在不光供给我们电机，而且参与了我们产品的前端设计。我认为只有这样大家才能够满足最终用户的需求，才能获得用户的价值。

另一种叫横向联合，大家在市场上可能都是竞争对手，但现在联合在一起，不仅仅是竞争的关系，更重要的是合作的关系。这是一种竞合的关系。

例如，我们和三洋的合作，三洋的井植会长 2001 年 9 月到海尔来，到了 12 月我们就草签了合同，2002 年的 1 月 8 日正式签订合同。只用了三四个月的时间，非常快。什么原因呢？就是我们的想法完全合到一起去了。过去中国企业和日本企业的合作，完全是中国向日本企业买技术，或者是合资。跟日本企业谈合资，没有一年时间是谈不下来。谈技术引进也是非常困难。如果大家还是在原来的思维模式下，合作就会非常非常得慢，不可能去满足用户需求。现在我们与三洋联合起来是互换市场资源，这种合作最后达到双赢的目的。

　　……

　　在互联网时代，市场变化得太快，企业的空间越来越大，大到整个地球。但是用户对企业要求的时间越来越短，短到零。谁能在互联网上最快地满足用户的需求，谁就是赢家。企业的决策者要做出决策，如果再一级级地贯彻下去，就很难满足市场的需要，所以必须使每个人都直接对着市场。我们希望能够探索一种新的模式，使每个人都能不断地创新，每个人都能直接面对自己的市场，创造有价值的订单，就是创造对用户有价值的产品，通过为用户创造价值来实现自己的价值，让每个人都充满活力，也防止企业在发展过程中的大企业病。我希望我们的企业无论发展到多大规模，都能够迅速地满足市场的要求，永远充满了活力！
（吴天明，2002：287-295，有删减）

（2）行为基础

本研究发现，张瑞敏与竞争者及合作者的互动是基于其对市场的敏感性和对局势的关注而展开的。

1）市场敏感

在张瑞敏与竞争者及合作者的互动中，充分体现出了张瑞敏对市场的强烈敏感性。对市场需要先知先觉才能走到市场的前列。张瑞敏对市场机会的把控是基于其市场敏感而进行的。张瑞敏曾说道：

　　我很欣赏乒坛常青树瓦尔德内尔，他每次出现都变换打法，他的面孔是老的，而打法永远在创新。从这个意义上讲，他就是一个新人，我欣赏他这种不断创新的精神。海尔也一样，一定格就麻烦了！

　　多年来，海尔不断地出击新领域，不断创新。我个人认为，创新是要盯住客户需求而不是竞争对手，一心盯住竞争对手是不会有大发展的。

必须时时领先于竞争对手，还要考虑到对手的模仿。比如，我们在推出"小小神童"洗衣机时，事先想到对手可能要模仿，于是在推出第一代时已经准备好了第二代、第三代。（胡泳，2007：95-96）

这两段话充分印证了张瑞敏对市场的强烈敏感性。对每一个合作机会的把握，也充分体现了张瑞敏的市场敏感性，如与三洋的合作充分体现了这一点。

2）局势关注

通过数据，本研究发现张瑞敏与竞争者及合作者的另一行为基础是张瑞敏对局势的关注，以局任势，为我所用。海尔与三洋的合作体现了张瑞敏借三洋的势来开拓日本市场。

张瑞敏的局势关注突出了他对市场资源的整合，他曾经说道：

市场的整合力就是海尔的核心竞争力，它是一种使名牌不断升值的能力。企业的核心竞争力，要通过两种整合来实现，一种是企业体制与市场机制的整合，一种是产品功能与用户需求的整合。[①]

张瑞敏所讲的企业体制与市场机制的整合呈现了其对市场全局的把握，整合任势的思维。产品功能与用户需求的整合是产品需要借助用户的势来走向市场。

（3）互动机理

本研究发现张瑞敏与竞争者及合作者的互动过程中的市场目标是"品牌"、"共赢"和"用户需求"。面对"竞争严峻"及"快变"的市场，其互动心理为"无畏"与"反思"，基于自己的"企业实力"、"人"、"组织模式"、"观念"及"基于市场规则之上的变化"与竞争者及合作者进行有效互动，与竞争者的互动方式表现为"造势"、"先发制人"、"市场整合"、"创新"、"创造市场"、"以变制变"及"竞争与联合"等，做到不争而善胜。对于合作者，张瑞敏基于优势互补，多赢进行合作，基于互联网时代，逐渐由与合作者的博弈关系转向真正的"联合"关系，共同面向用户需求。

因此，基于以上分析，本研究得出张瑞敏与竞争者及合作者的互动机理，如图 3-4 所示。张瑞敏关注的是用户需求，运用设计与把控行为，以变制变，快速地创造市场，基于自己的品牌面向用于需求。对合作者进行联合，资源整合，实现共赢，共同面向用户需求。与竞争者更加关注竞争基础上的联合，实现共赢。

---

① http://www.people.com.cn/GB/channel3/23/20000215/412.html。

整个过程的行为基础是张瑞敏对市场的敏感，以及对局势的把握。在张瑞敏眼中，竞争者和合作者是辩证统一的，可以相互转换，如与三洋的合作，使得三洋由竞争者转换为合作者。

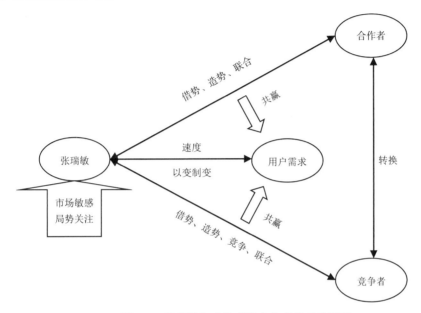

图 3-4　张瑞敏与竞争者及合作者的互动机理

3.2.3　张瑞敏与用户的互动

张瑞敏特别关注与用户的互动，其相关数据呈现出了张瑞敏的领导行为和行为基础。

（1）领导行为

张瑞敏在与用户互动的过程中，除了市场的机会把控外，又呈现出了情感感召、形象感召、信念感召等领导行为。"感召"在《辞海》中的意思是感化和召唤（夏征农和陈至立，2010）。本研究用"感召"这个词来表达张瑞敏对用户的行为。

1）市场的机会把控

张瑞敏的数据呈现出了其与用户互动中，对市场机会的把控行为。1996 年，一位四川农民投诉海尔洗衣机排水管老是被堵。其原因是这位农民用洗衣机来洗地瓜。张瑞敏意识到这一点，迅速生产出了"洗地瓜洗衣机"，抓住这个机会，获得了这部分用户的认可。

2）情感感召

张瑞敏的"砸冰箱"事件体现了其情感感召的领导行为，"砸冰箱"不仅砸给了员工看，更砸给了社会看，尤其是市场中的用户。用"砸冰箱"的情感感召用户。

1995年3月，青岛一王老太购买的海尔空调被出租车司机拉跑的消息被《青岛晚报》刊登后，张瑞敏十分关注，亲自到王老太家看望，赠送给王老太一台空调，并且提供上门安装服务。随后，他组建一支售后服务队伍，从销售到安装调试到维修行一条龙服务，对顾客负责到底。做到卖一台产品，就要赢得一颗用户的心。当时对售后服务有认识的企业家很少，张瑞敏的举措是一个革命性的创举，感召了用户。

3）形象感召

张瑞敏对用户的另一种行为是形象感召，用自己和企业的形象来感召用户。张瑞敏的个人及企业荣誉体现了海尔的形象，从而也获得了用户的认可。

1997年，张瑞敏登上了北大讲堂，借助北大的名校优势提升了企业的形象。1998年3月25日，张瑞敏又应邀前往世界最高学府之一的哈佛大学讲课，进一步提升了企业的形象。这些无不对用户进行着感召。

4）信念感召

张瑞敏用自己做中国的国际化名牌这一信念感召了用户。2002年《首席执行官》这个电影的原型就是张瑞敏，着重突出了张瑞敏做企业的信念，感召了大众，包括用户。并以这种精神和信念入选"感动中国2002年度人物"。

（2）行为基础

张瑞敏与用户的互动中，其数据呈现出了他的领导行为是基于市场敏感、市场规则、局势关注、民族抱负而展开的。

1）市场敏感

张瑞敏与用户的互动中表现出了强烈的市场敏感性。从市场时机的把控到对用户的感召，都蕴含着其对市场的敏感。市场是企业发展的基础，需要时时盯住市场，走入用户的内心。张瑞敏曾经说道：

　　名牌只代表今天，并不代表明天。名牌是靠天天盯住市场努力保持的。
　　海尔的发展是快了，还是慢了？规模是大了，还是小了？走国际化道路是早了，还是晚了？对这些问题，答案不在我这里。我也在寻找答案。答案在哪里？在市场：企业发展的一切的一切，全是市场说了算。（胡泳，2007：62）

为什么市场营销一定要创新?因为市场和用户的需求每时每刻都在变化,变才是常态。因此想要以变制变,在变中求胜,唯有靠营销创新。孙子曰:"能因敌变化而取胜者,谓之神。"这个"神",当指在变化中的创新。①

张瑞敏对市场的敏感完全体现于对用户需求的满足之中。从最早对电冰箱质量的坚持,到海尔多元化的发展,到国际化、全球化及网络化战略,整个发展都是在关注用户的需求,服务于用户,并快速地进行产品创新,张瑞敏说:

在中国家电行业里海尔有两个最大的网络:一个是科研开发网络,另一个是营销网络。海尔的 2 万个营销网点一直延伸到农村的镇、乡、村,通过了解所有消费者的想法,不断推出新产品。(胡泳,2007:64)

总之,张瑞敏在与用户的互动中,充分体现了其对市场的强烈敏感性。

2)市场规则

对于用户,张瑞敏是非常遵循市场规则的,他特别强调用户的潜在需求,用户的内心世界,解决用户的每一个抱怨,"顾客买的是享受,不是商品",这是市场运行的基本准则。

张瑞敏为关于服务的一本书所写的序言中呈现了他对用户的抱怨的关注,留住用户的心。

顾客买的是享受,不是商品

顾客买一件商品,看中的是该商品功能、服务会给自己带来的便利和享受,并非是看中了商品本身。如果不能如愿,那么投诉和抱怨也就在所难免了,怨言对企业是良药忠言,所以不但要视抱怨为黄金、为礼物,更应马上回馈顾客,因为"礼尚往来,来而不往,非礼也。"

海尔集团创立 16 年间,能把一个年销售额仅 348 万元人民币(约 41 万美金)、资不抵债的小厂发展到 2000 年预计超过 400 亿人民币(约 49 亿美金)的国际化公司,就是靠了解抱怨、化解抱怨,不断为顾客提供优质服务获得的。

创业初期,我们了解到顾客对产品质量不满的抱怨,毅然当众砸毁了 76 台有不同缺陷的电冰箱。虽然当时的电冰箱供不应求,许多品质不

---

① 摘自张瑞敏 2001 年 7 月 15 日为清华大学胡左浩教授著的《日本家电企业的市场营销创新》一书所写的序言。

好的电冰箱也可以卖出去，但我们还是坚持这种理论，让顾客享受到了在当时难得的优质产品。

　　前几年一位老太太在自提空调回家途中，所买的空调被黑心的出租车司机借机拐跑了。事后顾客虽没向我们抱怨，但这种结果实际上就是对企业最大的投诉和抱怨。我们不仅马上免费赠送其一台空调，同时又在全行业首推"无搬运服务"，由此赢得了顾客对海尔品牌的信赖。

　　其实能根据顾客的抱怨不断改善工作，是真正增加了企业的资产，从狭义上看，企业的资产是厂房、设备、资金等硬件。但从广义上看，企业永恒的资产是指那些忠诚于本企业品牌的顾客，谁拥有更多的有忠诚度的顾客，谁就拥有了更多的资产。反之，不仅失去了市场、资产也会成为负债，以至资不抵债、破产。

　　顾客对企业的忠心就是企业的"无价宝"和"金不换"，但在信息迅速传递的资讯时代，顾客也会"移情别恋"。要留住顾客的心，就要不断满足其个性化的需求。为此首先要为内部员工营造个性化创新的空间，以员工对企业的忠诚度获取顾客对品牌的忠诚度，使企业永续经营，为社会、为人类的进步做出贡献。

（摘自2001年1月17日《海尔人》，有删减）

　　张瑞敏对待用户已经超越了产品的范畴，而是从用户的内心需求，总体进行服务。不断地创造用户，发掘用户的潜在需求。下面是张瑞敏对创造用户的关注，他认为市场营销创新，就是创造用户。

市场营销创新，就是创造用户

　　……市场营销就是企业的经营与市场需求联结成的有机整体，不能分割，必须系统地进行研究。否则便无法推进市场营销的创新。

　　市场营销到底是为了什么?说到底，其本质不是为了"卖"，而是为了"买"。买什么?买市场上的无价之宝——用户的"心"。所谓"得用户者得市场"，而产品只是作为实现满足用户需求的一种载体，用户要的并不是产品本身，而是他所期望得到的满足。

　　"心"不是花钱可以买到的。有的企业认为，我出钱就可以买到市场，买到用户。因此不惜超出自身承受能力进行广告战和价格战，虽可一时扩大市场份额，但不能持久。其一，你不可能总是市场最低价，你低别人可能更低，价格战没有赢家。其二，价格并非是用户的唯一选项，当用户向你提出其他需求时，你会一筹莫展，因为"透支式"的销售牺牲了企业在产品和市场开发方面的财力。一旦进入这种恶性循环，只会被用户抛弃。

为什么市场营销一定要创新?因为市场和用户的需求每时每刻都在变化，变才是常态。因此想要以变制变，在变中求胜，唯有靠营销创新。孙子曰："能因敌变化而取胜者，谓之神。"这个"神"，当指在变化中的创新。

在本书中有许多关于在国际市场营销中的创新案例，特别值得我们认真学习。因为中国加入 WTO 在即，我们将面对相对陌生而且复杂多变的国际市场，并将置身于国际强者之林。没有营销创新，你可能连参赛的入场券都领不到。海尔在进入美国市场之初，就有消费者问，你的产品有什么独到之处，能使我放弃我熟悉的世界名牌，而选购一个我不熟悉的品牌。这也是所有中国企业在进入国际市场时都会遇到的困惑。的确，同世界名牌比，我们的劣势显而易见，资金、人才、规模、声誉等，但只要能创新，就能闯出生路。在美国市场，我们就是靠创新，打差异化的营销战略，赢得了用户的心，占有了越来越大的市场份额，进而以"先有市场、后建工厂"的思路在美国设厂，成为了本土化名牌。

网络时代的市场营销创新取决于什么?创新的目的是创造需求,创造用户。网络时代，能否做到这一点则取决于员工的创新。

因为网络时代是由用户而不是企业制定市场竞争的规则，企业要靠从大批量生产转为大批量定制来满足用户的个性化需求，这不仅靠创新，更要靠创新的速度去实现，因为谁能首先满足电子商务的速度，谁就赢得了用户。而这种创新的速度，如果没有全员参与的创新的支持，是不可能实现的。

直线职能金字塔式的组织结构首先要推倒，要通过网络技术进行流程再造，形成扁平化、信息化的新结构。使每个员工都面对市场，并能对用户的需求做出最快的反应。开发人员已不再局限于实验室和上级下达的课题，而是直接到市场上去发掘并解决用户的难题，满足个性化的需求;供应商不再停留在按时合格供货，而是将目光盯住用户，为满足最终用户主动参与前端设计，创造潜在用户;生产线上的每个员工都为使用户更加满意而主动创新,献计献策;营销人员则不仅是销售的终端,更是新品开发的起点,提供出用户有价值的需求信息,以创造新的需求。

用户的个性化需求,只有靠全员的不断创新才能满足,这也是市场营销创新的更高层次。唯如此,才能永远紧紧握住市场上那只无形的手。[①]

价格并非是用户的唯一选项,张瑞敏关注用户的"心",对市场营销进行创新,快速地应对市场,满足市场的需求。

作为一个企业,所有有形的方面都可以用钱买来。全世界最好的设备,有钱就可以获得;全世界最好的技术,有钱也可以买到;全世界最好的人才,只要你肯花高价肯定可以挖过来,没有买不到的。唯有用户资源你买不到,因为那是用户的心,你花了多少钱做广告,做到最后他不愿听你的,不愿认同你,你都没办法。这也与企业发展有一个正比关系,谁拥有用户资源多,谁的竞争力就强。但这个用户资源怎样可以得到呢,没有别的办法,只有通过国际化的服务才可以得到。

美国电视台的记者采访我,提了一个问题:海尔这些年能够成功,为什么?也就是说海尔成功的秘诀是什么?当时我跟他说了一句话:海尔的成功是因为我们不断地在帮助我们的用户成功,在用户成功的过程当中自身也获得了成功。就是这么一个关系,你不可能去损害用户一点利益。如果你损害了哪怕一点,你就不会成功;只要用户不成功,你就不会成功。怎么样帮助用户成功呢?就是帮助用户解决他的问题,满足他的需求,这就是帮助他成功。

以前企业在发展过程中最值钱的是资本,谁的资本大谁把别人吃掉,后来是技术,现在是用户资源。(胡泳,2007:61,有删减)

张瑞敏围绕用户的"心",创造用户需求,综合进行服务。他曾说:

"消费—服务—生产"这一结构已成为当今世界先进经营秩序的基本框架。在这一结构框架中,服务起着沟通、疏导消费与生产的中介作用。服务的主体地位是根本不可忽视和无法动摇的。没有先进完美的服务体系和服务手段,就无法吸引消费者,就无法占领市场,也就无法扩大再生产,更谈不上企业的整体驱动与持续发展。

[①] 摘自张瑞敏2001年7月15日为清华大学胡左浩教授著的《日本家电企业的市场营销创新》一书所写的序言。

服务机制的完善与否直接代表着企业体制的先进程度，服务环节的完善与否直接反映着企业的经营水平和经营能力，可以说，服务是企业全部经营活动的出发点和归宿。服务决定消费，并由此决定生产，这是一个积极的双重因果循环关系。

为什么服务是一个整体的系统呢，现在许多企业都有服务部门，用户有了问题，找售后部门或电话中心或咨询部门就行了，其实错了，用户要解决的问题不是哪个部门、哪个人能解决的，必须是动员企业所有的力量、所有的部门来解决，就是整合所有资源来解决，否则根本没有办法解决。这是对企业而言。对用户而言，服务又意味着什么呢？服务意味着用户的满意并不是解决了已经出现的问题，而是可以给我解决潜在的问题。就是说我们往往把服务理解为我给你上门服务了，我给你咨询了，我做得很好了，你很高兴了。出了问题的服务不叫服务，这叫补偿，因为不应该出现这个问题。你给用户造成了麻烦，然后给予一种物质上、精神上的补偿，那不是服务，那不是真正的满意。真正的满意是用户对潜在的问题没有意识到，或者是隐隐约约觉察到了，不知怎样解决以致提不出来，但是你却给我解决了。

现在需要的是解决潜在的需求，比方说双动力洗衣机，它就进了一步，用户没有意识到。用户如果到市场选购，要么是欧洲的滚筒式，要么是美洲的投拌式，各有优缺点，只能选择一种。现在海尔是把两者的优点集合起来做成双动力洗衣机，用户虽没有意识到，但你满足了他很大的一个潜在的需求，提高了他洗衣质量。

但我认为这还不是目的，因为从本质上讲用户要买的不是产品，而是一种需求、一种满足，三洋开发一种洗衣机不要洗衣粉，不要洗衣粉可以洗净衣服，用户当然高兴。所以这种洗衣机就畅销了。这还不行，我看到一份资料，说把纳米技术加到衣服里，可以不用洗，我为什么要买洗衣机呢？我是要买一件干净的衣服，既然衣服不要洗就可以干净，我就不要你的洗衣机。

所以从这一角度讲，服务怎么可能只是一个部门就可以解决的问题呢？企业整个的战略部门、整个的设计部门、整个的销售部门等所有的部门都动员起来，也未必能发现和满足用户的潜在需求，还需要在全球这个大系统中整合资源，所以说对企业来讲这是一个非常大的系统，它不

应该是某一个部门。如果你把企业服务推给某一个部门，这个企业不可能真正地成长。（胡泳，2007：65-66，有删减）

3）局势关注

张瑞敏在与用户的互动中，呈现了另一个行为的支撑点，那就是他对局势的关注。张瑞敏善于以局任势来获取用户的内心。一个非常典型的例子就是"砸冰箱"。张瑞敏关注到了当时整个社会对产品质量的不重视，无论员工还是用户都有"产品能用就可以"的心态，对产品的质量关注度比较低。整个状态处于不利于产品质量的推进之势，于是，在发现了76台次品电冰箱之后，在大庭广众之下全部砸毁。"砸冰箱"这个事件不仅把员工砸醒了，更砸给了社会看，砸给了用户看，创造了整个状态下的质量之势。

1995年3月，张瑞敏借助青岛一王老太购买海尔空调被出租车司机拉跑的这个事件，推出了海尔的一系列售后服务，包括运输，迅速抓住了用户的"心"。这也是一种对局势的关注和把握。

4）民族抱负

前已论述过，张瑞敏内心深处有着一种真诚的民族抱负，即做中国自己的国际化品牌。这种民族抱负使得他专注于企业，关注于市场，有效地服务于用户，同时这种信念也在感动着用户。这是他与用户互动的基础之一。

（3）互动机理

张瑞敏基于"提升企业竞争力"及"企业有效发展"为目的，把握用户的特点，关注用户的"心"、"抱怨"及"需求信息"，快速地"盯住"用户，做到"解决用户（潜在）问题"、"创造需求"、进行"组织结构调整"、"资源整合"及"当地本土化"等来"感动"用户。以上过程中体现了张瑞明的市场机会把控和感召行为。其基础在于张瑞敏对市场的敏感、市场规则的遵循、局势的把握和民族抱负。例如，利用"砸冰箱"的事件，不仅砸醒了当时工人对产品的质量的误解，更砸给了用户，使用户深刻认知到海尔对产品质量的关注。这是一种造势与借势谋略的体现，当然这需要基于张瑞敏对市场的敏感认知。更有张瑞敏民族气节的推动，因为他想让用户真正地认识到中国有着国际化的高质量产品。

因此，张瑞敏与用户的互动机理如图3-5所示。张瑞敏与用户用"心"连在一起，解决用户潜在的问题，并为用户创造需求。行使着把控与感召行为，最终获得用户的支持。

图 3-5　张瑞敏与用户的互动机理

3.2.4　张瑞敏与管理学界的互动

在张瑞敏的数据中，本研究发现，张瑞敏特别关注与管理学界的互动。真诚地向管理学者学习，并借助其影响力进行企业宣传。基于第 2 章张瑞敏的故事，本研究归纳了张瑞敏与管理学界的一些主要事件，详见表 3-5。

表 3-5　张瑞敏与行业外客体的互动内容及方式

主要事件	张瑞敏
1996 年，得到北京大学教授郑学益的策划帮助，成功宣传海尔家电下乡	学习与反思，真诚地向管理学者学习，并借用其影响力进行企业宣传
1997 年，邀请北京大学教授郑学益到海尔为高、中层干部做讲座，主题是"道家的无为思想和企业家的情商"	
1997 年，得到北京大学教授郑学益的策划帮助，张瑞敏登上北大讲堂，主题是"创国际名牌，再建中国管理学"	
1997 年 10 月，北京大学教授郑学益帮张瑞敏策划到哈佛大学讲学之时，张瑞敏收到了从美国哈佛大学商学院演讲邀请	
1998 年 3 月 25 日，张瑞敏应邀前往哈佛大学讲课	
1999 年 1 月，参加瑞士达沃斯召开的世界经济论坛年会	
2000 年 1 月，参加瑞士达沃斯召开的世界经济论坛年会	
2000 年，在瑞士洛桑国际管理学院演讲	
2012 年，应邀赴欧洲顶级商学院瑞士 IMD、西班牙 IESE 商学院演讲	
2013 年，2013 海尔商业模式创新全球论坛在青岛召开。论坛以"商业生态平台战略"为主题，吸引了众多全球管理大师、学者、商学院、企业人士齐聚探讨互联网时代的商业模式创新	
2013 年，"清华大学青岛高峰论坛"在青岛开幕。海尔集团董事局主席兼首席执行官张瑞敏作为特邀嘉宾出席，并发表了题为"没有成功的企业，只有时代的企业"的主题演讲	
2013 年，世界一流战略大师、《管理大未来》作者加里·哈默（Gary Hamel）来访海尔，就海尔在互联网时代的商业模式创新进行调研采访	
2013 年，参加美国管理学年会（AOM）	

（1）领导行为

张瑞敏的数据呈现出了其与管理学界互动中对市场机会的把控和组织的标准设计行为。张瑞敏主要从组织标准设计及形象感召进行互动。

1）对组织的标准设计

从数据来看，张瑞敏与管理学界的互动呈现出了他对组织的标准设计行为。张瑞敏长期钻研于组织管理模式的构建，并制定各种管理标准，开展组织的有效运行。"标准"在《辞海》中的含义是衡量事物的准则（夏征农和陈至立，2010）。于是，本研究把张瑞敏的管理制度、模式等的设计归纳为组织的标准设计。

2013 年，张瑞敏在青岛组织了海尔商业模式创新全球论坛，论坛以"商业生态平台战略"为主题，吸引了众多全球管理大师、学者、商学院、企业人士齐聚探讨互联网时代的商业模式创新。这是对组织管理模式的研讨和探索。这个事件体现了张瑞敏与管理学界共同研讨和探索组织模式的设计。同年，张瑞敏与世界一流战略大师加里•哈默（Gary Hamel）进行交流，就海尔在互联网时代的商业模式创新展开讨论。这些互动都体现了张瑞敏对组织运行中的组织管理标准的设计行为。

2）形象感召

数据中显示，张瑞敏与管理学界互动的另一种行为是对外界的形象感召。张瑞敏在各个高等学府的演讲都体现了海尔的形象，感召了社会大众对海尔的信赖。1997 年，得到北京大学教授郑学益的策划帮助，张瑞敏登上北大讲堂。1998 年，又应邀前往哈佛大学讲课。2000 年，张瑞敏在瑞士洛桑国际管理学院做演讲。2012 年又赴欧洲顶级商学院瑞士 IMD、西班牙 IESE 商学院演讲。2013 年，在"清华大学青岛高峰论坛"做了主题演讲，同年，参加 AOM 国际管理会议，并做报告。

张瑞敏的这些互动都是在打造海尔的形象，用这种形象感召社会大众。从而有利于组织的有效发展。

（2）行为基础

数据同时体现了张瑞敏在与管理学界的互动中，其行为的支撑基础为张瑞敏对市场规则的遵循和对局势的关注。

1）市场规则

张瑞敏对组织的标准设计是建立在市场规则的遵循之上的。张瑞敏与管理学界进行交流探讨互联网时代组织的模式，更多是为了能够在遵循市场规则的基础上，构建有效的组织管理模式。2013 年，在"清华大学青岛高峰论坛"上，张瑞敏做了题为"没有成功的企业，只有时代的企业"的主题演讲，体现了他对这个时代市场规则的关注和遵循。

2）局势关注

在与管理学界的互动中，张瑞敏也特别关注局势。善于借助管理学界的势来为我所用。例如，1997 年，张瑞敏得到北京大学教授郑学益的策划帮助，登上北大讲堂。借助这一事件极力地宣传了海尔，这就是借势的表现，体现了张瑞敏对局势的关注。

（3）互动机理

张瑞敏在与管理学界互动通过管理连接在一起，真诚学习和借势表现出对组织的标准设计和形象感召行为，其支撑点在于市场规则和局势关注。所以，张瑞敏与管理学界的互动机理如图 3-6 所示。

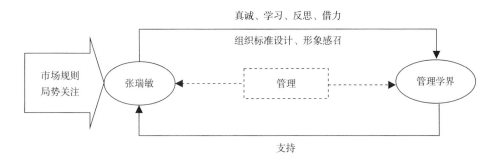

图 3-6　张瑞敏与管理学界及其他客体的互动机理

3.3　张瑞敏与组织内部对象的互动

张瑞敏与组织内部对象的互动主要包括与管理者及员工的互动。下面进行具体分析。

3.3.1　张瑞敏与企业内部管理者的互动

数据呈现出了张瑞敏与企业内部管理者进行着有效的互动。基于第 2 章张瑞敏的故事，本研究整理了张瑞敏与高管及中层互动的一些主要的事件数据，详见表 3-6。

表 3-6　张瑞敏与企业内部管理者的互动

主要事件	张瑞敏
1984 年，制定《企业管理十三条规定》； 1994 年，提出 OEC 管理； 1994 年，提出斜坡球体论； 2000 年，提出 SBU，把每个员工变成每个独立的业务个体	基于规范或管理模式进行互动
1995 年，提出赛马不相马	基于绩效进行选拔
1985 年，引进德国生产线时的坚持和智慧； 1992 年，建海尔工业园时的坚持； 1999 年，张瑞敏在美国建厂的坚持	重大决策时很有主见
1985 年，慧眼识人才，邀请杨绵绵加入企业	识别和珍惜人才
1985 年，砸 76 台次品电冰箱； 1985 年，借助"砸冰箱"事件进一步推进质量观念； 1988 年，"庆功会"变"挑刺会"； 1987 年，张瑞敏在工厂举办了"劣质电冰箱展览会"	基于重要事件为高管及中层提醒
张瑞敏从 2000 年 10 月开始，每周六上午都要对海尔的中高级经理人进行培训。张瑞敏和集团总裁杨绵绵主要以互动的方式与海尔的中高级经理人解决集团本周内各个事业部在市场上遇到的问题，过程中反思市场链改造过程中存在的问题，及时解决	基于培训渗透管理模式
1992 年，思方行圆呈现于海尔工业园中心大楼的设计	基于符号与高管及中层互动
1991 年 1 月 15 日，张瑞敏在《海尔报》上撰写了文章《成功了，再赢一次》，告知员工处在成功时如何理解成功和对待成功； 1997 年 2 月 18 日，正在春节时候，张瑞敏在《读者报》上发表了文章《并非新春寄语》； 2000 年，张瑞敏撰写了《"新经济"之我见》	基于书面文章与高管及中层互动

（1）领导行为

在与企业内部管理者的互动中，数据呈现出了张瑞敏的领导行为，即标准设计、符号设计、情感感召及信念感召。

1）标准设计

张瑞敏自进入青岛日用电器厂以来，一直进行着一系列的标准设计，包含管理制度、组织模式及工作标准。1984 年制定了《企业管理十三条规定》，来规范管理者的行为标准。1994 年，提出 OEC 管理，作为组织管理的标准。人单合一、

SBU 及自主经营体的提出，体现了张瑞敏对组织模式的设计。这些事件都体现了张瑞敏与管理者进行互动时所进行的领导行为。

张瑞敏通过设计一定的工作标准来提升管理者的诉求，1988 年，青岛电冰箱总厂获得了质量金奖，当厂内的干部等着庆功会时，张瑞敏却来了个挑刺会，给人们设计了更高的标准。张瑞敏所设定的标准又是动态不断提升的。例如，张瑞敏曾说：

> 竞争不是一次定终身，就像开运动会一样，这一届的冠军不一定是下一届的冠军。我希望做到的是整个企业成为一个学习型的组织，每个人都努力地工作，每个人都努力地发挥自我价值。
>
> 我认为基本的骨干力量必须是自己培养出来的，因为他认同你这个企业文化。当然其他一些专业人员那倒未必，国内国外的都可以。（胡泳，2007：29）

2）符号设计

数据显示，张瑞敏与管理者的互动中，善于设计一些符号来警示他们。通过数据，本研究发现，张瑞敏所设计的符号包含两种，一是有形的符号，二是无形的符号。有形的符号如海尔工业园中心大楼的设计，思方行圆的造型、四根柱子（代表一年的四季）及 365 扇窗子（代表 365 天），来警示管理者需要思方行圆，抓住一年四季的每一天，有效地投入海尔的工作中去。无形的符号如 OEC 管理、人单合一、自主经营体、"劣质电冰箱展览会"等，能对人起到警示的作用。

3）情感感召

张瑞敏与管理者的互动更加突出了他的情感感召。张瑞敏 1985 年借钱为员工发工资，并当众砸毁了 76 台次品电冰箱等事件都呈现了张瑞敏以情感来进行感召。这种情感包含对部署的关爱之情和对企业的执着之情。这两种情感感召着管理者，自发地行使着自己的行为。

4）信念感召

前已论述，张瑞敏做企业有一种信念，即打造中国的国际化品牌。这种信念在建海尔工业园、在美国建厂等事件中完全体现，正是由于这份信念的存在，他在大是大非面前，坚持自己的主见，强势地走下去。这种信念感召了企业的各级管理者。

（2）行为基础

张瑞敏与企业内部管理者的互动呈现了其领导行为的支撑点是张瑞敏对市场的强烈敏感性、对市场规则的遵循、局势关注及民族抱负。

1）市场敏感

数据显示，张瑞敏与管理者的互动首先基于其对市场的强烈敏感性，与管理者共同面对市场的机会，如建海尔工业园、在美国建厂等事件都充分说明。所以，张瑞敏特别重视管理者的市场绩效和持续性价值，赛马不相马。张瑞敏曾说道：

> 我们每年都对干部有升有降，很多降职的干部，都是对海尔做出过很大贡献的，都在海尔被评过优秀、先进、标兵的，有的还被评为功臣。另外，他们都是非常努力的，但努力归努力，贡献归贡献，这些都属于过去了，现在要看的是市场效果，效果不行，不可能因为过去做了很多的工作就可以迁就。

> 海尔集团整改、警示、降职、免职的干部有的是因为没有找到市场，有的是找到了市场，但是不清楚自己的市场目标，而且市场目标的确定是以个人能力为限，而不是以用户满意为准。对市场目标的确定必须以在市场上有竞争力为标准。还有，我们所说的用户一定是内部用户与市场用户相一致。所以，目标和用户要非常明确。正如德鲁克所说，并不是有了工作才有目标，恰恰相反，有了目标才有工作。（胡泳，2007：19-20，有删减）

> "伯乐相马"在封建社会可以，在市场经济条件下，"相马"作为一种人事制度，不规范、不可靠，这种把命运拴在别人身上的机制出人才的效率是很低的。由少数人说了算的选人路子肯定不能够做到最大限度地选用优秀人才，也不可能做到公平。要做到用人的公平、公正、公开，"赛马"才是真正值得信赖的好制度。它能激发人的活力，让人才脱颖而出。（张兴龙，2011：45-46，有删减）

2）市场规则

张瑞敏在与管理者的互动中，特别强调对市场规则的遵循。尤其是管理规则，运用管理规则来提升管理者的绩效。例如，《企业管理十三条规定》、OEC 管理、SBU、人单合一、自主经营体等的提出，都体现了其对市场管理规则的遵循。张瑞敏说：

> 一、给人以公平感。亚当·斯密说："人的不公平不是事实存在的，而是心理上感觉到的。"海尔通过增加透明度，将员工工作与待遇挂钩，

给员工以公平感。二、给人以成就感，尊重员工的成果。三、给员工以发展空间。领导搭起舞台，让员工表演。四、给年轻干部"实力竞争"的机会。（张兴龙，2011：46）

委托别人办事，错误是不可避免的，但自己亲身去做，也一样会犯错误。作为领导，一旦你不再天天唠叨，事事干涉，下属自然会发展适合自身的行事方式，形成一套准则，且能够很有弹性地去运用，进而总结出与你同中有异的工作方法，殊途同归地完成任务。

《道德经》上有句名言："夫代大匠斫者，希有不伤其手矣。"我想，越俎代庖对于领导者与被领导者都是最不明智的选择。应逐步由各级干部自己去动脑、去研究、去解决问题，创造了好的经验还可以全面推广。

借鉴国际上一些大公司发展的经验，以避免因企业发展壮大后出现人浮于事、官僚作风、互相掣肘、效率低下的大企业病，必须走权力分散化这条路。

但是，权力分散后，必须解决好两个问题，才能达到预期效果。一是责、权、利问题，二是各独立公司一把手的素质问题。

权力分散后不等于在下面可以为所欲为，必须服从集团整体利益在宏观上的要求和控制，要有责任感。关于各公司究竟有哪些责、权、利，集团与各公司之间要以契约的形式明确规范下来。

放权，实际上是对你个人素质究竟如何的观察与考验。所有独立公司的一把手都要坚持"双自"原则，即"自主替代、自主管理"。"自主替代"就是不断地自我否定，不断地给自己提出新的奋斗目标，不断地打破旧有的平衡，寻求新的发展目标。"自主管理"的基础是必须有严格的制度管理。

不想干的不存在改进提高一说，实事求是地讲这类人不多；想干不会干的属于才的问题，不懂科学管理，盲目凭着热情干的，都属于不会干，需要在提高个人专业素质上下工夫。什么叫作"会管理"?一是能够严格管理，敢于为工作得罪人，企业利益第一。如果个人利益第一，把不得罪人建立在得罪工作上，那是企业绝对不允许的。二是科学管理，推行目标体系管理，能够抓住闭环原则、目标比较原则和优化原则。三是不断创新，提高劳动生产率。有些部门管理人员膨胀到了砍掉一半还多的地步，这也是不能自我约束的表现。至于想干也会干，但却不拼命干的，就属于"德"的问题了。一个干部不具备"德"，就不是一个好干部。何谓有德?有德的干部，就是本部门出力最多的人。这个部门也应是战斗力最强的部门。

"授权"一词本身就带有监督的意味，它是指上级委授给下属一定的权力，使下属在一定的监督之下，有相当的自主权和行动权。授权者对于被授权者有指挥和监督之权，被授权者对授权者负有报告和完成任务的责任。

如果只授权，不监督，后果就是四分五裂；如果不授权，只监督，局面则全是一潭死水。

信任就可以不监督了吗?

所谓"用人不疑、疑人不用"在当今市场经济条件下早已失去了合理性，成为中国传统文化的糟粕，是导致干部放纵自己的理论温床。不需要一一列举那些因没有监督制约机制而导致违法乱纪的大量事例，中层干部必须明白，必要的监督、制约制度对干部是一种真正的爱护和关心，因为道德的力量是软弱的，不能把干部的健康成长完全寄托在个人的修炼上。越是有成材苗头的干部，越是贡献突出，就越能委以重任；而只要他们手中有权、有钱，就必须建立监督制约机制。每一个干部应该从思想上、心理上接受监督，培养自律意识，增强免疫力，从而健康成长。

授权只是把一部分权力分散给下属，而不是把与"权"同时存在的"责"分散下去。换言之，当一级主管把某几种决策权授给二级部署时，虽然二级部署因而获得该决策权，但一级主管仍然负有相同的责任。例如，海尔电冰箱公司的一个分厂厂长，当他所属的某车间不能按期完成任务时，即使车间主任觉得自己应负完全责任，但分厂厂长还是避免不了要最后自责。

一切都随着时间、地点、人气等条件而转移，无形胜有形。例如，关于决策该不该授权?下属人员获取的信息有限，对公司综合情况的掌握有限，对于市场信誉、经济标准和诸如人心、士气等无形东西的把握有多大的底数，一把手应该明白，应避免缴学费，付出太大的代价；下属主管人员的素质和管理水平如何，也影响权力分散的程度；企业组织是由小而大的，则集权程度高些无妨，若主要由合并或联合而来，

则可考虑分权；组织在扩展中可分权，组织在稳定或稳固之中则宜于
集权；组织上下之间控制的技术和手段是否完善，也对集权或分权的
选择有关系；再比如，当企业外部环境紧张、竞争加剧的时候，会促
使管理向集权制靠拢。

分权与集权，完全根据市场和产销的需要而定。海尔创业前 10 年仅
生产单一产品电冰箱，只需要划分职能，管理上完全适合垂直式集权领
导；而有了空调、冷柜和洗衣机等几十种白色家电产品以后，再加上彩
电、计算机等黑色家电，海尔就需要分权运作，在内组成事业本部，对
外则称总公司，以一个宏大的法人群体组成联合舰队。而等到市场资源
与生产要素重组后，企业的组织结构又会相应变动。这是完全正常的。
（胡泳，2007：30-33）

这些都体现了张瑞敏对市场管理规则的遵循。

3）局势关注

数据显示，张瑞敏善于对局势进行把握，从而借助或造就有利于提升绩效的
势头，如"砸冰箱"事件，整个局面都是对质量的无所谓心态，所以，"砸冰箱"
这一冲击行为，使得管理者深深意识到了质量的重要，同时张瑞敏在工厂举办了
"劣质电冰箱展览会"，也是对势的运用。

4）民族抱负

张瑞敏的民族抱负（打造中国自己的国际化品牌）是深受管理者敬佩的，在引
进德国生产线、美国建厂，以及所写的文章中都体现了他内心的民族抱负——做中
国自己的国际化品牌。

（3）互动机理

通过数据，本研究发现，张瑞敏以"市场绩效"和"持续性价值"为互动原
则，"重视内部培养"管理者，关注管理者的"公平"、"成就感"、"发展空
间"、"发挥空间"、"机会"及"自主"等诉求，有效运用"宽容"、"授权"、
明确"权责利"、建立"契约"关系、"信任与监督"、敢于"担当"、"情境"
应变、"人员分类"等策略，关注管理者的"素质"与"品德"、"全局导向"
观念、"自我否定与管理"、"严格"的管理态度、"科学"的管理方法及"创
新"思路，与管理者进行有效互动。同时，本研究发现本部分的数据及编码，充
分体现了张瑞敏的标准设计、符号设计、情感及信念感召行为。

综上，本研究得出张瑞敏与管理者的互动机理如图 3-7 所示。张瑞敏和管理

者是用"市场绩效"连接在一起的，张瑞敏基于市场敏感、市场规则、局势关注和民族抱负，运用标准设计、情感及信念感召等行为，使得管理者创造持续性价值。张瑞敏与管理者的互动方式是讲究原则的，这种原则就是市场绩效背后的市场规则，如《企业管理十三条规定》的制定和基于市场的持续性价值选拔人才。但其又会常常超出原则灵活地互动，如"砸冰箱"事件，他没有按照原则对管理者进行惩罚，而是超越规则，砸毁了 76 台次品电冰箱，这种灵活的处理方式就是一种谋略的体现。

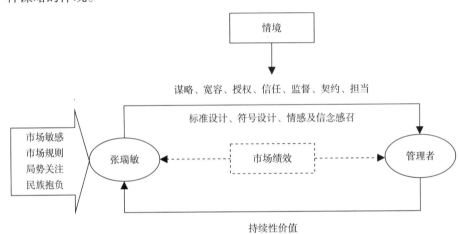

图 3-7　张瑞敏与管理者的互动机理

3.3.2　张瑞敏与员工的互动

数据显示，张瑞敏特别关注与员工的互动。表 3-7 列出了张瑞敏与员工互动的一些事件数据。

表 3-7　张瑞敏与员工的互动

主要事件	张瑞敏
1984 年，制定《企业管理十三条规定》； 1985 年，提升员工素质，加强质量观念	基于基本规范进行互动
1985 年，借钱为员工发工资； 1985 年，车间装空调，而张瑞敏自己办公室用电扇	基于真诚和信任打动员工

续表

主要事件	张瑞敏
1985 年，砸 76 台次品电冰箱； 1985 年，借助"砸冰箱"事件进一步推进质量观念； 1985 年，说明书事件； 1987 年，张瑞敏在工厂举办了"劣质电冰箱展览会"	基于重要事件进行互动
1985 年，让员工从零开始学做电冰箱	基本要求
1992 年，思方行圆呈现于海尔工业园中心大楼的设计	基于符号互动
1994 年，提出 OEC 管理； 1994 年，提出斜坡球体论； 2000 年，提出 SBU，把每个员工变成每个独立的业务个体，每个人都是 CEO，员工之间是一种市场关系，并能感受到市场的压力	基于管理模式进行互动
1997 年 2 月 18 日，正在春节时候，张瑞敏在《读者报》上发表了文章《并非新春寄语》	基于媒体互动

（1）领导行为

张瑞敏与员工的互动同样呈现出标准设计、符号设计、情感感召及信念感召行为。

1）标准设计

张瑞敏与员工的互动呈现出了他的标准设计行为，主要包括对管理制度、组织模式及工作标准的设计。例如，《企业管理十三条规定》的制定、OEC 管理的提出等，都体现了张瑞敏的组织制度及模式标准的设计。张瑞敏不断提升员工的工作标准，如"说明书"事件，要求员工把工作做到细节，严格要求其工作标准。

张瑞敏会基于员工的整体状态进行组合标准的设计，如他特别强调员工的整体作用：

> 人才，是企业竞争的根本。人可以认识物、创造物，只要为他创造了条件，他就能适应变化，保持进步，成为取之不尽、用之不竭的资源。有了人才，资本才得以向企业集中，企业在竞争中才能取得优胜。
>
> 企业的人才优势分为个体优势和群体优势。个体优势强调个人的才能，它是人才优势的基础。与个体优势不同，群体优势是指企业人才的基本结构及其整体协同能力。一个企业的人才要形成群体作战能

力，必须在能力上具有互补性，在精神上有协作性。群体优势中，企业高层决策群体的能力互补和协作精神有着举足轻重的作用。(胡泳，2007：16)

我们靠的是建立一个让每个人在实现集体大目标的过程中充分实现个人价值的机制。这种机制使每位员工都能够找到一个发挥自己才能的位置。我们创造的是这样一种文化氛围——你干好了，就会得到正激励与尊重；同样，干得不好，会受到负激励。为什么不叫惩罚而叫负激励，其目的在于教育你不再犯同样的错误，而不仅仅是简单地让你付出点代价。(胡泳，2007：16-17)

张瑞敏的标准设计还表现为对团队的设计，只有设计打造出优秀的团队，才能实现组织的有效发展：

创造性不是几个人就可以做到的，关键是建立一个不断出人才的机制，才可以使创造性保持下去。就海尔而言，成功的地方不是人们所看到的那些处于重要位置的年轻人，而在于我们有不断催生新人的一个非常好的机制。年轻人的一个好处是接受新生事物很快，可塑性很强，但一旦掌握很大的权力，自律意识又不强，很可能走向另一面。所以，为了保证今天的年轻人能不断地出色地干下去，而且有危机感和竞争意识，我们这几年一直在为年轻人搭舞台，为所有年轻人提供机会，使跑在前面的人有危机感，才能保持自己的竞技状态，而跑在后面的人又总想超越前面的人，才会加倍努力。(陈述文，2000：36)

算起来我还是被管理的时间长。当过工人，当过车间主任，当过厂长。从这个意义上说，我更能体会被管理者最渴望管理者能给他什么。最渴望什么呢?最渴望的就是我的成绩你不要给我抹杀，我干得好的地方，你能够给我承认，就这么点要求，其实并不高。(胡泳，2007：21)

没有培训的员工是负债，培训过的员工是资产。因为培训过的员工获得了一定的知识和技能，其中包含了利润的成分，可以成为利润的增长点。而从负债变成资产的关键在于员工高忠诚度的确立。(胡泳，2007：23)

2）符号设计

数据显示，张瑞敏与员工的互动中，同样善于设计一些符号来作为警示。张瑞敏所设计的符号包含两种，一是有形的符号，二是无形的符号。有形的符号如海尔工业园中心大楼的设计；无形的符号如 OEC 管理、人单合一、自主经营体、"劣质电冰箱展览会"等，这些都能够对员工的工作起到有效的警示和管理作用。

张瑞敏常用员工的名字设计一些符号来进行有效的激励。张瑞敏曾举过一个例子：

> 一开始说"人人是人才"，员工反应平淡。他们可能都在想，我又没受过高等教育，当个小工人算什么人才？这时，我们把由一个工人发明的一项技术革新成果以这位工人的名字命名了，并且由文化中心把这件事作为一个故事在所有员工中推开。很快，工人中就兴起了技术革新之风。海尔的文化中心经常在传播着种种故事，这对企业的稳定发展起了十分重要的作用。（胡泳，2007：21）

张瑞敏倡导以员工名字命名，凡本集团内员工发明、改革的工具，如果明显地提高了劳动生产率，可由所在工厂逐级上报厂职代会研究通过，以发明者或改革者的名字命名，公开表彰宣传。同时，为了给员工创造"自我设计"及"自我表现"的机制，张端敏还设立了"海尔奖"（用于奖励本集团内各个岗位上的员工对企业所做出的突出贡献）和"海尔希望奖"（用于奖励企业员工的小发明、小改革及合理化建议），重奖有发明创造的人才。《海尔企业文化手册》中也明确规定了海尔的奖励制度。

3）情感感召

张瑞敏与员工的互动呈现出了他善于用情感来感召员工，如张瑞敏借钱为员工发工资，在车间装空调而自己办公室却装电扇，以及"砸冰箱"等事件都体现了张瑞敏的以情动人。一种是对员工的关爱之情，一种是对企业的执着之情。张瑞敏曾说道：

> 我到海尔以前(1984 年前)在青岛家电公司工作，再往前是在工厂。我是"老三届"，毕业之后就进入工厂，从工人开始做起(1968 年进厂)。我当时对管理根本就没什么认识，现在回想起来，那时体验最深的就是，上下级之间最大的问题就是没有一种信任。其实在我自己做了管理者之

后，我想最重要的就是"被管理者最需要管理者对他的信任，反过来说，管理者其实也非常需要被管理者对他的信任"。当时，有一件事给我印象非常深，感触也很深，那时全国在搞一个"推广华罗庚的优选法"运动。全国搞这么一个运动，宣传推广、办学习班，之后又要贯彻、学习，还要有成果。工人那时对"推广"感到很新鲜，有的也想在实践中搞一些，但它并不是一个可以立竿见影的东西。由于当时上级要求"必须马上出成果"，结果贯彻没几天就开始统计"成果"了，后来还组成了一个锣鼓队到车间里去宣传有多少多少项成果。当时工人就感到（上级）像演戏、开玩笑一样。

　　从这件事联想到其他事上，结论就是："所有干的事都可能是假的。"被管理者与管理者建立不起信任，所以就是一级糊弄一级。在我到电冰箱厂之后，在这点上我就非常注意了。我要求"你管理的、吩咐的事情，如果你做不到就不要说；能够做到什么程度你就说到什么程度；或者你说到什么程度就必须做到什么程度"。（张忠，1999：21）

　　想要员工心里有企业，你的心里就必须时时刻刻惦着员工。要让员工爱企业，企业就首先要爱员工。因此，我们每一个单位都应进一步完善类似排忧解难这一类的措施，并持之以恒，不流于形式。如果能使每一个海尔人都情愿奉献自己的爱给海尔，那么还有什么力量能阻挡我们前进的步伐！（胡泳，2007：19）

　　我是"老三届"学生，参加工作是从"被领导"开始的，深知单凭领导印象、感觉的好恶来提拔干部，往往会弄错，而且容易挫伤大多数人的积极性。那时候我就看不惯一些单位的领导任人唯亲、拉帮结派。到自己当了企业领导，我就一定要创造一个完全公平竞争的空间，给海尔每一个愿意干事的人以发挥才干的舞台。这就是海尔跟其他企业不同的地方。（胡泳，2007：28-29）

4）信念感召

张瑞敏"砸冰箱"事件及1997年在《读者报》上发表的《并非新春寄语》，都体现了他内心的信念——打造中国自己的国际化品牌。这种信念深深感召着员工。张瑞敏在1994年2月10日的《海尔人》上发表的《海尔是海》，充分展示了他对员工的信念召唤。

海尔是海

海尔应像海。唯有海能以博大的胸怀纳百川而不嫌弃细流；容污浊且能净化为碧水。正如此，才有滚滚长江、浊浊黄河、涓涓细流，不惜百折千回，争先恐后，投奔而来，汇成碧波浩渺、万世不竭、无与伦比的壮观！

一旦汇入海的大家庭中，每一分子便紧紧地凝聚在一起，不分彼此形成一个团结的整体，随着海的号令执着而又坚定不移地冲向同一个目标，即使粉身碎骨也在所不辞。因此，才有了大海摧枯拉朽的神奇。

而大海最被人类称道的是年复一年默默地做着无尽的奉献，袒露无私的胸怀。正因其"生而不有，为而不恃"，不求索取，其自身也得到了永恒的存在。这种存在又为海中的一切提供了生生不息、赖以生存的环境和条件。

海尔应像海，因为海尔确立了海一样宏伟的目标，就应敞开海一样的胸怀。不仅要广揽五湖四海有用之才，而且应具备海那样的自净能力，使这种氛围里的每一个人的素质都得到提高和升华。海尔人都应是能者，而不应有冗者、庸者。因为，海尔的发展需要各种各样的人才来支撑和保证。

要把所有的海尔人凝聚在一起，才能迸发出海一样的力量，这就要靠一种精神，一种我们一贯倡导的"敬业报国，追求卓越"的企业精神。同心干，不分你我；比贡献，不唯文凭。把许许多多的不可思议和不可能都在我们手中变为现实和可能，那么海尔巨浪就能冲倒一切障碍，滚滚向前！

我们还应像大海，为社会、为人类做出应有的贡献。只要我们对社会和人类的爱"真诚到永远"，社会也会承认我们到永远，海尔将像海一样得到永恒的存在，而生活于其间的每一个海尔人都将在为企业创一流效益、为企业做卓越贡献的同时得到丰厚的回报。海尔人将和整个社会融为一个整体。

海尔是海。

（摘自 1994 年 2 月 10 日《海尔人》，有删减）

（2）行为基础

张瑞敏与员工的互动呈现了其领导行为的支撑点是他对市场规则的遵循、局势关注及民族抱负。

1）市场规则

张瑞敏在与员工的互动中，强调对市场规则的遵循，尤其是管理规则。例如，《企业管理十三条规定》、OEC 管理、SBU、人单合一、自主经营体等的提出，都体现了其对市场管理规则的遵循。张瑞敏善于设计一定的平台和标准，让员工自由发挥，他曾经说道：

> 我认为人人是人才，作为一个领导，你可以不知道下属的短处，却不能不知道下属的长处。用人长处，并给他们创造发挥才能的条件，这是一个领导者的基本素质，此所谓你能翻多大的跟头，我就给你搭多大的舞台。（李忠义，1999：32）

> 海尔文化最核心的部分是体现对两部分人的尊重：对员工的尊重、对顾客的尊重。（颜志刚和李刚，1999：47）

> 世界上最无价的东西就是人心了，这跟谈恋爱的道理一样。因此，企业的领导人永远也不要以为自己比别人聪明，以为可以驾驭他们，如果是这样，就会出大问题。我们对员工的口号是"赛马不相马"，你是一个普通工人，但你的命运不是领导赐予的，而是掌握在自己手中。海尔对顾客的口号是"真诚到永远"，企业必须首先对顾客真诚，才能换来顾客对企业的真诚。近几年海尔兼并了亏损总额达 55 亿元的 18 家企业，全部扭亏为盈，靠的都是对人的重视。所以，盘活资产首先要盘活人，人永远是第一位的。（颜志刚和李刚，1999：47）

在管理规则中，人员素质才是最珍贵的，张瑞敏提到：

> 企业真正的核心竞争力在该组织内的人，其他的竞争力都是人的竞争力的外化。[①]

> 如果把海尔比作一个正在快速成长的孩子，那么组织结构也许只是他的衣服，可以不断换；而人员素质就是他的器官，器官的健康才是至关重要的。14 年来，海尔年均增长 80% 以上，就像一个孩子长时间快速奔跑，搞不好会出现心力衰竭。（颜志刚和李刚，1999：48）

> 我们在管理中，始终是以人为主体，因为管理制度说到底就是管理人。前两天，我跟我们美国公司一位经理人聊天，他说，在美国这个公

[①] http://www.people.com.cn/GB/channel3/23/20000428/52723.html。

司，因为都是当地人，美国人，有文化的差异，怎么管？很苦恼，天天都要想这个问题，累得要命。我跟他说，中国人也好，美国人也好，社会主义制度也好，资本主义制度也好，只要是企业，就一条路，只要是人，他都希望得到别人的尊重，都希望他自己的价值受到承认。也就是说，你把员工的价值和他给用户创造的价值联系在一起，只要他为用户创造价值，你就肯定他的价值。这就是核心。[①]

我认为在任何时代，能满足人最深层、最本质需要的不是金钱和物质，而是自我价值的发现和实现。一个人如果觉得自己的才能受到压抑，即使给他再多的钱他迟早会离开。反过来，在一定的物质条件下，人的创造性得到发挥，自我价值得到不断的实现，并且能够在这个实现的过程中发现新的自我，将带给人最大的满足。海尔通过平等用人的机制，告诉每一位员工，他们中的每一个人都是人才，都能在工作中超越自己，更新自己。海尔的每一步发展，都是全体员工创造性劳动的结果，而这结果又反过来给予他们自豪感和优越感，激励着他们进一步去发挥自己更大的创造力。企业因此永远有活力。（胡泳，2007：30）

一个企业要生存，要发展，要具有竞争能力、承受能力、消化能力和自我约束能力，绝不是仅有好的产品及先进设备就能办到的，关键是企业的全面素质。而企业全面素质的提高，在于企业职工的积极性能否得以发挥。管理的职能，就是把他们组织起来，为实现企业目标而努力。高水平的企业整体素质，特别是企业中人的素质，是一切经营战略得以顺利实施的基础和前提。无此作为保证，一切都将成为空中楼阁。（胡泳，2007：22）

在企业管理中，有人认为工人劳动效率不高，是工人"懒惰"和"不负责任"造成的，实践证明，这是完全错误的。另有人认为，人不是被动的，人的行为受动机支配，只要给其创造一定的条件，他就会努力工作，达到自己确定的目标；如果工人没干好，就得从管理本身寻找妨碍劳动者发挥积极性的因素。显然，后者比前者大大进了一步。但是，加利福尼亚大学管理学教授乌契在他的《Z 理论》一书中又对传统管理理论提出了新的挑战。"Z 理论"把企业当作一个亲密的组织，强调对工人的友谊和信任，认为每个工人都能努力干好自己的工作，并能把自己

---

① http://finance.sina.com.cn/crz/20030323/1937323974.shtml。

的最优才智充分地发挥出来，使自我价值得到充分的实现。我认为，这是一种新的现代的管理思想，我们应借鉴参考，同时要结合我国企业的具体情况加以创新。

现代化首先是人的现代化，现代化的主体是人，现代化也是为了人。因此，谁拥有了德才兼备的现代化人才，谁就可以在竞争中获胜。进一步看，现代化的进程不仅仅是经济规模的进程，对于一个企业来说，它是一场全面而又深刻的整体运动过程。伴随着经济结构的变革与推动，它必然要求有与之相适应的管理结构和文化结构，如果没有这种管理结构，任何经济的现代化便无从说起。因此，我们认为，有必要在实践中积极培育这样一种企业文化：人是主体，一切以人为中心。在企业内部营造一种尊重人、信任人、关心人、理解人的文化氛围，让每一个主体富有热情、富有责任感地去进行创造，使管理体制与人的内在需求和谐地统一起来。（胡泳，2007：23，有删减）

2）局势关注

张瑞敏在与员工的互动中，善于运用局势来推动员工的工作和状态。例如，1985 年借助员工多年拿不到工资之势，借钱给员工发工资，来建立与员工的信任。借助"砸冰箱"之势提升员工的质量意识。这些都是张瑞敏以局任势的体现。

3）民族抱负

张瑞敏的民族抱负（打造中国自己的国际化品牌）受到了员工的敬佩和信赖，支撑着张瑞敏的信念感召行为。

（3）互动机理

本研究发现，张瑞敏与员工的互动是基于一种平台和机制而展开的，用"心"面对员工，机智地在讲究原则的基础上灵活地与员工进行互动，如"砸冰箱"及"劣质品展览会"事件等。

综上，本研究得到张瑞敏与员工的互动机理，如图 3-8 所示。张瑞敏和员工利用平台和机制连接起来，基于其对市场的强烈敏感性、对市场规则的遵循、局势的关注及民族气节，实施标准及符号设计、运行把控、情感及信念感召行为，用"心"对待员工，来获得员工的持续性价值。

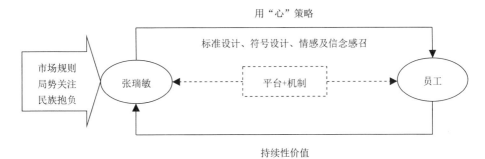

图 3-8　张瑞敏与员工的互动机理

3.4　张瑞敏的双重行为基础

综合前几节对张瑞敏互动的分析，本研究发现，张瑞敏共呈现出了三种领导行为，即设计、把控和感召，详见表 3-8。

表 3-8　张瑞敏的主要领导行为

主要领导行为	内容	描述
设计	方向设计	对企业的发展方向进行设计
	标准设计	对组织机制、制度、团队等的设计
	符号设计	通过设计一些符号来对员工起到警示作用
把控	机会把控	对市场中的机会进行获取与把握
	运行把控	对企业运行过程中轨迹及日常管理的把握与掌控
感召	情感感召	通过一定的赋予情感的事件或行为打动他人
	信念感召	通过自己的信念来激发他人的尊重
	形象感召	通过领导者和企业良好形象感召他人

设计是一种状态行为，包含方向设计、标准设计及符号设计。方向设计是指对企业的发展方向的设计。标准设计是指对组织机制、制度、工作标准及团队等的设计。符号设计是指通过设计一些符号来对员工起到警示作用，如张瑞敏设定 1995 年为"国际星级服务元年"，对海尔工业园中心大楼的"圆"与"方"的设计等，都是符号设计。

把控即把握与掌控，是一种动态过程行为，包含机会把控和运行把控。机会把控是指对市场中的机会进行获取与把握，尤其是风险背后的机会的捕捉，最为重要。运行把控是指在企业的运行过程中，对其运行轨迹及日常管理的把握与掌控。

感召即感动与召唤，是一种基于心理层面的行为，具体包含情感感召、信念感召及形象感召。情感感召是指通过一定的赋予情感的事件或行为打动他人。信念感召是指通过自己的信念来激发他人的尊重。形象感召是指通过领导者和企业良好形象感召他人。

同时，本研究发现，这三种领导行为之间是相互关联的，如图3-9所示。设计与把控互为基础和保障。没有有效的方向设计和标准及符号设计，就难以进行有效的机会把控和运行把控，反之，没有有效的机会把控和运行把控，也很难进行有效的方向设计和标准及符号设计。设计和把控是感召的基础，感召是设计与把控的保障。有效的方向、标准及符号设计和机会及运行把控，是领导者进行感召的基础，同时，有效的情感、信念及形象感召，是标准设计及运行把控的保障。

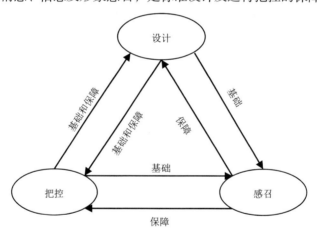

图 3-9　三种领导行为之间的关系

从张瑞敏的领导行为与互动分析中，本研究发现，张瑞敏的领导行为（设计、把控及感召）深深嵌入张瑞敏与组织及环境、组织内外部对象的互动中，是基于行为基础（市场敏感、市场规则、企业执着、政策关注、政治关联、政治距离、局势关注、民族抱负）而展开的。基于前面的分析，本研究得出它们的对应联系，见表3-9。

表 3-9　领导行为与行为基础的联系

领导行为		行为基础
设计	方向设计	市场敏感、市场规则、局势关注、政策关注、政治关联、政治距离、民族抱负、企业执着
	标准设计	市场规则、局势关注、企业执着
	符号设计	市场规则、局势关注、企业执着
把控	机会把控	市场敏感、局势关注、政策关注、政治关联、政治距离
	运行把控	市场敏感、市场规则、局势关注、政策关注、政治关联、政治距离、民族抱负
感召	情感感召	局势关注、民族抱负、企业执着
	信念感召	民族抱负、企业执着
	形象感召	市场规则、局势关注、民族抱负

　　本研究的一个重要发现是这些行为基础可以分为两类，一类是市场导向的市场敏感、市场规则、企业执着；另一类是政略导向的政策关注、政治关联、政治距离、局势关注、民族抱负。市场层面很容易理解，市场敏感、市场规则及企业执着都是基于市场而存在的。而"政略"需要做详细的解释。"政略"在《辞海》中的意思是指政治方略（夏征农和陈至立，2010）。张瑞敏的政策关注、政治关联及政治距离均体现了其方略。张瑞敏的"局势关注"实际上是来源于历史上政治家（如张良、诸葛亮等）的谋略，以局任势，顺势而为，是一种企业谋略。张瑞敏的民族抱负——做中国自己的国际化品牌在其心中是与国家的尊严联系在一起的，所以他要"敬业报国"，以企业的成功来证明国家的实力。这在 2002 年张瑞敏获得年度经济人物的报道中表现得淋漓尽致，这也体现了一种民族抱负。对于局势关注和民族抱负是张瑞敏的政略之道，具体诠释如下。

3.4.1　张瑞敏的"市场"

（1）市场敏感

　　从市场功能来讲，首先，张瑞敏对市场需求具有强烈的敏感性。这一点有效体现于张瑞敏各类互动中。基于数据，本研究发现，张瑞敏的市场敏感表现为对市场状态及市场机会的敏感。张瑞敏能敏锐地觉察和分析市场的综合状态，并对市场机会敏感捕捉，能够做到先知先觉。

　　张瑞敏在海尔不同发展阶段的科学合理的战略决策数据充分体现了张瑞敏对市场的先知先觉。在 1984 年，行业关注产量时，张瑞敏关注质量，制定名牌战略。

1991 年，当行业关注质量时，他关注了企业规模，实施了多元化战略。1999 年，竞争者关注多元化或向发展中国家发展时，张瑞敏选择了在美国建厂，走国际化之路。2005 年，竞争者关注国际化时，张瑞敏关注全球资源的利用，选择了全球化品牌战略。2012 年，竞争者关注全球化资源利用时，张瑞敏关注到了消费者的碎片化需求，选择了网络化战略。张瑞敏是一个市场家，对市场有着强烈的敏感性，总能看透市场的迷雾，把握市场（觉察市场、开拓市场、引领市场、感动市场、打动市场、推动市场等）及借势造势于市场，抓住市场中的机会。他对市场具有敏锐的直觉。我们在采访海尔总裁周云杰时，他说，张总能以小察大，直觉非常敏锐。

（2）市场规则

张瑞敏善于遵循市场的规则，这一点体现于各类互动中。在张瑞敏眼中的市场规则主要包括市场运行规则、管理规则等，并紧密衔接当前的管理理论。例如，张瑞敏的质量坚持、在实施多元化战略进行规模扩张时的"激活休克鱼理论"、国际化、全球化及网络化战略的制定与实施都是在遵循的市场运行规则。而《企业管理十三条规定》、OEC 管理、人单合一、"自主经营体模式"等都体现了张瑞敏对管理规则的遵循。

（3）企业执着

张瑞敏对企业有着强烈的执着，张瑞敏不愿意成为官员，而志在成为企业家。张瑞敏是一个市场的坚持者，执着于做企业。张瑞敏曾经接到做青岛市副市长的邀请，但他婉言拒绝，无论在挑战还是诱惑面前，张瑞敏都是执着于企业，与企业融为一体，共同发展。

3.4.2　张瑞敏的"政略"

（1）政治敏感

张瑞敏的政策关注、政治关联及政治距离体现了他的政略功能。政策关注、政治关联及政治距离所涉及的都是一般意义上的政治，这三者在张瑞敏的身上综合体现。张瑞敏强调时时盯住政府的举动，识别背后的机会。1992 年，在实施多元化战略时，张瑞敏冒险建海尔工业园，青岛市委、市政府将国家证监会给青岛下达的 5000 万股股票的指标全给了海尔，解决了建海尔工业园的难题，保障了工程的持续进行，从而保障了海尔多元化战略的有效执行。另外，张瑞敏成为党的第十六届、十七届、十八届中央委员会候补委员。张瑞敏的政治关联的建立有一个非常重要的前提就是自己的真诚和智慧，以企业的成功来吸引政府的青睐。如果没有前期张瑞敏带动海尔的成功，青岛市委、市政府也不会把国家证监会给青岛下达的 5000 万股股票的指标全给海尔。这些都体现在其与政府的互动中。但是张瑞敏在意识当中又刻意与政治保持距离，很少谈论政治，更体现了他的政治性。

政策关注是指张瑞敏对政治活动的关注，从而捕捉背后的市场机会。政治关联是指张瑞敏与政治有一定的连接关系，从而更有利于组织的有效运行。政治距离是指张瑞敏对政治刻意保持一定的距离，以划清与政治的界线。政策关注体现了中国政治活动对市场的重要影响；政治关联体现了中国政治权力对市场的重要作用；政治距离体现了中国企业家对政治权力的谨慎。这三者往往交织，综合体现于张瑞敏身上，显示了张瑞敏的政治敏感。张瑞敏对政策的关注显示了其对政策活动的敏感性，政治关联显示了其对政治权力的敏感性，政治距离显示了其对政商关系的敏感性。因此，本研究用政治敏感来综合政策关注、政治关联及政治距离这三个概念，以表达张瑞敏对待政治的内心复杂状态及他的政略功能。

（2）企业谋略

张瑞敏的局势关注体现了他的另一个"政略"含义。张瑞敏的"局势"运用，深深受到了孙子及老子的影响。在势的运用上，尤其受到了孙子的影响。张瑞敏曾荐《孙子兵法》为企业竞争谋略必读之书，并说道：

> 《老子》帮助我确立企业经营发展的大局观，《论语》培育我威武不能屈、贫贱不能移、勇于进取、刚健有为的浩然正气，《孙子兵法》帮助我形成具体的管理方法和企业竞争谋略。[①]

张瑞敏善于任势深深受到了孙子的影响。孙子曰："故善战者，求之于势，不责于人，故能择人而任势"（《孙子兵法·兵势篇》）。意思是善于指挥作战的人，追求的是有利的态势，而不是去苛求士兵，因此能选择合适的人才去利用或创造态势。"势"历来被兵家所看重，苦心营势，以求一战而胜，所以有势如破竹之说。"激水之疾，至于漂石者，势也"（《孙子兵法·兵势篇》），这里用很形象的比喻对"势"进行了界定，湍急的流水飞快地奔泻，以至于能漂动大石，这是借助了强大的水势，从而，势头建立的基础是速度。张瑞敏深受《孙子兵法》中如何任势的影响，于是在 1997 年 2 月 5 日《海尔人》上写道：

---

① http://www.iceo.com.cn/idea2013/144/2013/0819/270063.shtml。

两强相遇勇者胜

1997年，在狼烟骤起的家电市场上，海尔将与攻城略地的洋名牌狭路相逢，决一雌雄。

大军已压境，兵临城下。听，速败论甚嚣尘上；看，弃城易帜名、弹冠相庆。但勇者无惧。曾记否，创业时我们胼手胝足，一年的销售额尚不及今天的一小时；曾记否，那个曾让青岛人都感到陌生和茫然的名字——海尔，今天却回荡在北起阿尔卑斯山脉、南至亚马孙平原那无限广阔却又已融入胸中的地球村回荡着。

决战在即之时，我们不仅要靠信心的坚定，更要靠实力，即创造出优势和转化出强势。

靠速度去创造优势。"激水之疾，至于漂石者，势也。"湍急的水流之所以能漂起石头，关键是靠速度。市场竞争亦如此，有道是："快鱼吃慢鱼。"靠快我们争得了中国家电第一名牌，因此使某些跨国大公司盯上了我们，并直言不讳："想在中国取胜须先打败海尔。"那我们的对策呢?唯有针锋相对，以快制快，永远地比对手快一拍，高一筹。

转弱势为强势，从国际市场一体化的全局看，海尔尚处于"敌强我弱"之势，但却可以转化出无数个"我强敌弱"之势。关键在于"战略上以一当十，战术上以十当一"集中优势兵力打歼灭战，从而造出若干个局部的"小强势"，进而转化为全局的"大强势"。

最后的成败却在人，在每一位海尔人，要巩固我们的阵地，发起我们新的冲锋。万名海尔人，万名勇士，紧紧凝聚，众志成城，所向披靡。那么，展现在我们面前的一定是"青山遮不住，毕竟东流去"的历史必然!

在这段文字中，已经体现了张瑞敏对"局"与"势"的把握。"局"有大有小，是相对的，取决于当事人对整体的关注程度或界定程度，所以，张瑞敏说：

"转弱势为强势，从国际市场一体化的全局看，海尔尚处于"敌强我弱"之势，但却可以转化出无数个"我强敌弱"之势。关键在于"战略上以一当十，战术上以十当一。"集中优势兵力打歼灭战，从而造出若干个局部的"小强势"，进而转化为全局的"大强势"。

对"势"要会任，"任势"有五层含义：①识势，即能够敏锐地识别局中的势头。②借势，即如果当前的势头是有利的，要及时地借助这一势头，为我所用。如"善战人之势，如转圆石于千仞之山，势也"（《孙子兵法•兵势篇》），意思是指一块圆的石头没有什么可惧的，但一旦使其从高山上滚下来，所形成的力量就非常大了。这就是借助高山之势。③破势，即如果当前的势头是不利的，要及时地破除这一势头。④造势，即在破势之后或在当前局势下造就一个更大的势，来为我所用。⑤顺势，即在借势或造势的基础上，顺势而为。所以，"虽有智慧，不如乘势"（《孟子•公孙丑上》）。这五点在张瑞敏身上均有体现，如"砸冰箱"事件，就是一种识势、借势、破势、造势及顺势的辩证过程。1999 年 2 月 17 日，张瑞敏发表了《海尔中国造》文章，里面写道：

> "海尔，中国造"是全球造。"美国造"、"德国造"和"日本造"能为我所用，"英格兰"及"日耳曼"可为我融智。想想吧，当网络把世界缩到方寸之间，信息已快到令人目眩，你还能闭门造车吗?不能，只能"好风凭借力，送我上青云。"充分利用其中可利用的资源以产生新的飞跃，使"海尔，中国造"为全世界各地的消费者造福，并受到全球的喜爱。

"好风凭借力，送我上青云"充分体现了张瑞敏对"势"的把握和运用。张瑞敏也经常说的一句话是："管理就是借力"，同样证明了这一点。

在张瑞敏的眼中，"势"的运用需要基于"局"的认知和把握，在老子的哲学中，阴阳全局观是一个非常重要的基础，深深影响了张瑞敏的思维。

"局"是指全局和整体的一种思维，是不同利益个体或团体所形成的整体态势，即形势、情况或处境。对于当事人来讲，应对事务有着整体建构和把握。善于把握局中的冲突和矛盾，相互交融，任势为我所用。"势"是指"局"的整体态势的发展走向和势头。因此，"局势"是指某一事物的一个时期内的发展状况（夏征农和陈至立，2010）。张瑞敏对局势的把握，源于中国"阴阳"思维对世间万物的认识整体性。这在太极图上已完全体现，如图 3-10 所示。

太极图是道家所创，是易学最为直观的表达。太极是中国文化史上的一个重要概念、范畴，用以说明世界本原的范畴。"太极"一词，出于《周易•系辞上》："易有太极，是生两仪，两仪生四象，四象生八卦。"太，即大；极，即尽头，极点。物极则变，变则化，所以变化之源是太极。太极是阐明宇宙从无极而太极，以至万物化生的过程。

外面一个正圆就是太极图，内分黑白两个逗号一样的（术语为阴阳鱼）叫作阴阳。"左右者，阴阳之道路也；水火者，阴阳之征兆也。"（《黄帝内经》）。男为阳，女为阴；左为阳，右为阴（故而有"男左女右"的说法）；上为阳，下为阴；火为阳，水为阴；升为阳，降为阴；浮为阳，沉为阴……图3-10中的阴阳鱼里面的黑白小圆点，叫作"阳中有阴，阴中有阳"。根据左、上、升、浮、白是属于阳性的，所以左边的一块代表"阳"，且呈白色，向上升浮；同理，右边的一块代表"阴"，为黑色，向下沉降。太极图把世间万物归为"阴"与"阳"互动共生的范畴。自然界也是如此，阴阳寒暑，四季交替，万物的生长规律，无不包含阴阳。

图 3-10　局势谋略与太极图

所以，太极图很形象地描述了"局"的概念，外面的正圆就是一个局，局内阴阳的互动会产生局中的势，局中的势可分为两种，即利我之势和逆我之势。利我之势是局中的势有利于一个人，从而，这个人可以顺势而为；逆我之势是局中的势不利于一个人，这个人需要破势、借势或造势。所以，以局任势成为中国人进行事务处理的基础和谋略。

有不少学者已经意识到中国的局势谋略已经深深影响了中国的企业管理问题的解决，如刘刚（2010）在其专著《中国传统文化与企业管理》中特别强调了"求之于势"对企业管理的重要性。Jing 和 Van de Ven（2014）的一篇文章分析了成都公交公司善于任势来处理相关问题。

以局任势在《孙子兵法》中表现得非常突出，如"善战人之势，如转圆石于千仞之山，势也"（《孙子兵法·兵势篇》）。所以，"虽有智慧，不如乘势"（《孟子·公孙丑上》）。对局势的把握和运用成为政治家和军事家的谋略基础，中国历史上的政治家，特别善于把握"局"与"势"，中国的《三国演义》、楚汉之争及《水浒传》等无不突出了政治家的智慧和谋略。在历史人物中，张良的"运筹于帷幄之中，决胜于千里之外"，诸葛亮的"赤壁之战"及"空城计"等都体现了对局势的把握与运用。吕不韦利用秦异人子楚得到政治权位，过程中显示了他的企业谋略。胡雪岩的经商艺术广为流传，体现了胡雪岩在市场中的谋略。中国的局势谋略被这些政治家所倡导和传承。于是，政治成为具有谋略的人的代名词。一提到谋略就与政治家联系在一起。这与《孙子兵法》服务于政治家、军事家有一定的联系。因此，局势关注与政治家的谋略是一致的。

总之，"局"与"势"的把握是企业谋略的基础，然而，在此基础上，又强调随机应变和灵活性。"水因地而制流，兵因敌而制胜。故兵无常势，水无常形。能因敌变化而取胜者，谓之神"（《孙子兵法·虚实篇》）。

> 张瑞敏曾说：连我们自己，都会把成功的经验抛弃，然后寻找更好的办法。我认为，如果说海尔有什么经验的话，那就是随着外部市场的变化不断地变，孙子说"兵无常势，水无常形"，外面天天在变，你必须跟得上这些变化，做到以变制变，这样才行。（信息网络观察员，2007）

张瑞敏的局势关注的另一种表现形式是思方行圆。张瑞敏主张以变制变，快速灵活地处理各种问题，还主张"思方行圆"并把它作为自己的座右铭，同时也体现于海尔工业园中心大楼的设计。在张瑞敏眼中，处理任何问题都是基于市场规则之上，讲究谋略。通过数据，本研究发现，张瑞敏的"思方行圆"包含两层含义，一是全局圆通，二是灵活变通。基于这两点总能有效地处理各种事务。例如，1985 年，张瑞敏面对着 76 台次品电冰箱，没有机械地对主管和员工进行惩罚，而是考虑到了当时的利益群体：管理者、员工及社会，从全局的角度去有效地解决问题，于是选择了"砸冰箱"这一方式，灵活变通地把问题解决。不仅砸醒了管理者和员工，更砸醒了社会对产品能用就可以无视质量的消费意识，砸响了青岛电冰箱关注质量的决心，传递给了社会。这就是张瑞敏全局圆通、灵活变通的谋略。2000 年，张瑞敏在美国工厂推行 OEC 管理模式时，遇到了障碍。因为海尔的 OEC 管理推行时，要求员工日事日毕，日清日高。每天下班时都会检查车间每个员工的工作情况。绩效很差的员工就会站在车间内的 6S 大脚印①上做自

---

① "6S"是指整理（Seiri）、整顿（Seiton）、清扫（Seiso）、清洁（Seiketsu）、素养（Shitsuke）、安全（Safety），是海尔实行"日事日毕，日清日高"管理办法的主要内容。"6S 大脚印"是海尔在加强生产现场管理方面独创的一种方法，在海尔每一个车间都可以看到 6S 大脚印，它是一块 60 厘米见方的图案，红框白地上印有两个比普通人的脚都要大两圈的绿脚印。

我检讨。这种方式在中国可以推行，但是在美国工厂就遇到了障碍，美国人不想站在 6S 大脚印上检讨，因为他们认为这样已经伤害了他们的自尊。对于这件事，张瑞敏采用灵活变通的方式，把车间内绩效最好的员工站在 6S 大脚印上进行经验分享，结果美国人接受了，因为这是一种尊重。于是，OEC 管理模式在美国推行了下去，只不过在方式上做了变通，同样达到了好的效果。这些都体现在张瑞敏与组织内外部客体的互动中。

思方行圆出自《淮南子•主术训》，"心欲小而志欲大，智欲圆而行欲方"，这一句话很辩证，意思是做事心思要缜密，但志向要远大，智策要圆转但品行要方正。所以，思方行圆是指思维要讲究规则，但行为要圆润。"立者，发奋自强，站得住也；达者，办事圆润，行得通也"（曾国藩家书•修身篇）。这种圆润的行动是基于局势的谋略，与市场规则看似对立，实则是相容的，这就是思方行圆。

思方行圆是一种智慧，可以形容为一种谋略或计谋。"中国人的谋略可以理解为一种能够应对不同的情境，并获得对方心理的优势"（Ghauri and Fang，2001：310）。"不战而胜"是中国人的谋略的核心。"不战"是一种"诱敌"深入。"善动敌者，形之，敌必从之；予之，敌必取之。以利动之，以卒待之"（《孙子兵法》），意思是善于调动敌军的人，向敌军展示一种或真或假的军情，敌军必然据此判断而跟从；给予敌军一点实际利益作为诱饵，敌军必然趋利而来，从而听我调动。一方面用这些办法调动敌军，另一方面要严阵以待。所以，"诱导"是中国人谋略的核心，从而"行圆"（Ghauri and Fang，2001）。太极图中的"阴"是圆，"阳"是方，两者相互交融，从而思方行圆。

张瑞敏全局圆通且灵活变通，全局圆通是指基于市场规则对局势的把握，灵活变通是指超越市场规则而实施企业谋略。圆代表企业谋略，是指以局任势的谋略。方代表市场规则，基于规则之上形成企业谋略。局势关注是"圆"的基础，"圆"可以超越规则，有效地达到局内个体或群体的和谐状态。《孙子兵法》强调"是故百战百胜，非善之善也；不战而屈人之兵，善之善也。"在战争中，常胜将军并不是最好的，如果能不战就让敌人屈服，这才是最好的，因此高级的战争是谋略的相互较量，最后才是兵力的较量。"不战"是《孙子兵法》的核心。

本研究认为中国以谋略为主导的历史和文化是企业谋略存在的主要原因。中国人往往在原则与变通之间进行转换，在基于原则的同时，会突破原则，变通执行。中国的企业领导者，既是市场原则的遵循者，又是市场原则的突破者，在原则与变通中找到权衡，这就是企业谋略的体现。实际上，由于中国强调等级和人情，谋略能够有效地避免或解决冲突。

（3）民族抱负

张瑞敏拥有强烈的民族抱负，要做中国自己的国际化品牌。1985 年，在德国的一个晚上，张瑞敏和利勃海尔的员工在欣赏烟花，德国人对张瑞敏说，烟花是中国的四大发明之一，但是现在没什么产品了。张瑞敏受到了强烈的刺激，产生了一种强烈的民族抱负。心中想，我一定要把海尔打造为世界的一流企业，证明给世界人看，中国也有一流的国际化企业。1997 年，张瑞敏在《读者报》发表文章《并非新春寄语》中写道：

> 一个接一个，无奈的洋名牌"是你，是你，还是你"！当你津津乐道于洋品牌的氛围时，可曾想过多少曾有口皆碑的中国名牌已成明日黄花……而面对这一切我们应该做些什么?又能做些什么呢?去组织声势浩大的抵制运动吗?不可能。因为在这里起作用的是市场法则：优胜劣汰。……坐以待毙吗，也不行。中国人必须有中国自己的国际名牌。因为那是一个国家实力的象征，是一个民族素质的外化，也是能否自立于世界强国的标志。

在张瑞敏的眼中，中国自己的国际化品牌是中国实力的象征，是民族素质的象征，更是国家尊严的体现。所以张瑞敏的民族抱负是一种与国家尊严联系在一起的信念，具有政略性。

张瑞敏深受孔子的影响，儒家思想强调国家的利益并主张"修身，齐家，治国，平天下"（《礼记•大学》）。治国及平天下的前提是修身，修身的目的就是治国与平天下。"穷则独善其身，达则兼济天下"（《孟子•尽心上》），强调人在显达之时，要让天下受益。因此，中国人往往知道一个道理，"天下兴亡，匹夫有责"（Xu et al.，2014b）。

中国在改革开放初期，由计划经济向市场经济转型过程中，中国的企业确实比较落后，被发达国家瞧不起，如张瑞敏在 1985 年引进德国生产线时，就遭到了德国人的讽刺。在这种状态下，一个历史的使命压在了张瑞敏这一代人身上，要打造中国自己的国际化品牌。这种民族抱负会油然而生，其与一个国家的实力和尊严是捆绑在一起的，所以，有着政略的含义。信念型市场政略家肩负起了这一责任，敬业报国。基于自己的企业来实现这一民族抱负。

总之，张瑞敏对市场具有强烈的敏感性，识别市场中的机会，制定合理的战略，并对政治敏感，时时关注政治活动背后的机会，能够有效地建立政治关联，且对政治可以保持一定的距离；张瑞敏遵循市场规则但又能基于规则之上全局圆通、灵活变通地运用企业谋略来处理各种事务；张瑞敏基于对企业的执着来实现自己的民族抱负。张瑞敏有效地融合市场与政略功能于自己的领导行为中。"市场"与"政略"是相互包容，市场中有"政略"（如面向市场时的政治敏感、市场规则中的企业谋略、企业执着中的民族抱负），"政略"中有市场（如政治敏感中的市场敏感、企业谋略时的市场规则遵循、民族抱负下的企业执着），如图3-11所示。"市场"与"政略"功能共同决定了张瑞敏的领导角色。

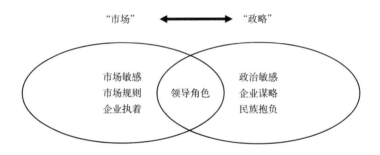

图 3-11　"市场"与"政略"

第4章　市场政略家领导角色的提出

基于第 3 章的分析，本研究发现，张瑞敏融合了"市场"与"政略"于领导行为中，他对市场有着极强的敏感性，并遵循市场规则，坚持对企业的执着，把海尔打造成了全球化的知名企业。同时，他对政治具有敏感性（政策关注、政治关联、政治距离），并善于超越规则，谋略地应对各种事务（思方行圆），并且始终有着一种民族抱负——打造中国自己的国际化品牌。"市场"与"政略"完全地融入张瑞敏的领导行为中，发挥着两种功能。因此，本研究建构了张瑞敏所承担的领导角色——市场政略家。

4.1　市场政略家的含义

本研究对市场政略家界定如下：

市场政略家是融合"市场"和"政略"并发挥这两种功能的双重领导角色。"市场"体现于对市场敏感、遵循市场规则和对企业的执着，"政略"体现于对政治敏感、企业谋略和拥有民族抱负，"市场"和"政略"相互影响且相互促进，共同嵌套于市场政略家角色中。

张瑞敏是中国改革开放以来成长起来的企业家的典型代表，综合体现了市场政略家这一领导角色。对市场具有强烈的敏感性，但又有着较强的政治敏感度；遵循市场规则但又善于运用企业谋略而超越规则；基于企业的执着来实现其民族抱负。

4.1.1　市场政略家的"市场"内涵

市场对企业领导者而言，是一个永远不可脱离的港湾。它承载着企业家的各种梦想，企业家也只有在市场中创造自己的神话。因此，企业领导者必须对市场有着深入的理解，才能创造奇迹。市场政略家对"市场"有着深入的理解和把握。在市场政略家的界定中，"市场"代表领导者对市场需求的敏锐感知、对市场原则的遵循及对企业的执着。

（1）市场敏感

市场同时受到政治（制度）、经济、技术及文化的影响。中国的改革开放带来了市场的活跃，中国市场进行了由计划经济向市场经济的转型，但整个过程正如邓小平所讲的"摸着石头过河"，从而导致了市场处于迷雾状态，复杂多变，很难预计下一步是什么状况。大多数人们的意识在改革开放的大门打开的时候，都是混沌的、追风的，如1988年的"抢购风"、20世纪90年代的贴牌出口等。在这一混沌的状态中，看清市场的迷雾是非常困难的。需要对市场有着强烈的敏感性。所以，在改革开放以来，市场中摸爬滚打出了一批对市场有着强烈敏感性的成功企业家，如张瑞敏、柳传志等。在80～90年代那种制度不健全，政策不清晰，经济不发达，技术不先进，意识不前卫的混沌的市场状态下，对市场需求的敏感认知，并能抓住市场机会是难能可贵的。张瑞敏凭借着自己的突破意识关注企业的发展方向，适时盯住和识别市场中的机会，追求速度，以变制变，有效地进行战略转移和衔接，创造了一个又一个奇迹。

所以，市场敏感是指市场政略家对市场状态及市场机会的敏感，善于把握市场并捕捉市场中的机会。

（2）市场规则

市场是讲究规则的，不管是行业发展规则还是管理规则，都需要领导者的关注和遵循。众所周知，史玉柱在巨人大厦的项目上，忽视了资金链的规律，以失败告终。遵循市场规则需要领导者对市场运行及管理有着深入的理解与思考。张瑞敏就善于学习和反思。受访者海尔总裁周云杰也说："张总读书总是比别人快、多、广、新，不管在办公室还是在飞机上等其他地方，都常常在看书"。张瑞敏的学习力很强，且善于反思，由于成长于基层人家的生活环境，从小就养成了善于思考的习惯，形成了自己的偏好。在"文化大革命"爆发后，强烈的责任感更使他反思那种现象，反思那个时代。受访者海尔高级总裁梁海山说："张总看书时总是善于批注和反思"。张瑞敏通过学习获取新知，通过反思升华新知，才有了海尔的"OEC管理"、"斜坡球体论"及"人单合一"等管理成果。

所以，市场政略家对市场规则的理解是深入的，表现为对市场运行规则及管理规则的遵循。

（3）企业执着

这里所讲的对企业的执着，是指基于对企业的一种信念而体现的。市场是残酷的，同时又是充满诱惑的。有许多企业家或承受不了残酷的打击或抵制不了短期利益的诱惑，从而放弃了做企业应该走的路。然而，张瑞敏心中始终存在着一种民族抱负——做中国自己的国际化品牌。所以，张瑞敏对企业的那份执着让人敬佩不已，对企业不离不弃，在海尔内部，我们会看到他那冥思苦想，兢兢业业的身影，也经常看到张瑞敏只身一人出差，穿梭于人群中那匆匆的身影。他始终在坚持着自己的梦想，他感动了海尔的上上下下，感动了客户，感动了整个中国，所以，张瑞敏入选了"感动中国 2002 年度人物"。

这种企业的执着是靠一种信念支撑的，哪怕是最后失败了，也可称为英雄。这是一种企业家内在的力量。又如殊途同归的柳传志，心中始终抱有一种"振兴民族计算机工业"的民族抱负，执着于自己的企业，创造了奇迹。

所以，市场政略家拥有一种做企业的信念，面对残酷和诱惑始终坚持信念，执着于企业，走出了一条感人的企业之路。

4.1.2　市场政略家的"政略"内涵

本研究提出"政略"有三层含义，一是有着强烈的政治敏感性，即关注政策背后的机会，往往有一定的政治关联，同时会保持一定的政治距离。二是谋略地行动，在西方的领导理论中，用"领导艺术（the art of leadership）"（Denhardt and Denhardt，2006；Klein，1999）来形容领导的技巧和方式，但是中国的谋略要比西方所说的领导艺术更加精明，这需要从中国的文化视角进行理解。三是拥有强烈的民族抱负，许多中国的企业家如张瑞敏不愿意成为政府官员，而是拥有基于信念的民族抱负，并通过自己的企业成功来实现。尽管民族抱负似乎与西方的"社会责任（social responsibility）"（Bowen，1953；Davis，1960；Davis and Blomstrom，1966；McGuire，1963）相似，但又远远超过了社会责任的含义，因为民族抱负中更带有一种国家尊严和爱国精神。

（1）政治敏感

市场政略家的政治敏感是与一般意义上的政治相关的，包括三个方面：一是对影响市场的政策的时时关注；二是有效的政治关联（亲）；三是保持一定的政治距离（清）。

市场政略家对政策时时关注，具有强烈的敏感性，善于发现和捕捉背后的市场机会，以利于组织的有效发展。前面提到的张瑞敏对政府的"三只眼"理论很形象地描述了对政策关注的重要性。

政治关联是一种基于个人行为并能服务于企业的特殊的社会结构关系（Granovetter，1973；Michelson，2007），即政商关系。这种现象在世界各个国家都存在（Roberts，1990）。而在中国是一种自古至今都存在的微妙而又复杂的社会现象，如古时的范蠡、吕不韦及胡雪岩等，都是有着政治关联的成功商人。但是，在中国，政治关联往往被误解，一提到政治关联，就会想到官商勾结、行贿贪污等多种不良现象。但是，健康的政商关系对国家是有利的。市场政略家对政治关联是敏感的，善于借助政商关系来保障组织的有效运行。市场政略家的政治关联是一种正常的政商关系，用真诚和成绩来获取政府的支持。张瑞敏冒险建海尔工业园时因资金问题陷入了困境，青岛市委、市政府将国家证监会给青岛下达的 5000 万股股票的指标全给了海尔，解决了建海尔工业园的难题，保障了工程的持续进行。在这个事件中，张瑞敏的真诚和已经取得的成绩打动了青岛市政府。由于其显著的成绩，张瑞敏成为党的第十六届、十七届、十八届中央委员会候补委员。张瑞敏的政治关联的建立有一个非常重要的前提就是自己的真诚和智慧，以企业的成功来吸引政府的青睐，当然，还有他对关系的有效维持。这种政治关联是健康的，充满了正能量。所以，市场政略家的政治关联是企业领导者基于真诚、成绩和智慧来打造和维持的一种健康的政商关系。

政治距离体现了市场政略家对政治权力的敏感与谨慎，对企业家而言，政治权力的运用是一把双刃剑，一旦跨越了底线，会适得其反。所以，市场政略家对政治保持着一定的政治距离。张瑞敏虽然是连续三届党的中央委员会候补委员，但很少谈政治和参与政治话题，始终保持着一定的政治距离。

总之，市场政略家的政治敏感体现于对政治活动的关注、政治关联的建立与维持及政治距离的保持。

（2）企业谋略

市场政略家的企业谋略是指全局圆通、灵活变通地以"局"任"势"。其核心是圆通的"诱导"，以达到局内个体或群体的一致状态。"思方行圆"是指基于市场规则的谋略行为。"行圆"是指适合当时情境的最优行为，如妥协、迂回、扭曲等。张瑞敏的"砸冰箱"事件就是一种迂回的"行圆"，张瑞敏在银行家面前的恳求是一种妥协的"行圆"。

"局"是在一定情境下的各个冲突个体或群体所构成的全面的结构状态。"局"

的核心是"势"。"势"是由"局"中各个冲突个体或群体间力量碰撞所产生，反映"局"的演化方向。当"局"中的"势"不利于事务的处理时，就会破"势"，从而造一个利于事态发展的"势"，或者借其他局的势，来冲击当前的势，从而顺势而为。

市场政略家首先对事务全局有着深刻的认识和把握，识别局中的势，从而"识势"、"借势"、"破势"、"造势"或"顺势"，过程中强调速度，并能灵活地以变制变。

企业谋略不同于西方的领导艺术，领导艺术是讲究情感和美学的（Denhardt and Denhardt，2006），几乎是世界上所有企业领导者共有的特征。艺术的领导是一个美学的动态过程（Klein，1999），领导艺术更多地强调情感和美学，企业谋略强调基于局势的精明的策略，从本质上超越了一般的领导艺术。

（3）民族抱负

市场政略家的民族抱负是与国家尊严相关的一种信念。这从张瑞敏的数据很容易看出，张瑞敏始终持有一种与国家尊严相关的民族抱负，即要打造中国自己的国际化品牌。同时这一点在其近年来打造中国自己的组织管理模式——自主经营体的探索上得到体现，证明在产业、企业及管理模式上，中国都可以说行的。

这种信念能够有效推动市场政略家创业的勇气和执着，使企业家能够坚持对企业的执着。

4.2　市场政略家的维度

基于对市场政略家的"市场"和"政略"的内涵的阐释，本研究发现，市场政略家的"市场"与"政略"是相互交融的：①"市场敏感"—"政治敏感"，这两者的对应体现了市场政略家对"市场"和"政略"双重诉求的心态，在适时捕捉着机会价值。这种"市场"与"政略"的交融，决定了市场政略家的机会型维度。②"市场规则"—"企业谋略"，这两者的对应体现了市场政略家在市场规则遵循的基础上，运用"企业谋略"灵活处理事务的状态，关注的是能够有效处理事务。这种"市场"与"政略"的交融，决定了市场政略家的谋略型维度。③"企业执着"—"民族抱负"，这两者的对应体现了企业领导者基于民族抱负这一信念而对企业的执着，或者说基于企业来实现自己的民族抱负。这种"市场"

与"政略"的交融，决定了市场政略家的信念型维度。

因此，"市场"与"政略"的交融，决定了市场政略家的三种维度，即机会型、谋略型及信念型。一个企业领导者的市场政略家角色可以同时具备一种、两种或三种维度。

4.2.1   机会型维度：市场敏感—政治敏感

市场政略家的机会型维度表现为基于对市场和政治的敏感而关注和获取市场中的机会价值。

对市场敏感并能抓住市场中的机会应该是所有成功的企业领导者都应具备的特征。然而，对政治的敏感能够有效地帮助市场政略家识别和抓住市场中的机会。这在张瑞敏的数据中体现得很明显，如建海尔工业园事件。

市场政略家的机会型维度所体现的动机是获取机会价值和规避企业运营风险。首先，市场政略家时时关注政策，以获取背后的市场机会。其次，市场政略家通过有效的政治关联来保障企业的运营，从而降低运营风险。这里强调的是，张瑞敏并不是一味关注政治关联的，而是依靠自己的真诚和智慧来获得和维持政府的支持。这种政治关联是一种健康的政商关系，能够有效推动经济的发展，而不是见不得光的寻租行为。仅靠寻租行为获取政府支持而取得机会价值的企业领导者，其对市场往往是不敏感的，所以不能称其为市场政略家。最后，市场政略家对政治权力的运用比较谨慎，从而保持一定的政治距离。

总之，市场政略家的机会型维度表现为对市场具有强烈的敏感性，能够识别市场中的机会，但是，又能意识到政治权力对市场机会的重要性，重视政治关联的发掘与运用，来保障市场机会的获取。企业的发展往往是机会与风险并存的，为了能够把握机会，降低风险，政治资源的应用对企业家来讲更加可靠，如图4-1所示。

4.2.2   谋略型维度：市场规则—企业谋略

市场政略家的谋略型维度是思方行圆，即基于对市场规则的遵循，像政治家一样运用企业谋略来处理各种事务，关注事务的"局"与"势"，进行有效的任势，以实现预期目标。企业谋略是指处理各种事务的精明方式，其基础是"局"与"势"，"局"的核心是"势"，市场政略家需要"识势"、"借势"、"破势"、"造势"或"顺势"，过程中强调速度，并能灵活地以变制变，最终做到全局圆通，灵活变通。过程中基于规则但往往超越规则，其动机是实现局中大多数人的一致性。

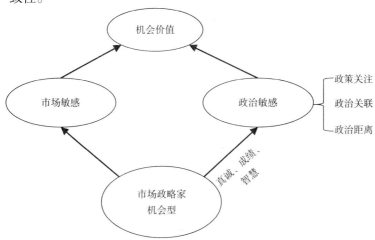

图 4-1　机会型维度的体现

如图 4-2 所示，首先，市场政略家要基于市场规则（包括市场运行规则和管理规则），这是市场运行的依据和根本，是市场政略家的"思方行圆"中的"方"。然后会超越市场规则来实施企业谋略，是市场政略家的"思方行圆"中的"圆"。在这个"圆"中，是市场政略家的"以局任势"企业谋略的运用。

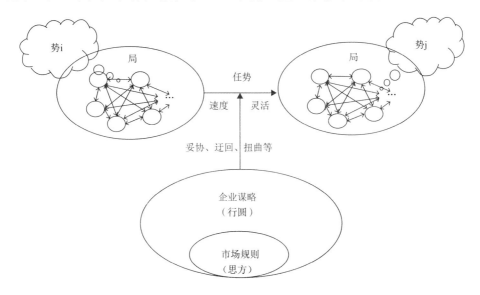

图 4-2　谋略型维度的体现

图中的"势 i"和"势 j"分别表示两种"势"的状态。"i"和"j"泛指两种状态

4.2.3　信念型维度：企业执着—民族抱负

市场政略家的信念型维度表现为拥有强烈的民族抱负，且通过对企业的执着来实现。企业执着与民族抱负是互为基础的，基于企业执着来实现民族抱负，而正是民族抱负而产生对企业的执着，这是一种信念，如图 4-3 所示。

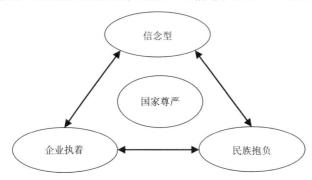

图 4-3　信念型维度的体现

市场政略家的民族抱负超越了社会责任的含义。社会责任是指企业家基于社会目标和价值的责任（Bowen，1953），强调社会利益（Davis，1960；Davis and Blomstrom，1966）或福利（McGuire，1963）。然而，民族抱负除了社会利益或福利外，最重要的是与国家的尊严连接在一起。张瑞敏的数据足以说明这一点。

以上三种维度是对市场政略家的剖析，综合表现为三种形式，一是对市场感知与政治的运用；二是基于市场规则遵循的企业谋略运用；三是基于企业执着的民族抱负。表 4-1 简要列出了市场政略家三种维度的特点、行为、动机。

表 4-1　市场政略家的类型、描述及动机

市场政略家维度	描述	动机
机会型	市场敏感—政治敏感：有效融合市场敏感和政治敏感来获取市场中的机会价值	市场机会、风险规避
谋略型	市场规则—企业谋略：基于市场规则谋略事务进行局势把控	实现局中大多数个体或群体的一致性
信念型	企业执着—民族抱负：基于企业实现民族抱负	实现民族抱负

4.2.4　三种维度的关系

市场政略家的三种维度不是孤立的，会同时存在于一个领导者身上，同时，在一个领导者身上，可能会存在谁占主导的问题。总之，三者之间是存在关联的。这些在张瑞敏身上表现得很突出。

机会型维度与谋略型维度之间是互为基础的。机会型维度的市场和政治敏感是谋略型维度的基础。反过来，谋略型维度对机会型维度在机会获取上更能起到保障作用。市场政略家基于市场的敏感和政治关联能够有效获取市场中的机会价值，从而保障了企业有效运行。从而使得其能够有效地基于市场规则的遵循，运用企业谋略保障企业的发展。同时，其对局势的有效运用，使其更容易获得市场机会。

信念型维度是机会型和谋略型维度的动力和保障。信念和企业执着能够激发市场政略家对市场的机会获取的动机，并保障市场政略家的政治关联是健康的，同时能够激发和保障市场政略家在规则和企业谋略关系上的有效融合。

所以，市场政略家三种维度之间的关系如图 4-4 所示。

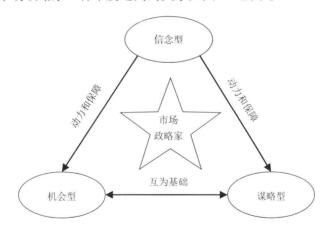

图 4-4　市场政略家三种维度之间的关系

4.3　市场政略家的历史情境分析

中国企业领导者之所以承担了市场政略家这一领导角色，是与他们走过的改革开放至今的时代情境密不可分的。或者说，中国改革开放至今的时代岁月使得张瑞敏等一批企业领导者不得不兼容"市场"与"政略",两者相互交融。

1978 年,中国改革开放的元年,在邓小平同志的带领下,中国实施改革开放,以改变中国当时的落后状况。然而,改革开放具体怎么走,对中国政府是模糊的、具有试探性的,只能"摸着石头过河"。要把原来的计划经济转向市场经济,展开了一系列松松紧紧、紧紧松松的政策调控过程,最后也意识到在市场中"不管白猫黑猫,抓住老鼠就是好猫"。吴晓波在《激荡三十年》中写道:"回顾中国 30 年的改革历程,我们常常会发现,最重大的变革往往从民间自发地产生。对于决策者来说,除了必要的勇气和魄力,关键在于懂得如何顺势而为,把人民的创造力引导到正确的道路上来"(吴晓波,2007:7)。然而,在改革开放过程中,政府的一些活动和决策往往是基于市场中的先行者的成效而制定的,政治是一个重要的市场指挥棒,政治看着企业家的行动,企业家看着政治的动向,两者相互促进,滚动发展。

(1)1978~1983 年:试探前行中的逐步推进

1978~1983 年,中国尚处于改革开放的懵懂期,对改革开放的理解还不够深入,中国与国际的差距非常大。1978 年 12 月 18~22 日,党的十一届三中全会召开,指出要把全党工作重点转移到社会主义现代化建设上来。中国的政治活动决定走的第一步是招商引资,解决资金短缺问题。因此,在此后的很长一段时期,招商引资成为政府的首要任务。于是国外的企业纷纷到中国来投资。例如,1978 年,大众汽车、可口可乐等企业纷纷来到中国洽谈。1979 年,中国政府实行特区先行,从深圳等十多个城市进行政策先行,进行了改革开放的实验。政府的先天资源土地成为城市的发展基础。1980 年 1 月 1 日深圳签下第一块土地出租协议,以解决城市发展资金问题。于是,土地给各个城市带来了源源不断的财富。

这段时期,中国改革开放处于懵懂发展中,企业家也在跃跃欲试,跨进改革开放的浪潮,如安徽芜湖的年广久从 1979 年开始创立自己的"傻子瓜子"。当时请了 12 个工人,按照马克思《资本论》中所说的,雇工达到 8 个就不是普通的个体经济,而是资本主义经济,是剥削。1982 年,"傻子瓜子"工人已达到 105 人,日产近万公斤,但个体户雇工到底应为多少才不算剥削的争论始终未停息过。而邓小平采取"看一看"的方针,把发展交给市场,看最终效果。而此时,在广东、浙江、福建等地各种各样的工厂在蔓延丛生。例如,浙江萧山的鲁冠球,自 1978 年秋开始了汽车易耗零部件的生产;江苏江阴的华西村党委书记吴仁宝偷偷地办起了小五金厂。政治看市场,市场看政治,都在懵懂地前行,一场政治与市场的博弈在进行着。

　　这个时期的张瑞敏，正在青岛家电公司任副经理，身在家电行业的他，也意识到了中国大好时机即将到来，在国家支持引进国际项目时，于1984年去北京争取到了德国利勃海尔项目，为后来的创业奠定了基础。

　　在这个改革开放的懵懂期，政府和市场的行动都是尝试前进的，因此，正是这种模糊性，使企业家识别政治的动向显得尤为关键，哪怕是政府领导人的一句讲话，都暗示着市场的走向，背后会隐藏着巨大的市场机会。谁能够早早察觉，谁就能在市场中占有先机。因此，企业家对政治活动（哪怕是政府领导人的出访等活动）要积极地关注，以快速获取背后的市场机会。因此，张瑞敏后来提出的"三只眼"理论，就包括一只眼要时时盯住政府，关注政治。

　　同时也看到，政治对土地、矿产等资源具有强大的支配和处理权力，在操作中有很大的空间，这种政治权力成为中国政治关联的基础。而此时的张瑞敏对政治关联也有了自己的认识，不是投机倒把，而是用真诚和成绩获取政治的支持，后来1992年走出建海尔工业园的资金问题的困境，这反映了张瑞敏一种正常健康的政治关联。

　　（2）1984～1988年：初步发展中的激发奋进

　　1984年，是中国的公司元年，中国的改革开放经过几年的摸索，改革力度逐渐加大。全民出现经商热，人们纷纷"下海"。这一年，邓小平察看南方经济特区的发展状况，并分别为深圳和珠海经济特区题词，写下了"深圳的发展和经验证明，我们建立经济特区的政策是正确的"及"珠海经济特区好"的评语。邓小平的题词是一个非常重要的政治信号，中国的改革开放进一步扩大。同样1984年，青岛市被列为中国重点发展的14个沿海城市之一。整个中国迅速处在了经济发展"发烧"时期，全国各地也掀起了引进国外设备的浪潮。1985～1987年，全国各地共引进73条电冰箱生产线、115条彩电生产线、15条复印机生产线、35条铝型材加工生产线、22条集成电路生产线等。张瑞敏在1985年引进的德国利勃海尔电冰箱生产线，就处在这次引进热潮中。

　　1984年，中国的企业家纷纷登场，开始了创业之路。青岛的张瑞敏基于德国利勃海尔项目展开了他的企业之路。同样，北京的柳传志也开始了他的计算机创业之路；在深圳倒卖玉米的王石开始创办了商贸公司；珠江三角洲的李经纬打出了"东方魔水"——健力宝，被视为民族饮料第一品牌；惠州的李东生也开启了自己的创业之路，成就了赫赫有名的家电公司TCL。这些企业家在改革开放的政治动向下，都在努力抓取背后的市场机会。

1984～1988年，中国的经济热潮进一步发酵，拉开了企业家创业的帷幕。同时也在价格双轨制中看到了政治干预市场的瞻前顾后和强制性。张瑞敏在传统的家电制造业中冷静地关注着政治的动向，做着自己该做的事。最终，1988年，海尔的电冰箱荣获国家质量金奖。

在这段时期，可以看到，中国的政治在改革开放的力度上进一步加大，创造了市场的大好时机，企业家纷纷登场，开始了创业的历程。政治动向为企业家所关注，政治权力背后的资源也被企业家进一步关注，企业家的政治关联已经盛行。

（3）1989～1992年：坚定走向中的紧松管控

上一时期的过热发展带来了许多问题，通货膨胀、物价上涨、腐败现象频频出现。人们对改革开放又产生了怀疑。政府迅速出台政策应对，如1989年3月9日，国务院办公厅发出通知，严格控制民工盲目进城。民营企业也成为政府治理的重要对象。普查私营企业的税收，控制漏税问题。《中华人民共和国经济史》记载，1989年下半年，全国私营企业从20万家缩减为9.06万家。"物价闯关"后的失利带来了社会的动荡和经济低迷。邓小平提出："中国的问题，压倒一切的是需要稳定。"（邓小平，1993）1990年12月19日，上海证券交易所开业，资本市场开始运作。然而经济的低迷又一次把问题聚焦到了姓"资"还是姓"社"的问题。而邓小平力挽狂澜，1992年的南方谈话坚定了中国改革开放的方向，给予了企业家充足的信心。

这段时期中国的政治管控起到了重要的作用，而紧紧松松的政策使得企业家也坚定了改革的方向，同时也意识到了政治的力量，需要时时关注政治的动向。张瑞敏在1991年察觉到了改革开放的春天的进一步到来，决定实施多元化战略，并冒险建设海尔工业园。在解决海尔工业园资金难题时，青岛市委、市政府将5000万股股票的指标全给了海尔，体现了一种正常的政治关联。

（4）1993～1997年：积极发展中的体制规范

这段时期，市场进一步放开，而政治的力量却没有减弱，主导着市场的推进。1993年11月14日，党的十四届三中全会通过了《中共中央关于建立社会主义市场经济体制若干问题的决定》，对改革开放以来的经验进行反思与总结，强调把更大的精力集中到加快改革上来。中央政府对国有企业进行改革，政府将主抓那些具备资源优势（尤其是资源型企业）且有潜力的企业，掌握住国家的经济命脉即可。把那些没有竞争力的国有企业放掉，改为民营企业。中国的市场改革进一步打开，此时的中国已经不再是过去极度的计划经济国家。1994 年，中国的许多品牌也相应崛起，无论城市和农村，各种墙上甚至包括猪圈上都喷上了产品的广告图像或宣传语，景象一片繁荣。

而国外品牌也纷纷进入中国，中国的企业也真正感到了压力。一场民族产业的保卫战迅速打响。而这时的海尔已经独具规模，不仅参与了这场保卫战，而且在谋划着要进行反击。这些企业家的崛起，震撼了国外的家电企业，当时全球最大的白色家电企业惠而浦在中国颇受挫折。中国的企业已经逐步崛起，从 1996 年开始，进入世界 500 强已成为很多中国企业家的目标。

政治的导向及政治权力在这段时期起到了重要影响，对市场经济体制进行初步规范，并在企业国际竞争中起到重要作用。张瑞敏抓住了这一时机，积极进行规模扩张，实现多元化战略。同时面对着国际企业的竞争，计划实施国际化战略。

（5）1998～2002 年：走向世界中的积极推进

受东南亚经济危机的影响，中国政府要力保人民币不贬值，同时激活经济，并让国企走出困境。而中国也在一系列的政治政策中，获得了世界的认可。1999 年 9 月 27 日，美国《财富》杂志把一年一度的年会放在中国的上海举行，其主题是"让世界认识中国，让中国认识世界"，这一举动足以体现了中国改革开放以来被世界的重视。1999 年 11 月 15 日，中国与美国正式达成协议，美国支持中国加入 WTO。2001 年 7 月 13 日，中国申奥成功，同年 11 月 10 日，中国如愿加入了 WTO。中国制造显示了威力。

中国政治活动正在促进中国的经济走向国际，张瑞敏抓住这一时机，1999 年在美国建厂，实施国际化战略。

（6）2003～2008 年：经济发展中的积极拉动

在这一时期，中国的资源类企业迅速猛进。中国大量的基础性建设投资拉动了中国的经济，房地产、矿产等行业迅速发展。中国的经济出现过热。中国的出口大大增加，资源也迅速向外流出。对全球资源的运用成为新的发展焦点。

2008 年，美国的次贷危机，造成了全球的经济危机，中国政府又对基础性建设加大投资，拉动经济发展。政治的力量显得格外重要，而过程中的政治权力对资源的运作也起到了重要的作用，同时也出现了一些腐败现象。

而此时，张瑞敏关注到全球资源利用的问题，决定实施全球化品牌战略。同时张瑞敏也成为党的第十六届、十七届中央委员会候补委员。

（7）2008 年以来：经济危机后的积极调控

受 2008 年经济危机的影响，中国政府出动全力救市。国有企业的盛世重新回来。昔日的"下海热"转变为当前的"考公务员热"。民营企业的竞争也在加剧，人们的创业热情有所降低，出现了国进民退的风气。

2013 年，中国政府的新领导班子上任，进行一系列深化改革，展开了对腐败的打击，"老虎苍蝇一起打"。

张瑞敏的政治关联是一种正常的政商关系，凭借自己的真诚和成绩来获得政府的支持。这种政商关系是充满正能量、有利于社会发展的健康关系。

总之，自改革开放以来，中国的政治对市场的发展起到了决定性的作用。首先，由于体制的不完善及政治与市场先行的博弈，政治活动的背后往往隐藏着很大的市场机会，企业家需要时时关注政治的动向，获取背后的市场机会。所以，中国的企业家需要时时关注政治。其次，中国的政治对资源有着相当大的配置权力，虽然中国由计划经济向市场经济转型，但是在整个过程中，政治对资源的配置仍起着重要的作用。尤其是对资源类企业的影响巨大，同时也出现了多种多样的政治关联。最后，中国的政治权力对企业家来讲有着一定的不确定性，企业家对政治权力的运用往往会适得其反，因此，企业家希望保持一定的政治距离。所以，在这种历史情境中，中国的企业家表现出了市场政略家角色所应具备的政治敏感性。

基于以上的论述，本研究认为不管中国的市场体制如何变化，中国的企业领导者对政治关联的依赖主要归因于中国的政治和文化。这远远区别于西方简单的基于寻租行为而建立的政治关联。

除了政策关注和政治关联外，中国的企业家往往存在着一种民族抱负，这是由于中国在改革开放过程中的落后状态，并受到国外品牌的刺激，他们萌发出一种民族工业报国的抱负。例如，面对国外的企业，张瑞敏要做中国的国际化品牌；柳传志在媒体上说："不管我愿不愿意，实际上已经充当了民族计算机工业的旗手。至少也要把命赌上一把。就算牺牲了，也要慷慨就义"；TCL 的李东生同样以"敢死队"自称，长虹彩电喊出了"用我们的品牌筑起新的长城"的口号。这些企业家的民族抱负与国家的尊严息息相关，体现了强烈的政治性。

改革开放以来，虽然政治起到了重要的作用，而市场本身也发挥着自身的作用，有效地推进了中国企业的发展。市场的机会不仅来自于政治的动向，还来自于市场自身的运行规律。例如，1984 年张瑞敏开始实施质量发展战略，抓住市场运行发展中本身存在的机会。而市场中的运行规则及管理规则需要企业领导者的遵循，无论政治如何影响，市场本质的一些规则是不变的，如市场中对质量的本质诉求等。市场能够给有抱负的企业家带来刺激和快乐，张瑞敏一路走来，执着于企业，享受于做企业带来的快乐，实现内心的民族抱负。同时，可以看到，市场与政治不是截然分离的，而是交融在一起，相互促进。因此，中国改革开放以来的历史情境使得中国的企业家承担了市场政略家角色。当然，市场政略家的企业谋略则需要基于中国的历史及文化进行分析，第 3 章已经分析过，这里不再赘述。

　　总之，市场政略家角色是历史的、文化的，是改革开放以来历史情境所决定的。

第5章 市场政略家领导角色的作用

基于第3、第4章的分析，市场政略家是中国一个特殊的本土领导角色，张瑞敏承担着这一领导角色，带领海尔走向全球。市场政略家的三种维度（机会型、谋略型、信念型）决定了其三种行为，即设计、把控与感召。三种领导行为发挥了市场政略家的作用。

5.1 市场政略家的主要行为

5.1.1 设计

市场政略家的设计行为包含方向设计、标准设计及符号设计，分别体现在了市场政略家的三种维度中。针对机会型维度，其行为是方向设计。通过对"引进德国生产线（1984年）"、"建海尔工业园（1992年）"、"在美国建厂（1999年）"及"自主经营体管理模式探索（2006年）"等关键事件及其他事件和非事件数据的分析，我们看到，作为机会型市场政略家的张瑞敏在战略层面的主要作用是方向设计。张瑞敏把握着整个局势，设计着海尔的现在和未来。张瑞敏曾经说："如果把海尔比作一艘船的话，我仅仅做一个船长是不够的，应该是一个设计师，因为这个船随时要根据战略做调整，所以这个船就需要不断地改进，有的时候甚至把这个船抛弃掉，重新打造一艘，因为它只要服从于战略，而不是根据船的大小去航行。"每次的重大设计都源自张瑞敏基于长期的反思和判断，以及与高管及员工的互动中不断调整而产生的顿悟。

针对市场政略家的谋略型维度，其行为是标准设计和符号设计。例如，张瑞敏对海尔的机制（运行模式，如 OEC 管理模式、自主经营体管理模式等）、组织

（结构与规模）、团队及符号（海尔工业园中心大楼"外方内圆"的示意性符号设计等，引起人员关注）等基础进行设计。张瑞敏总能整体考虑现在与未来，全局系统性地对海尔进行设计。

5.1.2　把控

市场政略家的把控行为包含市场机会把控和组织运行把控。市场机会把控针对机会型维度。对于市场机会把控，张瑞敏总能看透市场的迷雾，抓住市场中的机会，如 1990 年出口创汇时期，张瑞敏不追求创汇，将产品出口到高难度市场的德国。在"建海尔工业园（1992 年）"事件中，虽然资金风险很大，但他努力地通过一切手段和方法将资金风险降至最低，如通过真诚和智慧欲打动各个银行家进行贷款，以及最后得到青岛市委、市政府 5000 万股股票的指标的倾斜支持，渡过风险。

组织运行把控针对市场政略家的谋略型维度，张瑞敏总能把握市场（觉察市场、开拓市场、引领市场、感动市场、突破市场、推动市场等）及任势于市场。对于执行把控，张瑞敏善于用具有策略的方法对员工的执行进行把控，从高层来讲，张瑞敏每周六都要在海尔召开高管会议即"调频会"，把控高管的执行方向与战略方向在一个频率上。从员工来讲，张瑞敏用规范和有效的策略对员工的执行进行把控，如 1985 年的"砸冰箱"事件，面对 76 台次品电冰箱，张瑞敏没有运用管理的奖惩手段对负责人及下属进行惩罚，而是当众砸毁了这 76 台次品电冰箱。不仅砸给了员工看，还砸给了社会看，一举两得。

5.1.3　感召

市场政略家的感召行为包含情感感召、信念感召和形象感召。感召，顾名思义是感染或感动他人并对其进行召唤，使其自发地按着领导者的路径走下去。

情感感召和形象感召针对市场政略家的谋略型维度。例如，情感感召表现为张瑞敏与员工之间的信任建立和对外界形象宣传的感召。对于员工，从一开始的张瑞敏借钱为员工发工资，到车间装空调，自己用电扇，再到购买班车接送员工上下班，再到含泪"砸冰箱"等事件，都凸显了张瑞敏以情感为基础对员工进行感召。对于社会，张瑞敏"砸冰箱"的事件，以及为青岛市一位刚买的空调被出租车拉跑的老太太赠送空调等事件，都体现了张瑞敏对社会的情感感召。张瑞敏与管理学界的交流、活动交流、个人荣誉、企业荣誉、企业宣传等都是形象感召。

　　信念感召针对市场政略家的信念型维度。信念感召是张瑞敏的民族气节信念感染或感动了员工和社会，张瑞敏自引进德国生产线时就产生了一种信念，即做中国自己的国际化品牌，体现国家的尊严。张瑞敏从开始的狠抓质量，到出口产品去德国，到在美国建厂，再到实施全球化品牌战略，都体现了张瑞敏的信念。他的这一信念感染了员工和社会公众。

　　总之，市场政略家的主要行为主要基于战略层面和执行层面而展开，两个层面均涉及了设计、把控和感召，详见表 5-1。

表 5-1　市场政略家的主要行为

主要行为	具体行为	"市场"和"政略"功能	对应的市场政略家维度
设计	方向设计	市场敏感	机会型维度
	标准设计及符号设计	市场规则	谋略型维度
把控	机会把控	市场敏感、政治敏感	机会型维度
	运行把控	市场规则、企业谋略	谋略型维度
感召	情感感召及形象感召	企业谋略	谋略型维度
	信念感召	企业执着、民族抱负	信念型维度

5.2　市场政略家的作用

　　基于张瑞敏的数据，本研究发现市场政略家基于"市场"和"政略"两种功能，运用设计、把控及感召三种领导行为分别对组织和部署发挥作用。

5.2.1　市场的不确定性应对

　　在张瑞敏的数据中，可以看到，市场是充满不确定性的。改革开放以来，市场的不确定性主要来自两个方面：一是市场本身由于竞争而存在的不确定性；二是政治的作用而导致的市场不确定性。

　　针对这两种不确定性，作为市场政略家的张瑞敏，通过对组织进行有效的方向设计及标准设计，以及对市场机会和组织运行的把控，有效应对市场本身由于竞争而存在的不确定性。在 1984 年，行业关注产量时，他能够判断和识别市场的机会信息，制定名牌战略。1989 年，家电行业价格战中，张瑞敏反其道而行之，对电冰箱涨价。1990 年，竞争者为了出口创汇获取利益时，张瑞敏为了创品牌选择出口德国。1991 年，当行业关注质量时，他实施了多元化战略，组建海尔集团，进行多元化扩张，并冒险建海尔工业园。1999 年，竞争者关注多元化或向发展中国家发展时，张瑞敏选择了在美国建厂，走国际化。2005 年，竞争者关注国际化时，张瑞敏选择了全球化品牌战略。2012 年，竞争者关注全球化资源利用时，张瑞敏选择了网络化。

张瑞敏通过基于政治敏感（政策关注、政治关联、政治距离）的机会把控来应对政治所导致的市场不确定性。张瑞敏时时关注政治动向所带来的市场变化，捕捉背后的市场机会。同时运用政治关联来应对市场的变化，1984 年，张瑞敏努力争取到了利勃海尔项目。1992 年，建海尔工业园获得 8000 元万银行贷款。由于政治的影响，银行对建设项目不再进行贷款，在危急时刻，政治关联应对了这一不确定性，青岛市委、市政府将国家证监会给青岛下达的 5000 万股股票的指标全给了海尔，解决了建海尔工业园的难题。也正是由于政治权力的刚性和不确定性，张瑞敏也在刻意与政治保持距离。

5.2.2　人的不确定性应对

在张瑞敏的数据中，可以看到，人具有较强的不确定性。因此，作为市场政略家的张瑞敏运用对组织的标准设计及符号设计、情感感召及信念感召来应对部署的不确定性。

张瑞敏的标准设计及符号设计是基于市场规则之上的，用来规范和警示部署的意识和行为，如利用《企业管理十三条规定》、OEC 管理、人单合一、自主经营体、斜坡球体论等标准设计来规范部署的意识和行为。用"思方行圆"的海尔中心大楼设计等来警示部署的意识和行为。而在发现 76 台次品电冰箱时，张瑞敏超越了规则，选择当众砸毁次品电冰箱，利用情感和信念来感召部署，以应对人员的不确定性。

市场政略家的运行把控、情感感召能够有效地召唤员工的情感归属，从而使员工能够自发地为企业效力。张瑞敏常说管理需要考虑国情和人情，也就是说，要在特定的社会情境中关注人性。张瑞敏是一个善于把握人性的领导者。从 1984 年的《企业管理十三条规定》，到 1985 年的借钱为员工发工资、给车间装空调、砸 76 台次品电冰箱，到 1987 年的在工厂举办"劣质电冰箱展览会"，再到 OEC 管理、斜坡球体论及 SBU 的提出等无不体现了张瑞敏对人性的把握。最后形成员工的情感归属依赖。同时，张瑞敏做国际化品牌的信念感染了员工，促使员工对他形成一种敬佩的情感，最终转换为情感归属。

市场政略家能够很好地管理和把握员工及其他利益相关者的情绪，从而使其产生归属感。市场政略家的信念更能够从内在触动员工的情感，使其产生归属感。

第6章 市场政略家领导角色形成的社会化过程①

市场政略家领导角色是基于张瑞敏的互动数据进行提炼得出的，其领导行为体现了该领导角色。在情境基础上，领导特质对领导行为起到决定作用（Garzia，2011；Tett and Guterman，2000）。因此，本研究将从领导特质的角度对市场政略家的领导角色的形成进行分析。

对于个体来讲，社会化是其成长的土壤，对其成长与发展起到了决定性的作用。个体特质与其社会化过程是紧密相连的，社会化是其重要的基础（Cooley，1956；Goslin，1969）。社会化这一概念首次出现于1895年德国社会学家Simmel的《社会学的问题》一文中，用来描述个体和群体的形成过程。后来，Cooley（1956）提出社会化是个体将社会及群体规范内在化的过程，从而才有个体特质的出现。Merton（1968）强调了个体的主观选择性，认为社会化是个体在其社会或群体中，有选择地获取价值、态度、兴趣、技能和知识，并形成个体特质的过程。从而，Popenoe等（1998）从互动的角度提出社会化是个体获得个性特质和学会参与社会群体方法的社会互动过程。Parsons（1937）的行动理论关注个人基于社会秩序的意志论，认为个体的意志特征是其行动的基础。也就是说，个体特质不仅依赖于而且还作用于其社会化过程。因此，领导者是一个动态的系统发展体（徐立国等，2012），其特质总与其社会化成长过程密切相关（Scarr，1992；Judge et al.，2009）。

社会化过程中的领导者是一个动态的系统发展体，其领导行为的整个过程包含于其人生故事（life-story）之中（Shamir and Eilam，2005），人生故事中的事

---

① 本章主要内容参考：徐立国，席酉民，郭菊娥，等. 2016. 社会化过程中领导特质的类型及其形成与关系研究. 南开管理评论，19（3）：51-63。

件包含了领导者丰富的成长经历。事件是一个完整的具有逻辑关系的事务单元，包含时间、空间及人员之间的互动等（徐立国等，2012）。相对于一个事件，人可以在事中，也可以在事外，但都会受到事件的冲击。事件是社会过程的基础。因此，在分析张瑞敏的社会化成长时，以事件阐述为主。

6.1　张瑞敏的主要领导特质

基于对张瑞敏的关键事件及相关数据的分析与探索，编码过程中多种数据三角印证，最终得到了关于张瑞敏的主要领导特质编码共 20 个，以及特质类型 4 个，详见表 6-1。表 6-1 中所列的主要支撑数据包含体现性数据和来源性数据。体现性数据是指该特质体现于这些数据中；来源性数据是指这些数据是该特质的产生源头。所列两类数据仅是主要数据，其他相关数据由于篇幅所限没有列出。由于本研究分别对张瑞敏和海尔总裁周云杰及梁海山进行了访谈，为了准确表达访谈数据，在表 6-1 中把三人的访谈数据分别标记为"访谈数据 1（张瑞敏访谈数据）"、"访谈数据 2（周云杰访谈数据）"和"访谈数据 3（梁海山访谈数据）"。表 6-1 的访谈数据有两种形式，一是受访者的原话，如"责任和诚信对张总来讲是最基本的词汇"（访谈数据 2），表示受访者海尔总裁周云杰的原话；二是基于受访者谈话内容的提炼，如"文化大革命"事件（访谈数据 2），表示受访者海尔总裁周云杰谈到"文化大革命"事件。表 6-1 所列数据中，一个数据会同时来自访谈数据、文本数据及视频数据，并都在其后面括号中标出。

表 6-1　张瑞敏的领导特质类型及特质编码

特质类型	特质编码	主要体现性数据	主要来源性数据
根源型领导特质	责任	"临危授命"时的心态（文本数据） 做中国的国际化品牌（访谈数据 1、文本数据、视频数据） "探索自主经营体管理模式"事件（访谈数据 1、文本数据） "责任和诚信对张总来讲是最基本的词汇，是他的发展基础"（访谈数据 2）	"文化大革命"事件（访谈数据 2、文本数据）
	诚信	"喝酒借钱度年关"、"引进德国生产线"、"砸冰箱"及"建海尔工业园"等事件（文本数据、视频数据） "责任和诚信对张总来讲是最基本的词汇，是他的发展基础"（访谈数据 2）	"工厂造假"事件（访谈数据 1、文本数据）

续表

特质类型	特质编码	主要体现性数据	主要来源性数据
驱动型领导特质	学习	"夜大学习"事件（文本数据） 博览群书的事实（文本数据） "我一周要看两本书"（访谈数据 1） "张总读书总是比别人快、多、广、新，不管在办公室还是在飞机上等其他地方，都常常在看书。"（访谈数据 2）	家庭（访谈数据 2、文本数据） "文化大革命"事件（访谈数据 2、文本数据）
驱动型领导特质	反思	一系列管理创新成果及观点（文本数据、视频数据） "张总看书时总是善于批注和反思"（访谈数据 3、文本数据）	家庭（访谈数据 2、文本数据） "文化大革命"事件（访谈数据 2、文本数据）
驱动型领导特质	能动	"夜大学习"事件（文本数据） "建海尔工业园"等事件的艰难融资等（访谈数据 2、文本数据、视频数据）	家庭（访谈数据 2、文本数据） "文化大革命"事件（访谈数据 2、文本数据）
思维型领导特质	思方行圆	海尔工业园中心大楼设计（文本数据） "砸冰箱"事件（文本数据、视频数据） "建海尔工业园"等事件的艰难融资等（访谈数据 2、文本数据、视频数据） "张总总能很好地处理各种冲突"（访谈数据 2）	道家和儒家的影响（访谈数据 1、文本数据） 齐鲁文化（访谈数据 2、文本数据）
思维型领导特质	企合	"海尔是我生命的组成部分"（访谈数据 1） "企业家，以企业为家"（访谈数据 1） 张瑞敏与海尔的共同发展（文本数据、视频数据）	"文化大革命"事件（访谈数据 2、文本数据） "引进德国生产线"事件（文本数据、视频数据）
事务型领导特质	非选择性事务型领导特质 · 认真	"制定《企业管理十三条规定》"（文本数据） "砸冰箱"事件（文本数据、视频数据） "张总看书时总是善于批注和反思"（访谈数据 3）	德国文化（访谈数据 2、文本数据） "引进德国生产线"事件（文本数据、视频数据）
事务型领导特质	非选择性事务型领导特质 · 果断	"砸冰箱"、"建海尔工业园"及"在美国建厂"等事件（文本数据、视频数据） 海尔正确、科学、合理的发展战略制定（文本数据）	孙子的影响（访谈数据 1、文本数据） "文化大革命"事件（访谈数据 2、文本数据）
事务型领导特质	非选择性事务型领导特质 · 坚韧	"建海尔工业园"等事件的艰难融资等（访谈数据 2、文本数据、视频数据）	齐鲁文化（访谈数据 2、文本数据）
事务型领导特质	非选择性事务型领导特质 · 自信	"引进德国生产线"、"砸冰箱"、"建海尔工业园"及"在美国建厂"等事件（文本数据、视频数据）	家庭（访谈数据 2、文本数据） 应用夜大所学知识在车间革新实验的成功（文本数据）

续表

特质类型		特质编码	主要体现性数据	主要来源性数据
事务型领导特质	非选择性事务型领导特质	远见	"引进德国生产线"、"砸冰箱"、"建海尔工业园"及"在美国建厂"等事件（文本数据、视频数据） 海尔正确、科学、合理的发展战略制定（文本数据） "张总富有远见，能够觉察到常人无法察觉的现象和问题。"（访谈数据2）	老子及孙子的影响（访谈数据2） 齐鲁文化（访谈数据2、文本数据）
		民族气节	做中国的国际化品牌（访谈数据1、文本数据）	"文化大革命"事件（访谈数据2、文本数据） "引进德国生产线"事件（文本数据、视频数据）
		创新	一系列管理创新成果（文本数据、视频数据） 张瑞敏读书笔记：不创新，门即墙（文本数据） 海尔的企业文化（文本数据、视频数据）	德国文化（访谈数据2、文本数据） 齐鲁文化（访谈数据2、文本数据） "引进德国生产线"事件（文本数据、视频数据）
	选择性事务型领导特质	谨慎	去青岛日用电器厂的谨慎心态（文本数据） "引进德国生产线"事件（文本数据、视频数据） "如履薄冰，居危思进"（访谈数据1）	德国文化（访谈数据2、文本数据） 齐鲁文化（访谈数据2、文本数据）
		冒险	"要抓住风险中的机会"（访谈数据1） "建海尔工业园"及"在美国建厂"等事件（文本数据、视频数据）	老子及孙子的影响（访谈数据1） 齐鲁文化（访谈数据2、文本数据） "临危受命"事件（文本数据）
		强势	"砸冰箱"及"在美国建厂"等事件（文本数据、视频数据） "与狼共舞"（文本数据）	家庭（访谈数据2、文本数据） 齐鲁文化（访谈数据2、文本数据） "文化大革命"及"引进德国生产线"等事件（访谈数据2、文本数据）
		儒雅	《商儒张瑞敏》书籍（文本数据） "文化"的气质（访谈数据3）	家庭（访谈数据2、文本数据） 老子、孔子的影响（访谈数据1）
		朴实	"喝酒借钱度年关"事件（访谈数据2、文本数据） 访谈过程中的朴实用语（访谈数据1） "张总非常朴实但又非常机智"（访谈数据3）	家庭（访谈数据2、文本数据）
		机智	"张总非常朴实但又非常机智"（访谈数据3） 访谈过程中的机智幽默应答（访谈数据1）	老子、孙子、孔子的影响（访谈数据1） "引进德国生产线"事件（文本数据、视频数据）

从这些数据中我们能够挖掘出张瑞敏的领导特质产生的原因及其之间的关系。按照其特质与支撑数据之间的对应关系,遵循张瑞敏社会化成长的逻辑,本研究综合分析特质之间的关系,并基于特质对领导的作用,最终把特质分为四类:根源型领导特质、驱动型领导特质、思维型领导特质及事务型领导特质。特别强调的是,这四类特质划分的依据是社会化成长过程中特质之间的关系及其对领导的作用,重视过程性。张瑞敏社会化过程中的领导特质及其关系如图 6-1 所示。

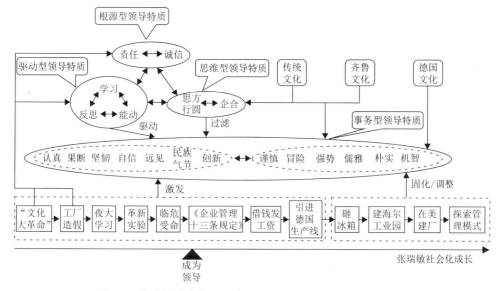

图 6-1　张瑞敏社会化过程中的领导特质类型及其形成、关系

6.1.1　根源型领导特质

在领导者的社会化过程中,我们发现一类特质积淀并固化于领导者的潜意识之中,始终影响着其领导行为。基于数据,本研究编码出"责任"和"诚信"两种特质,这两种领导特质形成于张瑞敏早期的关键事件("文化大革命"及"工厂造假"事件)冲击后的感悟,积淀并固化于张瑞敏的潜意识之中,成为张瑞敏面临事务时遵从的根本原则,至今都体现于他的领导风格之中。本研究把这类特质编码为根源型领导特质,是领导特质的核心层。根源型领导特质的提出,还受到价值观和特质关系理论的启发。价值观是一种关于什么是错的并能确定积极目标的信念(belief)(Wright,1971)。因此,任何与价值观相违背的行动都会导致当事人的内疚(Meglino and Ravlin,1998)。Yukl(2010)认为价值观属于特质。相对于人的特质而言,价值观是内在的(Rokeach,1973)。价值观对领导的

特质起到激发和支配作用，是特质中的核心和根源（Xu et al., 2014c）。因此，本研究把这一类特质编码命名为根源型领导特质，如图6-1所示。

（1）责任

访谈数据和文本数据均呈现出张瑞敏的"责任"特质来源于"文化大革命"事件的冲击。张瑞敏（1949年1月出生）是与国同生（中华人民共和国成立）的一代人，"文化大革命"（1966年5月~1976年10月）爆发后，社会受到了巨大的创伤。1966年正读高二的张瑞敏不得不退学，成为典型的"老三届"。而"老三届"是"文化大革命"时期的特殊产物，饱经了那个时代的磨难。"文化大革命"这一重大社会事件的冲击和磨炼使得当时年轻的张瑞敏深深反思了那个时代，油然而生了一种发自内心的使命——"责任"。受访者海尔总裁周云杰特别提到"文化大革命"这一事件，并说："张总经常和我们提到'文化大革命'事件对他影响很大。'责任'一词在张总的头脑之中不断积淀并固化，'责任'应是这一时代人共有的基本特征。"从张瑞敏1984年的临危受命出任青岛日用电器厂厂长，到打造中国的国际化品牌，再到探索自主经营体管理模式，都体现了张瑞敏对社会、企业及个人的责任。访谈时张瑞敏特别强调做中国的国际化品牌及探索自主经营体管理模式，均体现了他内心的"责任"。周云杰和梁海山从1988年开始跟随张瑞敏，张瑞敏经常向这两人提及一些关于自己的事情。对"文化大革命"事件，张瑞敏经常与高管提及，周云杰和梁海山是感同身受的。

张瑞敏对责任的理解是多层次的、全面的、一致的。首先是对社会的责任，与国同生的成长历程、"文化大革命"事件的创伤使他感受到了对社会的责任。这也是后来他对海尔赋予打造中国品牌的根源。其次是对企业的责任，企业的有效、长远发展是领导及员工的责任。最后是对个人的责任，表现为对员工、自己事业发展及家人的考虑。正是这一"责任"的基因，造就了张瑞敏正统、儒雅的领导形象，打造了中国自己的国际化品牌——海尔，塑造了他的完美传奇：做企业，做管理，做人生。

（2）诚信

访谈数据和文本数据均呈现出张瑞敏的"诚信"特质来源于"工厂造假"事件的冲击。1968年，张瑞敏高中毕业（由于是独子，不需要知青下乡）就进入了青岛一家五金厂当工人。当时所在的工厂经常有一些上级欺骗下级、下级哄骗上级的不良现象出现，尤其是"推广华罗庚的优选法"运动。该运动于1972年由国务院自上而下发起并实施。由于是上级指定推广，为了迎合上级指示，好大喜功，许多企业或厂家都出现了浮夸、上下级哄骗现象。当时五金厂的许多领导者急功近利，把不可能的成果放大化，失去了对工厂和员工的责任，没有了诚信。而当时作为工人的张瑞敏基于自己的"责任"特质，深刻意识到了"诚信"的重要性，认识到管理的基本支撑点就是"诚信"。从而形成了另一重要特质——"诚信"。受访者张瑞敏特别强调了"工厂造假"这一事件对他的影响，并回忆说："全国搞这么一个运动，宣传推广，之后又要贯彻、学习，还要有成果。但它并不是一个可以立竿见影的东西。由于当时上级要求必须马上出成果，结果贯彻没几天就开始统计成果了，后来还组成了一个锣鼓队到车间里去宣传有多少多少项成果。当时工人就感到像演戏、开玩笑一样。所有干的事都可能是假的。被管理者和管理者建立不起信任，所以就是一级糊弄一级"。因此，"诚信"成为张瑞敏重要的领导特质之一，在"喝酒借钱度年关"、"引进德国生产线"、"砸冰箱"及"建海尔工业园"等事件中得到充分体现。

张瑞敏对诚信的理解同样包含了三个层面：一是对社会的诚信，即企业或个人对社会的诚信；二是对企业的诚信，即企业与人员之间的诚信；三是对个人的诚信，即个人对他人及企业的诚信。正是由于他的诚信，他在每次遇到难关时，都能得到别人的支持与帮助，如在"喝酒借钱度年关"、"引进德国生产线"、"建海尔工业园"及"在美国建厂"等事件中得到体现。

"文化大革命"和"工厂造假"事件都是激发"责任"和"诚信"形成的反面事件，这种激发是反向的冲击，更能够激发张瑞敏的感悟。且张瑞敏当时的身份分别是"学生"和"工人"，从受众的立场感悟这些对他反向冲击的事件，从而更容易形成正向的特质——"责任"和"诚信"。访谈张瑞敏时他特别强调自己思考管理是基于自己曾是被管理者（工人）身份开始的。这说明了当事者身份对事件冲击后感悟的影响是非常重要的。这两种特质是张瑞敏不可孤立的最基本的领导特质，张瑞敏的领导行为中始终都体现着这两种领导特质。"责任"与"诚信"成为张瑞敏成长的原动力。受访者海尔总裁周云杰曾说："责任和诚信对张总来讲是最基本的词汇，是他的发展基础。"

"责任"与"诚信"是不可孤立的两个基本的领导特质，没有责任，不言诚信，没有诚信，何谈责任！对于中国的本土领导而言，"责任"与"诚信"应是第一位的，没有对社会、企业及个人的责任，就不可能做出持久的成功的企业。"达芬奇家居"、"高铁追尾"、"地沟油"、"添加剂"、"三聚氰胺"、"广告欺骗"

及"山寨化"等一幕幕都体现了 "责任"与"诚信"缺失而致的乏味和无力!

因此,本研究得出,根源型领导特质是指在领导者的社会化成长过程中,往往由于其早期的关键事件冲击后,并基于当时身份立场的感悟所形成一些不变的特质,积淀并固化于领导者的潜意识之中,是领导特质的核心层,是激发其他领导特质的根源。具有强烈的稳定性,是领导者成长的根本依赖。

6.1.2 驱动型领导特质

在领导者的社会化过程中,有一类特质不带有价值判断,但体现了领导者的主观行为特征。基于数据,本研究编码出"学习"、"反思"及"能动"三种领导特质。这三种领导特质不带有价值性判断,体现了张瑞敏自身的主观行为特征。这几种特质对张瑞敏的成长具有驱动作用,并能有效促进其他领导特质的形成。在最后的核心编码阶段,对这类特质的最终编码还受到了帕森斯的行动理论(Parsons,1937)的启发,该理论强调人的主观意志特征对社会化成长的驱动作用。所以,本研究把这类特质编码为驱动型领导特质,如图6-1所示。

(1)学习

访谈数据和文本数据均呈现了张瑞敏的"学习"、"反思"及"能动"特质来源于其家庭的正向影响和关键事件"文化大革命"的反向激发。张瑞敏的父母都是朴实的普通工人,希望孩子能够好好学习。受父母的影响,张瑞敏从小就养成了爱学习的习惯,形成了自己的偏好。"文化大革命"的爆发,使张瑞敏失去了上大学的机会。但那一个浮躁的年代,更加促进了他的学习欲望和学习强度,使他形成了良好的学习特质。通过张瑞敏"夜大学习"事件及其博览群书的事实,我们更能看到张瑞敏的"学习"这一特质。

虽然,张瑞敏的高中生活被"文化大革命"所影响,但是张瑞敏的学习从来没有停止过,他在中学时代读了许多书籍,尤其是历史哲学和文化方面的著作。老子、孙子及孔子的著作是张瑞敏最爱学习和反思的,至今一直影响着张瑞敏。张瑞敏也曾公开地说过,老子影响了他的战略,孙子影响了他的战术,孔子影响了他的为人处世。在工厂期间,张瑞敏为了提高自己,他白天上班,每天晚上下班后骑自行车走很长一段路去夜大学习机械制造相关的知识,这种生活持续了四年。张瑞敏就经常用夜大里学到的知识在工厂车间进行革新实验,逐步担任了班组长、车间主任、副厂长。这些革新实验的成功,也使得张瑞敏更加感受到了知识的重要性,更加相信了知识的力量。学习是张瑞敏的习惯,由少年时的爱好转化为工作之后的水平提高诉求。受访者张瑞敏说："我一周要看两本书。"受访者海尔总裁周云杰也说："张总读书总是比别人快、多、广、新，不管在办公室还是在飞机上等其他地方，都常常在看书。"

（2）反思

张瑞敏的学习力很强，且善于反思，由于成长于基层人家的生活环境，从小就养成了善于思考的习惯，形成了自己的偏好。在"文化大革命"爆发后，强烈的责任感更使他反思那种现象，反思那个时代，"反思"领导特质逐渐形成。通过张瑞敏的一系列创新管理成果，我们更能看到张瑞敏的"反思"特质。受访者海尔总裁梁海山说："张总看书时总是善于批注和反思。"通过学习获取新知，通过反思升华新知，才有了海尔的"OEC 管理"、"斜坡球体论"及"人单合一"等管理成果。

（3）能动

张瑞敏的"能动"特质非常明显，由于成长于基层人家的生活环境，从小就具有强烈的能动性。在"文化大革命"时期，他更感觉到了需要能动地去寻找自己人生之路，"能动"特质逐渐形成。通过"夜大学习"、"临危受命"、"制定《企业管理十三条规定》"、"引进德国生产线"及"建海尔工业园"等事件，我们可以得到张瑞敏"能动"特质。没有强烈的能动性，张瑞敏不会去夜大学习，不会有效改变一个濒临破产的电器厂，不会艰难融资去引进德国生产线和建海尔工业园等。受访者海尔总裁周云杰特别提到了"建海尔工业园"的艰难融资时张瑞敏极强的能动性。

"学习"、"反思"及"能动"均形成于家庭生活的正向影响和关键事件的反向激发，并且这几种领导特质是相互联系的，"学习"来源于对事物的能动好奇与认知，"反思"需要基于学习后的新知，"能动"需要基于"学习"及"反思"后的发现，当然又是它们的基础。这几种特质对张瑞敏的成长具有驱动作用，并能有效促进其他领导特质的形成。其实，张瑞敏的根源型领导特质"责任"和"诚信"对这三种驱动型领导特质起到激发的作用，没有强烈的"责任"，张瑞敏很难形成这三种驱动型领导特质，但没有这三种驱动型领导特质，张瑞敏的根源型领导特质也难以固化。

因此，本研究得出，驱动型领导特质是不带有价值性判断的领导者自身的主观行为特征，往往基于关键事件的冲击、自身的偏好等产生，是形成其他领导特质的动力基础，具有较强的稳定性。同时，驱动型领导特质与根源型领导特质是相互作用的，根源型领导特质激发驱动型领导特质的产生，驱动型领导特质促进根源型领导特质的固化（图 6-1）。

6.1.3　思维型领导特质

在社会化过程中，有一类特质体现于领导者处理事务时的思维模式，是其行为前的思维过滤。基于数据，本研究编码出"思方行圆"和"企合"两种特质，这两种特质体现于张瑞敏处理事务时的思维模式，是其行为前的思维过滤，决定了张瑞敏面临一定情境时的特质呈现选择。对于这类特质的核心编码，也受到认知理论的启发，认知理论强调对外界信息在思维中的转换（Neisser，1967），因此，本研究把这类特质编码为思维型领导特质。

（1）思方行圆

张瑞敏的"思方行圆"特质使他能游刃有余地处理各种危机。这一领导特质的形成来源于两个方面：一个是传统文化及齐鲁文化的影响；另一个是自己经过实践正确验证后的正向影响。张瑞敏善于阅读传统文化方面的书籍，道家的"阴阳"和儒家的"中庸之道"对张瑞敏的思维产生了极大的影响，访谈时张瑞敏也对此强调过。齐鲁文化是齐文化与鲁文化的组合，齐文化崇尚功利，讲求革新，鲁文化重视伦理，尊重传统。两种文化看似矛盾又辩证统一，在思维上讲求革新，在行为上重视伦理，即"思方行圆"，双元地对张瑞敏产生了影响。受访者海尔总裁周云杰曾提到了齐鲁文化对张瑞敏的影响。"思方行圆"特质在"砸冰箱"事件中体现得非常充分。在经历了"建海尔工业园"事件中艰难融资的磨炼后，他更感到了"思方行圆"的正确和必要。"方"有三种含义：一是全面，即思考要全面；二是原则，即思考要讲究原则；三是锐性，即思考要敏锐，富有冲击性。"圆"有三种含义：一是完美，即行为要圆通；二是柔和，即行为要讲究艺术；三是灵活，即行为要变通。受访者海尔总裁周云杰说："张总总能很好地处理各种冲突。""思方行圆"特质使得张瑞敏在面临事务时，能够根据情境判断应该呈现出什么样的事务型领导特质（在 6.1.4 节将要提到），是"强势"还是"儒雅"，是"谨慎"还是"冒险"，是"朴实"还是"机智"等。

（2）企合

通过张瑞敏与海尔的整体发展，我们看到张瑞敏的另一重要特质——"企合"，即张瑞敏与海尔融为一体。张瑞敏将自己与企业融为一体，其实是一个职业经理人与企业无私的融合，这样的领导者在中国并不多见。"企合"特质产生于其根

源型领导特质——"责任"，而"文化大革命"及"引进德国生产线"事件强化
了他依附于企业的人生之梦，成为他的人生发展思维，与海尔交融在一起。基于
"文化大革命"事件所产生的责任，他意识到了自己对社会和企业的责任。在 1985
年的"引进德国生产线"事件中，张瑞敏在德国感受到了德国人对中国企业的傲
慢与偏见，激发了对企业的执着。在我们访谈时，张瑞敏曾说："海尔是我生命
的组成部分"，以及"企业家，应以企业为家"。他与海尔的交融也是在逐渐变
化，早期，张瑞敏融于企业，追求的是把海尔做大做强，做中国自己的品牌。而
今，企业融于张瑞敏，他所追求的是永远的海尔，一种超然的智慧——中国管理
模式（自主经营体），海尔是这一管理模式的实验室，变为了张瑞敏实现人生最
终理想的工具。"企合"特质使得张瑞敏在面临事务时，决定他要按照企业的主
线进行其他特质的呈现，与"思方行圆"特质共同决定了事务型领导特质的选择
性呈现。

　　"思方行圆"与"企合"成为张瑞敏处理事务时思维层面的特质，经过这一思
维特质的过滤，会最终呈现出行为层面的特质。也就是说，具备了思维层面的特
质，张瑞敏会根据实时的情境表现出合理的事务型领导特质。

　　因此，本研究得出，思维型领导特质是领导者思维意识层面的特质，形成于
传统文化和区域亚文化、关键事件的冲击及根源型领导特质的共同影响，体现于
对待事务时的思维模式，是事务型领导特质体现于行为的前提，决定了面临一定
情境时的特质呈现选择，具有相对稳定性。

6.1.4　事务型领导特质

　　在社会化过程中，我们基于张瑞敏数据发现有一类特质是在根源型领导特质、
驱动型领导特质及思维型领导特质的基础上衍生而来，仅在面临事务时呈现出来。
受社会重大事件（"文化大革命"）及组织事件（工厂造假）两个方面的冲击，
早期的张瑞敏就打造了重要的根源型领导特质："责任"与"诚信"。又在驱动
型领导特质（"学习"、"反思"及"能动"）和思维型领导特质（"思方行圆"
及"企合"）的基础上，以及关键事件的激发下，衍生出张瑞敏处理事务时所体
现的一些领导特质（基于数据，本研究把这些特质编码为"认真"、"果断"、
"坚韧"、"自信"、"远见"、"民族气节"、"创新"、"谨慎"、"冒险"、
"强势"、"儒雅"、"朴实"及"机智"）。对这类特质的核心编码，也受到
Zaccaro 等（2004）所提出的接近事务行为的近端（proximal）特质的启发，本研

究把这些领导特质编码为事务型领导特质。

（1）民族气节

张瑞敏的民族气节来源于张瑞敏的"责任"这一根源型领导特质，"文化大革命"触动了张瑞敏的民族心弦，在"引进德国生产线"事件中，受到德国人的嘲讽，激起了张瑞敏由衷的民族气节，要做中国的国际化名牌。在对海尔的发展战略中能够充分看到张瑞敏的这种特质。正是这种基于"责任"使命的以企业实现自己民族抱负的"民族气节"，使得张瑞敏带领海尔走向了全球化。

（2）认真

"引进德国生产线"亲赴德国，被德国人认真的品质所打动，张瑞敏对事务的高度认真成为他的领导特质之一。张瑞敏的"认真"不是优柔寡断或是无谓的耗费时间，而是基于高标准及果断的智慧的认真。这已在"制定《企业管理十三条规定》"及"砸冰箱"等事件中充分体现。

（3）果断

孙子的相关书籍及齐鲁文化中的齐文化对张瑞敏产生了影响，做事追求速度。浮躁的"文化大革命"时期练就了张瑞敏的冷静果断的处事风格。张瑞敏的"果断"特质逐渐形成。张瑞敏的"果断"不是鲁莽，而是基于认真思考过后的高效行为风格。这一领导特质在"砸冰箱"及"建海尔工业园"等事件和海尔正确、科学、合理的战略制定中充分体现。

（4）坚韧

张瑞敏"坚韧"特质的形成来源于两个方面：一是齐鲁文化对他的影响，张瑞敏生于齐鲁大地，齐鲁文化的谨慎与革新的思想对其产生了影响，即身上有一股山东人的犟劲，做事非常坚韧；二是现实的历练，如通过"临危受命"（到青岛日用电器厂任厂长）、"引进德国生产线"及"建海尔工业园"等事件练就了坚韧的领导特质。张瑞敏的"坚韧"不是钻牛角尖，而是出于自信、智慧及对事务的韧性。

（5）自信

张瑞敏"自信"来源于张瑞敏的学识和现实中的验证。相对优越的家庭环境及较顺利的事业发展，使得张瑞敏逐渐拥有自信。做工人时，"夜大学习"所得的知识在工厂车间进行革新实验的成功更加增强了张瑞敏的自信。张瑞敏"自信"的领导特质逐渐形成。张瑞敏的"自信"不是一种盲目的自信，而是基于自我学识，以及自以为非的反思过后的一种自信。在每次重大战略变革时，都能显示出张瑞敏的"自信"特质。

（6）远见

张瑞敏对市场具有很强的敏锐直觉，对市场发展很具有远见。老子的思想及齐鲁文化中齐文化的革新使得张瑞敏意识到处事"远见"的重要，逐步形成了张瑞敏的战略眼光，且能抓大察小。受访者海尔高级副总裁周云杰曾说："张总富有远见，能够觉察到常人无法察觉的现象和问题。"张瑞敏的"远见"特质在"引进德国生产线"、"砸冰箱"、"建海尔工业园"及"在美国建厂"等事件和海尔正确、科学、合理的发展战略制定中充分体现。

（7）谨慎

德国文化的"谨慎"及齐鲁文化中鲁文化的"尊重传统"使得张瑞敏逐渐形成了"谨慎"的领导特质。在张瑞敏 1984 年的"临危受命"（到青岛日用电器厂任厂长）及"引进德国生产线"事件中充分体现了这一特质。在张瑞敏的事业规划中，没有计划会去一个负债 147 万元的濒临倒闭的小厂任厂长。然而，1984 年的临危受命，是一个正值而立之年的男人的谨慎选择，为此，张瑞敏思考了很多。现在看来，当时的临危受命是张瑞敏人生最重要的转折点。然而，当时的张瑞敏并没有想到这意味着自己成功的未来。虽然已经具有了领导特质："责任"与"诚信"。但是，他也像一个常人一样，想到自己的事业和选择，这是对自己的责任与诚信，不自欺欺人，权衡着"服从"与"追求"；面对挑战，有些瞬间的不安，并有着遇事三思的镇定，做到试探前进的圆通与豁达。"引进德国生产线"中与德国人的谈判更加体现了张瑞敏的"谨慎"特质。张瑞敏的"谨慎"不是没有自信的优柔寡断，而是基于自信及高效的行为体现，张瑞敏常说的"如履薄冰，居危思进"，足以说明了这一点。

（8）冒险

老子及孙子的思想分别在战略及战术两个层面对张瑞敏产生了影响，使他意识到基于谨慎思考后的革新与"冒险"的重要。"临危受命"时的谨慎思考及该事件的人生转折的成功，更使张瑞敏意识到了谨慎过后的"冒险"的重要。张瑞敏的"冒险"不是鲁莽，而是基于谨慎思考后的速度及机会的把握。张瑞敏经常说的"要抓住风险中的机会"及"如履薄冰，居危思进"等都充分体现了张瑞敏谨慎的"冒险"特质。诚然，风险很大，但是不进行这样"冒险"，风险会更大。这一特质在"建海尔工业园"及"在美国建厂"等事件中已得到充分体现。

（9）强势

相对优越的家庭环境及齐鲁文化中齐文化的"革新"文化使张瑞敏意识到"强势"的必要。浮躁的"文化大革命"时期练就了张瑞敏的"强势"特质。"引进德国生产线"更加固化了张瑞敏的这种"特质"。张瑞敏的"强势"是基于一种智慧和儒雅的"强势"。张瑞敏的这种"强势"特质在"砸冰箱"及"在美国建厂"等事件得到充分体现。张瑞敏常说的"与狼共舞"（张瑞敏语）已经体现了这一点。

（10）儒雅

家庭的良好教育及老子和孔子的思想对张瑞敏产生了深刻的影响，使张瑞敏形成"儒雅"的特质，温而不火，淡定自如，一种"文化"的气质。在访谈张瑞敏时，也看到了一个企业家的儒雅与淡定。

（11）创新

德国文化的"创新"及齐鲁文化中的"革新"都促进了张瑞敏的"创新"特质的形成。"引进德国生产线"事件使他更加意识到了创新的重要。他追求的是一种基于价值和责任的智慧创新。张瑞敏经常说："不创新，门即墙。"张瑞敏的"创新"特质在其一系列管理创新成果及海尔的企业文化中也已充分体现。

（12）朴实

张瑞敏出生于一个朴实的工人的家庭，生活于朴实的基层人民的环境中，从小就养成了朴实的特质。这种特质在"喝酒借钱度年关"事件，以及访谈过程中的朴实用语均得到体现。

（13）机智

张瑞敏非常朴实，但又非常机智。其受到中国传统哲学的影响，有着丰富的智慧。在访谈时，张瑞敏总能机智幽默地应答。在引进德国生产线时，张瑞敏与利勃海尔人员的机智谈判，充分表现出了这一特质。

这13种事务型领导特质按照在面临事务时是否选择性呈现，还可以分为两类，一类是体现于内在的非选择性事务型领导特质，如"认真"、"坚韧"、"自信"、"果断"、"远见"、"民族气节"及"创新"，这些特质在张瑞敏面临事务时总能够内在地存在于张瑞敏心中，并稳定有效地呈现，只是呈现的程度不同而已。另一类是根据所面临事务的情境的不同及思维型领导特质的过滤所最终呈现的选择性事务型领导特质，具有呈现选择性，如"谨慎"与"冒

险"、"强势"与"儒雅"，以及"朴实"与"机智"等特质，因为这些特质
的表现具有选择性，张瑞敏会选择什么时候该"谨慎"，什么时候该"冒险"；
什么时候该"强势"，什么时候该"儒雅"；什么时候该"朴实"，什么时候
该"机智"。在我们访谈张瑞敏时，他说："我的一些特征是根据需要而表现
的，如我的强势发火，是根据需要来的……"张瑞敏的这种"根据需要"选择
是基于"思方行圆"及"企合"这样的思维型领导特质的过滤而最后确定该呈
现哪一特质的。

　　选择性事务型领导特质看似矛盾，但又辩证统一，这体现了张瑞敏基于思维
型领导特质过滤的行为。非选择性事务型领导特质是选择性事务型领导特质的基
础，选择性事务型领导特质又反作用于非选择性事务型领导特质，对其进行固化。

　　因此，本研究得出，事务型领导特质是基于根源型领导特质及驱动型领导特
质并在关键事件的冲击及文化影响下产生的一类特质，是领导者对待事务时所呈
现的特质，这种特质会依据思维型领导特质的作用，而有选择地呈现于领导行为，
也可能会随着领导者的认知而改变，具有相对的动态性。

　　这里特别强调的是，驱动型领导特质和事务型领导特质的根本区别如下：
①驱动型领导特质强调的是不带有价值判断的主观行为特征，但事务型领导特质
强调的是在面临事务时所呈现出的带有价值判断的行为特征；②驱动型领导特质
相对于事务型领导特质更加内在，对事务型领导特质的形成起到驱动作用。虽然
驱动型领导特质中的"反思"和"能动"在面临事务时也会发挥作用，但相比事
务型领导特质（如"认真"、"果断"、"远见"、"民族气节"、"创新"、
"谨慎"、"冒险"、"强势"、"儒雅"、"朴实"及"机智"等）更加内在，
是一种不带有价值判断的主观行为特征，对这些事务型领导特质的形成起到驱动
作用。因此，我们把"反思"和"能动"归为驱动型领导特质。

6.2　张瑞敏领导特质形成的主要影响因素

　　领导特质形成的影响因素在已有文献中涉及家庭、教育、经历等（Xu et al.,
2014a，2014c）。本研究通过前面对四类领导特质的分析发现，张瑞敏领导特质
的形成除了受家庭、教育等因素的影响外，主要取决于其社会化过程中关键事件
的冲击、文化的影响、基于当时身份的感悟及其领导特质之间的相互作用。关键

事件及文化属于外部因素，关键事件对四类领导特质都产生影响，而文化往往对思维型领导特质和事务型领导特质产生影响。而领导者基于当时身份的感悟则属于内部因素，这种感悟又与领导者的学习与反思特质紧密相关。学习和反思特质能够有效提升领导者的感悟水平。

6.2.1　关键事件的冲击

领导者是一个动态的系统发展体，其领导行为的整个过程包含于其人生故事（life-story）之中（Shamir and Eilam，2005）。人生故事中的事件包含了领导者丰富的成长经历。事件是一个完整的具有逻辑关系的事务单元，包含时间、空间、人员及人员之间的互动等（徐立国等，2012）。相对于一个事件，人可以在事中，也可以在事外，但都会受到事件的冲击。冲击往往包含两种：一是正向作用的冲击，即正面事件所起到的冲击，如"引进德国生产线"事件对张瑞敏的正向冲击；二是反向作用的冲击，即反面事件所起到的冲击，如"文化大革命"和"工厂造假"事件对张瑞敏的反向警示。无论哪一种冲击，都要基于领导者的身份和感悟，对其产生影响。

无论是正向或反向冲击，关键事件对四类领导特质的形成起到了激发与固化/调整的作用（图 6-1）。激发是指关键事件对领导者的强烈冲击，在领导者感悟后形成相关领导特质。固化是指关键事件对领导者已经形成的领导特质在事件中的历练、验证或否定，最后对相应领导特质的稳定性进行固化。调整是指关键事件对领导者已经形成的领导特质在强度上的调整或质上的改变。从社会化过程来说，早期关键事件对张瑞敏领导特质的形成起到激发作用。这些往往是发生于青少年时期并对其学业及成长产生影响的社会事件（如"文化大革命"事件）、刚参加工作不久的组织事件（如"工厂造假"事件）及成为领导者前后的领导者主导或参与的组织事件或个人事件。领导者后期的关键事件往往对前面所形成的领导特质起到固化或调整的作用。例如，张瑞敏在"文化大革命"、"工厂造假"及"引进德国生产线"等关键事件的冲击下，产生了许多领导特质，并在"砸冰箱"、"建海尔工业园"、"在美国建厂"及"自主经营体管理模式探索"等关键事件中固化或调整。

"文化大革命"对张瑞敏的责任、诚信、学习、反思等特质的形成产生了影响。改革开放以来，政治对市场的重大作用同样激发了张瑞敏的思方行圆及事务型领导特质的形成。中国在改革开放初期市场经济的落后，民族企业品牌的缺失同样激发了张瑞敏民族气节的产生。

6.2.2　文化的影响

前已论述，张瑞敏的成长过程中，文化对其产生了很大的影响。文化是一种在特定地域，基于特定群体经过历时的传递而不断精炼与调整后的共性意识（Hofstede，1980；Schein，1992）。文化具有三个特点：①地域性。其决定了文化的溯源，区别了不同国界或不同地区的文化渊源。②群体性。其决定了文化是一种共性意识，既精炼又模糊，精炼是群体逐渐精炼与调整的共性意识形态，模糊是群体意识所导致的难以准确的界定。③动态性。其强调文化的历时传递与完善。生活在特定地域的特定群体需要强化自我的内部整合以达到良好的外部适应（Schein，1992）。作为一个成长于文化中的个体，必然潜移默化地受到文化的影响，这种影响往往是深刻的、本质的。人既是文化的接受者，同时也是文化的传承者和完善者。基于张瑞敏领导特质的分析，本研究同时发现，文化作为一种共性意识（Hofstede，1980；Schein，1992）往往对思维型和事务型领导特质产生影响。

文化从地域上来划分，可以分为区别于国界的传统文化和区别于特定地区的区域亚文化。张瑞敏受到了中国传统文化、德国文化及齐鲁文化（区域亚文化）的影响（图 6-1）。道家、儒家等传统文化的熏陶，使张瑞敏在战略、战术及处事方面都受到了影响。张瑞敏出生并成长于齐鲁大地，齐鲁文化的谨慎与革新的思想对其产生了影响。张瑞敏的"思方行圆"、"谨慎"、"认真"、"坚韧"及"创新"等特质分别受到了中国传统文化、德国文化及齐鲁文化的影响。

综合来讲，关键事件突出了领导者的社会化过程，文化突出了领导者成长的地域与群体，两者共同成为领导特质的主要形成来源。关键事件具有个体性，文化具有一定的共性。

6.2.3　领导者自身的感悟

这里特别强调的是，关键事件、文化、家庭、教育等均属于外部的情境因素，外部情境作用于领导特质的形成时，需要领导者自身的认知与感悟才能真正激发其特质的形成。所以，领导者的感悟是一个非常基础的影响因素。而领导者自身的感悟是基于当时的身份而言的，如在工厂里作为工人身份的张瑞敏，在经历了"工厂造假"这一关键事件的激发后，才感悟到"诚信"的重要，当时工人这一身份使他对"工厂造假"这一事件的感悟更加深刻和彻底。但是，领导者的认知与感悟又与其 "学习"及"反思"特质是密不可分的。良好的"学习"和"反思"特质能够提升领导者认知与感悟的水平。所以，本研究所提出的驱动型领导特质，在这里体现了其关键作用。

6.3　张瑞敏的四类领导特质的相互关系

基于以上对张瑞敏四类领导特质的分析，本研究发现四类领导特质之间是相互作用的，如图 6-2 所示。关键事件、文化、家庭及教育等外部因素会影响领导特质的形成，然而，这些都是外部的诱导因素，需要领导者自身的感悟才能形成其特质。根源型领导特质和驱动型领导特质在关键事件的冲击、家庭及教育等外部因素的影响下，经过领导者基于当时身份的感悟而形成，两者相互激发与固化，并基于关键事件、文化、家庭及教育等外部因素共同衍生出思维型领导特质及事务型领导特质。思维型领导特质是事务型领导特质呈现于行为的前提，影响着事务型领导特质的形成与改变。这里特别强调的是，驱动型领导特质会有效提升领导者的感悟水平。

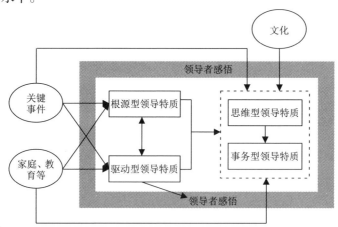

图 6-2　社会化过程中四类领导特质的关系

受社会重大事件（ "文化大革命" ）及组织事件（工厂造假）两个方面的冲击后的感悟，早期的张瑞敏就形成了重要的根源型领导特质 "责任"与"诚信"和驱动型领导特质"学习"、"反思"及"能动"。这两类特质互相激发与固化，即基于"责任"和"诚信"更能激发张瑞敏的"学习"、"反思"及"能动"，反过来，"学习"、"反思"及"能动"更使得张瑞敏相信"责任"和"诚信"的重要。基于这两类特质，并在关键事件和文化的影响下，衍生出思维型领导特质和事务型领导特质，然而，思维型领导特质是事务型领导特质呈现的前提，如"思方行圆"这一思维型领导特质决定了张瑞敏在面临事务时，是"强势"还是"柔和"，是"谨慎"还是"冒险"，是"朴实"还是"机智"等事务型领导特质的呈现。

6.4　社会化过程中市场政略家的形成

基于以上对四类特质及其关系的分析，本研究发现，根源型领导特质作为成长的基本准则，决定了张瑞敏与其他的领导者或非领导者成长方向的不同。驱动型领导特质作为成长的自发动力，决定了张瑞敏与其他的领导者或非领导者成长效率的不同。思维型领导特质作为行为的智慧识别，决定了张瑞敏与其他的领导者或非领导者行为方式的不同。事务型领导特质作为行为体现，决定了张瑞敏与其他的领导者或非领导者的行为有效性。

根源型领导特质和驱动型领导特质对领导者的成长起到了重要作用，思维型领导特质和事务型领导特质对领导有效性起到了重要作用。这里特别强调的是，不同领导者的四类特质包含的具体特质有可能不同，是个性的，但四类特质是共性的，分别决定了领导的成长方向、成长效率、行为方式及行为有效性。

所以，四类特质是相互作用的，共同支撑了市场政略家在互动行为实施中的行为基础，从而形成了市场政略家领导角色，如图 6-3 所示。

在社会化过程中的关键事件及中国的政治和文化的综合影响下，张瑞敏形成了这四类特质。张瑞敏在根源型领导特质"责任"与"诚信"，以及驱动型领导特质"学习"、"反思"及"能动"的基础上，在关键事件和文化的影响下，衍生出思维型领导特质和事务型领导特质，思维型领导特质是事务型领导特质呈现的前提。张瑞敏的特质的形成是基于社会化的过程，而不是瞬间就形成的。这些特质形成了张瑞敏在组织内外部客体的行为基础，即市场敏感、市场规则、企业执着、政治关联、企业谋略、民族抱负，这六种行为基础与张瑞敏的领导特质是对应的，见表6-2。

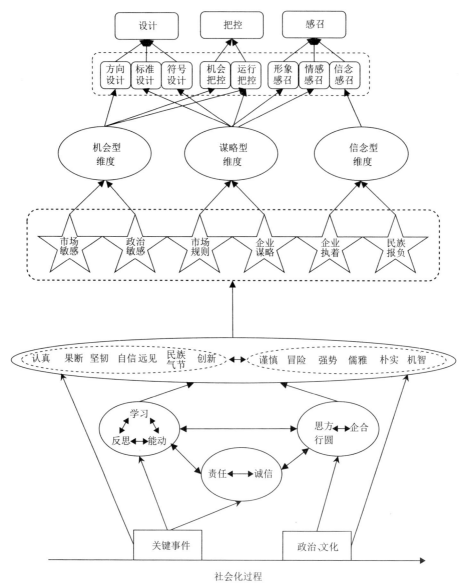

图 6-3 社会化过程中市场政略家的形成

表 6-2　张瑞敏六种行为基础与相关的特质

行为基础	相关特质
市场敏感	责任、诚信、学习、反思、能动、企合、认真、果断、坚韧、自信、远见、创新、冒险
市场规则	责任、诚信、学习、反思、能动、认真、坚韧、自信、远见、创新、谨慎
企业执着	责任、诚信、学习、反思、能动、企合、认真、坚韧、民族气节
政治敏感	责任、诚信、学习、反思、能动、思方行圆、儒雅、朴实、机智、企合、民族气节、认真、坚韧、自信、远见
企业谋略	责任、诚信、学习、反思、能动、思方行圆、远见、创新、谨慎、冒险、强势、儒雅、朴实、机智
民族抱负	责任、诚信、学习、反思、能动、民族气节、企合

市场敏感是指对市场有着强烈的敏感性，从而有效认知和识别市场的状态和趋势，把握市场中的机会。张瑞敏的责任和诚信特质使其能够从健康的角度来对待市场；学习、反思及能动特质使其对市场善于观察和分析；企合特质使其在观察市场时，要和自己的企业紧密结合起来；认真及果断特质使其能够细微地观察市场，并果断地进行判断；坚韧和自信特质使其能够有效地坚持和相信自己对市场的判断；远见特质使其能够有效地关注并对未来进行判断和把握；创新和冒险使其能够卓越并大胆地分析市场。所以，基于这些特质，张瑞敏对市场具有强烈的敏感性，如张瑞敏在战略制定和战略转移中，表现得非常突出。

市场规则是指对市场运行规则及管理规则的遵循，从而有效地推进组织的发展。张瑞敏的责任、诚信、认真及谨慎特质使其能够严格地关注市场规则，并能有效地遵循；学习、反思及能动特质使其能够对市场及管理中的规则进行把握和思考，并有效地运用，如他与管理学界的交流就是对市场规则的学习和反思；坚韧和自信能够使其对市场规则进行有信心的坚持；远见、创新特质使其能够有效地设计规则和突破规则。总之，这些特质决定了张瑞敏对市场运行及管理规则的有效遵循。

企业执着是指对做企业是发自内心的运作和坚持，从而不离不弃。张瑞敏的责任和诚信使其拥有对企业的责任和使命；学习、反思及能动特质使其对企业能够有效地推动；企合特质使其和企业融为一体，打造中国国际化的品牌企业；认真和坚韧特质使其能够认真并坚持把企业做下去；民族气节给予了他内心的信念和动力——做中国自己的国际化品牌，基于企业来实现。总之，这些特质决定了张瑞敏对企业的执着。张瑞敏对建海尔工业园、在美国建厂等事件的坚持，都是为了把企业更好地做下去。他"做大企业家，不做大官"的豪言壮语已把他对企业的执着表现得淋漓尽致。

政治敏感是指对政策的关注、政治关联的建立和政治距离的保持。张瑞敏的责任和诚信特质保障了其与政府关系的健康性，他用他的真诚和成绩打动政府，从而可以获得政府给予的支持和机会；学习、反思、能动特质使其能够主动地与政府建立联系，并保持学习和反思的心态去对待；思方行圆、儒雅、朴实、机智特质能够使其圆通灵活地处理和维持政治关联；企合、民族气节、认真、坚韧使其能够感动政府，从而获得相应的支持和机会；自信和远见特质使其能够对政治互动的关注，捕捉背后的机会。总之，这些特质决定了张瑞敏的政治敏感。

企业谋略是指像政治家一样对事物有着"局"与"势"的关注和运用，以局任势，为我所用。张瑞敏的责任和诚信特质使其能够在运用企业谋略时是一种健康的主导，是为了企业和部署的发展；学习、反思和能动特质使其对中国传统的历史和文化有着深入的理解，尤其是老子、孙子及孔子对其产生了重要的影响，善于以局任势；思方行圆特质显著体现了张瑞敏的基于市场规则而运用"局势"来灵活地处理事务；远见和创新特质使其能够有效地识别和运用局与势，实施谋略；谨慎、冒险、强势、儒雅、朴实、机智这六种特质的矛盾性存在，表现出张瑞敏能够根据不同情境而进行灵活变化。总之，这些特质决定了张瑞敏对企业谋略的把握和运用。

民族抱负是指与国家尊严相连的一种信念。张瑞敏的民族抱负是要打造中国自己的国际化企业，他做到了。所以，张瑞敏的责任和诚信特质使其产生了这种内心的信念，并把它变成了自己的使命；学习、反思和能动特质使其对企业发展有着深刻的认知，并以此来实现自己的民族抱负；民族气节、企业特质充分表现了张瑞敏内心的民族抱负，他与企业是捆绑在一起的，为了企业，为了实现民族抱负。总之，这些特质决定了张瑞敏内心的民族抱负，一种发自内心的信念。

因此，市场政略家在互动中表现出的领导行为是设计（方向设计、标准设计、符号设计）、把控（机会把控、运行把控）和感召（情感感召、信念感召、形象感召）。这与第5章的分析是一致的。

所以，本研究最后得出领导角色（市场政略家）的社会化过程形成机理，如图6-4所示。在社会化的互动过程中，领导者形成四类特质，这四类领导特质的关系能有效促进领导者的社会化发展。四类领导特质决定了领导者的行为基础，从而决定了其领导角色。市场政略家领导角色的形成遵循了上述机理。

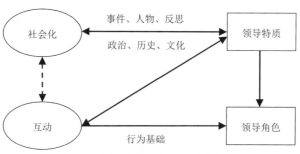

图 6-4 市场政略家形成的社会化过程

第7章 结论与反思

7.1 结　　论

本研究基于张瑞敏个案研究，从互动及社会化视角建构了一种具有中国本土属性的领导角色——市场政略家。市场政略家是跨越市场和政略的双重领导角色。企业领导者通过政治敏感、运用企业谋略或拥有民族抱负把自己融入政略。然而又通过对市场具有强烈的敏感性、遵循市场规则和对企业的执着把自己融入市场。市场和政略相互融合（市场中有政略，政略中含有市场）、相互促进。

张瑞敏综合体现了市场政略家的市场及政略的功能。市场代表领导者对市场需求的敏锐感知、对市场原则的遵循及对企业的执着。政略代表领导者对政治的敏感、企业谋略的运用及基于企业的民族抱负。

从"市场"和"政略"的含义分析，本研究发现这两者有三种一致关系。即①"市场敏感"—"政治敏感"，这种对应体现了企业领导者对"市场"和"政略"双重诉求的心态，在适时捕捉着机会价值。②"市场规则"—"企业谋略"，这两者的对应体现了企业领导者在遵循市场规则的基础上，运用"企业谋略"灵活处理事务的状态，关注的是能够有效处理事务。③"企业执着"—"民族抱负"，这两者的对应体现了企业领导者基于民族抱负这一信念而对企业的执着，或者说基于企业来实现自己的民族抱负。因此，市场政略家具有三种维度，即机会型维度、谋略型维度、信念型维度。三者之间是存在关联的。机会型维度与谋略型维度之间是互为基础的。机会型维度中的市场敏感和政治敏感是谋略型维度的基础。反过来，谋略型维度的谋略对机会获取起到保障作用。而信念型维度是机会型维度和谋略型维度的动力和保障。信念型维度的信念和企业执着能够激发市场政略家对市场机会获取的动机，并保障市场政略家的政治关联是健康的，同时能够激发和保障市场政略家在市场规则和企业谋略关系上的有效融合。

　　从互动视角来看，市场政略家的行为基础是市场敏感、市场规则、企业执着、政治敏感、企业谋略及民族抱负。其领导行为包括设计（方向设计、标准设计、符号设计）、把控（机会把控、运行把控）及感召（情感感召、信念感召、形象感召）。从社会化视角来看，在社会化的互动过程中，领导者形成四类特质（根源型领导特质、驱动型领导特质、思维型领导特质、事务型领导特质），这四类领导特质的互动关系能有效促进领导者的社会化发展。四类领导特质决定了领导者的行为基础，从而决定了其领导角色。

　　市场政略家基于"市场"和"政略"两种功能，运用设计、把控及感召三种领导行为分别对组织和部署发挥作用。

　　本研究共建构了 13 个构念，为了便于读者整体把握，现将其整理在表 7-1 中。

表 7-1　本研究所建构的构念

构念		界定
市场政略家		是融合"市场"和"政略"并发挥这两种功能的双重领导角色。"市场"体现于对市场敏感、遵循市场规则和对企业的执着，"政略"体现于对政治敏感、企业谋略或拥有民族抱负，"市场"和"政略"相互影响且相互促进，共同嵌套于市场政略家角色中
机会型维度		基于对市场的敏感性和政治敏感而关注机会价值，并基于对市场的敏感认知和政治敏感来获取市场中的机会价值
谋略型维度		基于对市场规则的遵循，依据谋略来处理各种事务，关注事务的"局"与"势"，进行有效的任势，以实现预期目标
信念型维度		拥有强烈的民族抱负，且通过其企业的成功来实现
市场	市场敏感	领导者对市场具有强烈的敏感性
	市场规则	领导者对市场运行及管理规则的遵循
	企业执着	领导者对企业的坚持，这种坚持往往基于某种信念
政略	政治敏感	包括政策关注、政治关联的建立及政治距离的保持（注：政治关联是一种基于个人行为并能服务于企业目的特殊的社会结构关系。市场政略家的政治关联是企业领导者基于真诚、成绩和智慧来打造和维持的一种健康的政商关系）
	企业谋略	是指全局圆通、灵活变通地以"局"任"势"。其核心是圆通的"诱导"，以达到局内个体或群体的一致状态
	民族抱负	一种与国家尊严联系在一起的信念，张瑞敏的民族抱负是打造中国自己的国际化品牌来证明中国的实力
设计	方向设计	对企业的发展方向进行设计
	标准设计	对组织机制、制度、团队等的设计
	符号设计	通过设计一些符号来对员工起到警示作用

续表

构念		界定
把控	机会把控	对市场中的机会进行获取与把握
	运行把控	对企业运行过程中轨迹及日常管理的把握与掌控
感召	情感感召	通过一定的赋予情感的事件或行为打动他人
	信念感召	用自己的信念来激发他人的尊重
	形象感召	通过领导者和企业良好形象感召他人
根源型领导特质		领导者早期的关键事件冲击后的感悟所形成的特质，积淀并固化于领导者的潜意识之中，具有强烈的稳定性，是领导特质的核心层，是领导者成长的根本依赖
驱动型领导特质		不带有价值性判断的领导者自身的主观行为特征，往往基于关键事件的冲击、自身的偏好等产生，具有较强的稳定性，是形成其他领导特质的动力基础
思维型领导特质		领导者思维意识层面的特质，受到传统文化和区域亚文化、关键事件的冲击及根源型领导特质的共同影响，体现于对待事务时的思维模式，是事务型领导特质体现于行为的前提，决定了面临一定情境时的特质呈现选择，具有相对稳定性
事务型领导特质		基于根源型领导特质及驱动型领导特质并在关键事件的冲击及文化影响下而产生的一类特质，是领导者对待事务时所呈现的特质，这种特质会依据思维型领导特质的作用，而有选择地呈现于领导行为，具有相对的动态性

7.2　反　　思

在结论得出后，本研究从所得结论的可靠性、与已有理论的联系和突破、理论意义和现实意义、本研究的局限和未来研究方向等方面做了深入反思。

7.2.1　本研究结论的可靠性

本研究在研究操作及研究逻辑两个方面保障了结论的可靠性。

（1）在研究操作上

虽然，Campbell（1975）强调基于严格程序的案例研究所得出的结论的自由度，但是，案例研究结论的有效性和可靠性经常被人挑战，尤其是研究者的个人偏见（bias）（Stoecker，1991）。为了预防研究的偏见性，保证研究结论的效度，本研究过程中做到了以下四点：一是遵循 Eisenhardt（1989）的案例研究程序，确保了研究步骤的合法性；二是数据的搜集与分析遵循三角测量原则（Miles and

Huberman，1984；Bromley，1986），用多渠道数据进行相互印证；三是进行连续性的数据搜集而非偶尔的间断性的数据搜集（Kazdin，1981），确保数据时间关系的逻辑性，强调过程分析；四是进行事实与可选择性解释的综合比较（Yin，1981，1994），每个编码和分析，都要经过严格的比较，并对编码进行内部一致性检验，最终确保编码和分析的合理性。

（2）在研究逻辑上

在研究逻辑上，本研究从互动和社会化两个角度进行分析，并经过递进的分析步骤，紧密地进行分析：

第一步，本研究首先整理了张瑞敏的故事，这是本研究进行进一步分析的基础。

第二步，本研究基于张瑞敏的数据，发现了张瑞敏对互动的关注，从互动的视角分析了和提炼了张瑞敏的领导行为和行为基础。从而发现了张瑞敏的两种功能，即"市场"功能和"政略"功能。

第三步，基于"市场"与"政略"的内涵提出了市场政略家这一领导角色构念，并界定了"市场"和"政略"的内涵，以及进行了市场政略家的属性和改革开放依赖中国的情境分析。

第四步，基于市场政略家的行为基础，从而确定了市场政略家的领导行为，即设计、把控和感召，进而分析了市场政略家的作用。

第五步，本研究又从社会化的视角分析了市场政略家的形成过程。首先阐述了张瑞敏的社会化过程，基于其社会化过程得出了张瑞敏的四类领导特质（根源型、驱动型、思维型、事务型），并分析了这些特质形成的主要来源。本研究又发现这些特质决定了市场政略家的六个行为基础，从而挖掘了市场政略家在社会化过程中的形成机理。

因此，本研究的五个步骤是层层递进的，逻辑衔接紧密，从而在研究分析逻辑上保证了结论的可靠性。

7.2.2 对市场政略家领导角色的反思

市场政略家领导角色构念是建立在市场敏感、市场规则、企业执着、政治敏感、企业谋略及民族抱负六个构念之上的，是一个市场和政略的双元概念，同时发挥着市场和政略功能，两者互相融合。市场功能体现于市场敏感、市场规则及企业执着，政略功能体现于政治敏感、企业谋略和民族抱负。同时本研究也注意到，这六个构念之间又是匹配的，即市场敏感—政治敏感、市场规则—企业谋略、企业执着—民族抱负，所以，本研究提出了市场政略家的三个维度，即机会型、谋略型及信念型。所以，市场和政略的匹配和对应体现了中国的智慧哲学——"阴阳"思维，如图7-1所示。

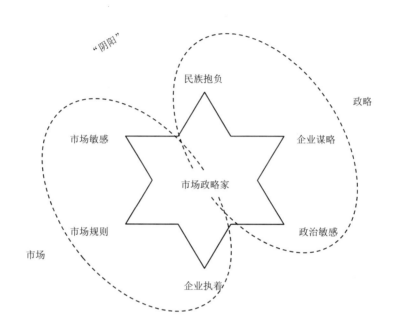

图7-1　市场政略家领导角色对中国"阴阳"思维的体现

对于中国阴阳思维，已经有一些学者进行了深入研究。李平（2013）认为中国传统哲学最为本源的基础在道家，源于《易经》。陈鼓应（2010）在其专著《道家易学建构》中充分论证了道家思想是《易传》对《易经》进行诠释所依据的主要思想来源，同时指出作为中国传统基石的"三玄"实为四部著作，在撰写时间上依次是《易经》、《老子》、《庄子》及《易传》，由老庄道家上承《易经》，下启《易传》。李平（2010）认为"阴阳"与"道"及"悟"组成了中国智慧哲学。"道（即主客统一，天人合一）为本体论，阴阳（即正反双方相生相克）为认识论，以及悟（即直觉现象，以比喻类推为具体方法）为方法论。换言之，作为本体论，道强调主观与客观的对立统一；作为认识论，阴阳强调整体、动态、对立统一之平衡；作为方法论，悟强调直觉想象，以比喻类推为具体方法"（李平，2013：1253）。因此，阴阳作为认识论层面强调的是一种思维，"阴阳"思维又与道密切相关，"一阴一阳之谓道"（《易经》），并具有三大特点，即整体性、动态性和对立统一性，从而相生相克阴阳平衡（李平，2013）。"阴阳"思维与西方黑格尔的辩证法有着根本的区别，"第一，黑格尔的辩证法首先假定矛盾的双方可以并且应该各自独立存在，相互对应，互为参照，但矛盾的一方不包含另一方。'阴阳'思维则认为，矛盾的双方可以并且应该相互对应，互为参照，但他们永远不能分离，不能各自独立存在；矛盾的双方彼此相互包含，阴中有阳，阳中有阴。第二，黑格尔的辩证法其次假定矛盾的双方可以并且应该向对方完全彻底并且是无条件的转化。'阴阳'思维则认为，矛盾的双方可以并且应该相互转化，但该转化只能是部分并且是有条件的。第三，最为关键的是，黑格尔的辩证法最后假定矛盾双方可以并且应该在更高层次上通过扬弃而达到矛盾的根本解决，因此矛盾是可以并且应该得到解决的。在这一点上，黑格尔的辩证法与亚里士多德的非此即彼的形式逻辑取得一致，共同否定矛盾存在的必要性和永久性。然而，'阴阳'思维则认为，矛盾的双方可以并且应该永远共存，矛盾不需要在更高层次上通过扬弃加以解决。……智慧是阴阳平衡之最高表现形式，而真善美则是阴阳平衡之三大表现形态"（李平，2013：1253，有删减）。所以，中国思维与西方思维是不同的，讲究的是"非此又此，非彼又彼"逻辑（李平，2013）。

市场政略家的市场和政略是相生相克阴阳平衡，该角色是中国"阴阳"思维在领导角色上的具体体现。从图 7-1 中可以看到，市场与政略交融，市场敏感与政治敏感彼此包含，市场规则与企业谋略彼此包含，企业执着与民族抱负彼此包含。他们不能在更高层次上把对方扬弃，而是相克相生，达到了完美的平衡。张瑞敏也曾经说过，老子的思想对其思维产生了重大影响，孙子的思想对其策略的运用产生了重大影响，孔子的思想对其为人处世产生了重大影响。

因此，领导角色所体现的"阴阳"思维角度，体现了市场政略家角色的中国本土属性。然而，市场政略家的本土属性更体现在政治敏感、企业谋略及民族抱负上。

7.2.3　与已有理论的联系和突破

（1）角色理论

自 20 世纪 30 年代，角色理论快速发展，基于 Mead（1934）、Linton（1936）、

Turner（1976，1978）的研究，Biddle（1979）认为角色需聚焦于特征化行为。奚从清（2010）归纳了角色的要素，即角色扮演者、社会关系、社会地位、权利义务、社会期待、行为模式，这六个要素是相互关联的，不可分割。角色理论关注个体基于社会情境的社会行为特征（Biddle，1986）。目前，角色理论已得到丰富发展，共面向了五个视角，一是角色对行为的功能视角——功能角色理论（functional role theory），二是角色的社会互动视角——符号互动角色理论（symbolic interactionist role theory），三是角色的社会结构视角——结构角色理论（structural role theory），四是角色的组织群体视角——组织角色理论（organizational role theory），五是角色的认知视角——认知角色理论（cognitive role theory）（Biddle，1986）。角色理论从最初到现在多视角共存的丰富研究，都已表明角色具有天然的社会性及其与行为的融合性，体现于基于社会情境的个体与社会（其他个体）的互动中。下面就每个角色理论与本研究的相关性进行阐述。

1）功能角色理论

功能角色理论关注社会系统中个体的行为功能（Biddle，1986），起始于Linton（1936）的研究，后来Parsons（1951）、Parsons 和 Shils（1951）的研究使其完善。角色被当作以一种共享的且标准的社会期待用来指令和解释个体的行为（Biddle，1986）。个体响应社会系统规范，并能够利用规范影响他人。因此，功能角色理论用来解释社会系统的不同个体的行为。角色起到了决定个体行为的功能。Bates 和 Harvey（1975）对功能角色理论的研究相对比较丰富，认为社会结构是社会地位（social positions）的集合，其相应的规范和标准在稳定的社会系统中决定着不同的行为。一些规范和标准应用于一个社会地位，决定着一般的行为，但是有一些规范和标准仅仅决定着一个特殊的社会地位和另一个相对的社会地位之间的关系。在社会地位之间的关系平衡中，角色起到了特殊的功能。基于此，Bates 和Harvey（1975）对不同的社会系统地进行了深入分析，广泛涉及群体（groups）、复杂的组织（complex organizations）及人类社区（human communities）。从而，其讨论的个体的问题要放到社会系统的参与的角度进行探究。

功能角色理论直到20世纪70年代中期一直处于角色理论的重要地位，然而功能角色理论忽略了社会地位的重要性，因为，有时个体的角色和社会地位是不匹配的，社会系统化也不是稳定的，并且规范和标准在社会系统中不一定是共性的（Biddle，1986）。

本研究的结论对功能角色理论具有推进作用，本土领导者在一个社会系统中，拥有领导者的地位，要遵循相应的规范和标准，基于合理的角色，行使相应的领导行为，尤其是社会系统中，本土领导者与其他社会地位的个体之间的关系也体现于本土领导角色之中。市场政略家的提出，是功能角色理论在社会系统、规范和标准，以及其承担的角色和行使的行为的具体表现和应用。

2）符号互动角色理论

符号互动角色理论研究起始于 Mead（1934）的研究，主要研究人们相互作用发生的方式、机制和规律，关注个体行动者的角色及角色在社会互动中的演化。社会行动者通过不同的认知概念理解与解释自己和他人的行为。规范与标准和社会地位是匹配的，为个体提供了一些必要的规则，在这些规则中形成了角色。角色体现了规范、态度、前后逻辑关系要求、协商及动态的情境，并被行动者所理解。符号互动角色理论学者关注正式或非正式互动中的角色，以及角色之间的关系、角色承担、情绪、压力等。

符号互动角色理论认为，人的行动是有社会意义的，人们之间的互动是以各种各样的符号为中介进行的，人们通过解释代表行动者行动的符号所包含的意义而做出反应，从而实现他们之间的互动。符号在互动中起到了衔接表达的作用，如语言等（Mead，1934）。Turner（1974，1976，1978）、Heiss（1976，1981）、Stryker 和 Statham（1985）等学者的研究对符号互动角色理论起到了重要的推动作用。符号互动角色理论也遭到一些争议，因为符号互动角色理论很少关注社会结构约束对角色的影响 。

本研究关注了互动，探究了本土领导者的角色。市场政略家的符号设计行为为符号互动角色理论进行了具体化。

3）结构角色理论

Linton（1936）对角色中社会结构概念的提及引起了学者对社会结构的关注（Levy，1952；Nadel，1957）。结构角色理论主要关注社会结构中的社会地位及结构化的角色关系（White et al.，1976；Burt，1976，1982；Mandel，1983；Winship and Mandel，1983）。涉及了社会网络、角色集合、交换关系、社会系统等概念。但是结构化角色理论相对于个体来讲，更加关注社会环境，而忽略了解释个体的行为。

本研究对结构角色理论具有推进作用，从社会环境和社会结构对个体角色的影响，且在不同社会结构结点上的个体角色存在相关关系进行分析，提出市场政略家角色。反映了企业领导者所处的社会环境和其在社会结构中的位置及与其他角色的关系。

4）组织角色理论

组织角色理论起始于 Gross 等（1958）、Kahn 等（1964）的研究。从社会大系统转移到了关注正式组织内的角色。关注可以预先计划、具有任务导向及具有层级体系的组织这一社会系统。在这样的组织内的角色被假设为与已确定的社会地位是匹配的，并产生于规范的期待。然而，对于个体而言，同时受到正式组织的官方要求和非正式组织的压力，由于规范的多元性，个体就会遭受"角色冲突"（role conflicts）（Van Sell et al.，1981；Fisher and Gitelson，1983），必须在对立的规范中选择自己的行为（van de Vliert，1979，1981），从而出现了"角色转换"（role transition）（Allen and van de Vliert，1984）。行动者应该有效处理对于自己社会地位的社会期待的变化。所以，组织角色理论的核心就是行动者要基于情境有策略地进行行为选择（Biddle，1986）。组织角色理论也遭到了许多争议，首先，其前提假设是角色是在多重规范下进行选择的，从而限制或阻碍了角色的演化及角色在非规范条件如信念等的产生等问题的研究（Biddle，1986）。

本研究对组织角色理论具有发展意义，从领导、组织及环境的互动中，探索了领导者角色。

5）认知角色理论

认知角色理论关注角色期待与行为之间的关系，从而主要探索社会条件下的角色期待如何测量及其对行为的影响，以及个体对他人的期待的感知和这些认知对其行为的影响。认知角色理论的相关研究涉及角色扮演（role playing）（Moreno，1934）、群体规范（group norms）（Sherif，1936）、角色期待（role expectations）（Rotter，1954；Kelly，1955）及角色获取（role taking）（Piaget，1926）。角色扮演被认为是应对社会期待的一种有效方式（Janis and Mann，1977）。群体规范主要研究在群体规范下领导者和下属的角色（Moreland and Levine，1982；Rutte and Wilke，1984；Hollander，1985）。角色期待关注角色期待对行为的影响。Biddle（1986）认为角色期待至少同时出现于三种思维模式，即规范（norms）、偏好（preference）及信念（beliefs）。这些期待的模式可以通过不同的经历进行学习。但是每一个要在给定的情境中或许（或不是）与他人是共享的，每一个都能影响行为，并能产生角色（Barbara et al.，1977；Biddle et al.，1980a，1980b，1985）。角色获取是指个体利用精明的策略影响他人的程度，角色获取的精明程度在老人、智者或较成熟的人身上表现更为强烈（Enright and Lapsley，1980；Underwood and

Moore，1982；Eisenberg and Lennon，1983）。认知角色理论也受到过一些争议，认知角色理论过多地关注个体的角色现象而忽视了社会地位及社会结构。

本研究对认知角色理论有着重要的推进作用，市场政策家领导角色反映了在社会规范，自身偏好和信念方面的特点。市场政策家在社会规范中，强调自己的信念和企业执着偏好，企业谋略反映了其精明特点。

（2）社会行动理论

Parsons（1937，1951）提出了意志自主的社会行动理论。该理论认为社会行动最基本的单位是单元行动，单元行动中包含：①行动者（主要特征是"自我"而不是人的身体，是主观的意识）；②某种行动目的（它是假设事物的未来状况，由行动者的主观方面决定，体现行动中的动机）；③行动情境，这样的情境包含两个要素，即行动者能加以控制的手段要素和不能控制的条件要素；④行动规范（行动者被允许的行动方式和范围）。也就是说，任何一个单元行动都是由行动者、目的、手段、条件及规范组成的，行动者、目的及手段构成了行动的意志自主因素，而条件和规范对自主的努力起到调节作用，并体现了社会的共同价值，使得行动与社会秩序结合起来。

行动发生的基础背景就是社会行动系统。行动者之间的关系结构是社会行动系统的一种基本结构。Parsons（1937，1951）认为社会行动系统包含四个层次。第一层次是文化系统，其基本分析单位是"意义"或"符号系统"。第二个层次是社会系统，该系统的基本单位是"角色互动"。第三个层次是人格系统，该系统的基本单位是单个的行动者——人。Parsons（1937，1951）对这一层次的研究主要集中在个人的需要、动机、态度上。第四个层次是行为有机体，其基本单位是具备生物特征的人类，即人的自然层面，包括有机体及其赖以生存的自然环境。关于这一系统，Parsons（1937，1951）提出了有机体的"中枢神经系统"和"机械运动系统"的概念。

社会系统中的行动者通过社会身份和社会角色与社会发生联系。一种身份就是社会中的一种地位。角色是社会对处于一定地位的人的行为的规范要求。角色是相互性的，角色之间相互期待，由此而形成社会的角色结构。因此，任何一种社会角色实际上是一种社会所期待的行为模式，也是社会群体或组织的基础。社会行动理论认为任何社会都存在着一整套"角色期待"，规定了在社会规范和条件下每个个体彼此期待着要充当的社会角色。

对于 Parsons（1937，1951）的社会行动理论，本研究从以下几个方面进行了联系与突破。

1）市场政略家与社会行动

社会行动是社会行动理论的出发点，通过行动者的行动特征能有效分析其所承担的社会角色。本研究在特定的社会情境中，通过领导者的行动界定了其领导角色。

社会行动理论强调行动者的行动互动结构是观测行动者行动的基础。行动者的行动互动结构体现于行动者的角色互动。本研究不仅以本土领导者的行动为分析单元，更从互动的视角来分析行动，提出了市场政略家领导角色，对此在实践中起到了推动作用。

2）市场政略家与心理特征

Parsons（1937，1951）认为分析社会行动需要指出行动者的主观意向性。通过分析各种社会行动的一般性主观意向概括出具有普遍意义的模式变量，进而为研究社会行动问题提供概念框架和方法论原则。行动者的主观意志和动机是Parsons的社会行动理论倡导的主要观点。而主观意志和动机能有效反映行动者的心理活动。

本研究在分析市场政略家的行动的同时，关注了市场政略家行动背后的主观意向性，分析其动机，透视市场政略家的心理活动特征。

3）市场政略家与社会情境

社会行动理论强调行动者所在的社会行动系统，以及文化系统、社会系统、人格系统和行为有机体。这四个层面的行动系统组成了行动者所在的社会情境。人的行动不可能是随意的，是要受他所处的社会环境和条件规范的影响，这种规范经过长期的历史演化，就形成了特定的社会秩序。所以对人的行动的研究，首先是对秩序的研究。社会行动理论把秩序看作社会共享价值与规范在人格结构的需要。把秩序看作人性中的一种内化的东西，其形成不需要工具性的手段，人们只要追求自己的目标，他们的社会化特征就会不知不觉地迫使他们对满足社会的主要需要做贡献，而形成秩序。

本研究基于特定的社会情境来探索本土领导者的角色，尤其是文化和社会系统层面，提出市场政略家领导角色。然而，社会情境中的规范秩序更需要从本土领导者内化的心理特征角度分析其行动的原因，本研究从社会化视角探索了市场政略家的形成机理，从而反映中国社会情境下该角色存在的必然性。

（3）领导特质理论

领导特质研究是基于发现有效领导者的特质而展开的，最早可以追溯到

Galton （1869）的研究，认为领导特质是天生或遗传的。19世纪末20世纪初，领导特质研究一直处于领导研究的主导地位。其研究的兴盛一直持续到20世纪40年代，基于Stogdill （1948）和Mann （1959）对领导特质研究的回顾与反思，学界发现领导特质研究没有与领导行为及情境进行有效结合而存在研究的孤立性，领导特质研究随之衰落。直到20世纪80年代，魅力型领导（House，1976）及变革型领导（Burns，1978；Bass，1985）出现，人们在关注领导情境的基础上又对领导特质的研究重视起来，领导特质研究又得到了复苏（Judge et al.，2002；Zaccaro et al.，2004；Zaccaro，2007）。

　　在领导特质研究"兴起—衰落—复苏"的发展历程中，特质经常与人格、性格、气质及能力等联系在一起（Zaccaro et al.，2004；Zaccaro，2007）。Kirkpatick 和 Locke （1991）认为特质是指个体的一般特征，包含能力（capacities）、动机（motives）及行为模式（patterns of behavior）；Yukl （2010）认为特质是个体的一系列特征，包含个性（personality）、性格（temperament）、需要（needs）、动机（motives）和价值观（values）等；Kassin （2003）认为特质是个体的行为模式、思维及情绪；Zaccaro 等（2004）把特质界定为相互影响并统一为整体的个人特征；Garzia （2011）认为特质是具有个体差异的并能影响行为的个人特征。这些都是对特质非常经典的界定。Kirkpatick 和 Locke （1991）、Yukl （2010）、Kassin （2003）的界定体现了特质是一个广义的概念，全面代表了个体的特征。Zaccaro 等（2004）的界定体现了领导特质之间具有复杂的、一致的关系，综合地作用于领导。Garzia （2011）的界定强调了特质对行为的作用。综合这些界定，本研究认为特质是广义的并整体作用于行为的个体特征。

　　领导特质对领导的作用研究主要表现为对领导者成长和领导有效性的影响（Zaccaro et al.，2004；Zaccaro，2007）。领导特质对领导者成长的作用研究需要基于领导者的社会化进行探索。《领导力季刊》（The Leadership Quarterly）在领导研究领域具有极大的影响力，所以，作者整理了《领导力季刊》1991～2017年发表的关于领导特质的论文共95篇，其中仅有5篇（Guerin et al.，2011；Harms et al.，2011；Reichard et al.，2011；Murphy and Johnson，2011；Xu et al.，2014a）是基于领导者的社会化成长视角进行研究的。领导特质形成于并作用于领导者的社会化过程。Parsons（1951）所提到的社会秩序在行动中的内化是需要社会化的过程逐步被行动者认知和接受的，在这一过程中，特质一直在形成、演化并发挥着作用，从而决定了领导者的行为和角色。

　　领导特质对领导有效性的作用研究主要集中于领导特质基于情境对领导行为的影响（Yukl and Van Fleet，1992；Kenrick and Funder，1988；Tett and Guterman，2000）。最为突出的是 Tett 和 Guterman （2000）所提出的特质激活理论（trait activation theory），该理论强调个人和情境的互动，特质基于情境而选择性呈现，以实现领导的有效性。特质的选择性呈现需要一致于角色。

　　领导特质形成于并作用于领导者的社会化过程，并决定和一致于领导者的行为和角色。本研究关注角色背后的领导特质，并延伸到社会化过程中进行探索。从而发现了四类领导特质，并发现了这些特质与六大行为基础的一致性关系。因此，本研究在特质理论上对特质进行聚类，并结合社会化和角色进行研究，对特质理论起到了突破。

　　（4）和谐管理理论

　　和谐管理理论来自于席酉民 1987 年提出的"和谐理论"，以组织内部的"内耗"为起点，认识到"人的因素"在内耗中起着核心作用（席酉民等，2013）。从而提出了和谐主题、和则、谐则及和谐耦合四个基本概念用来描述组织在复杂多变环境下的运行机制。和谐管理理论基于环境、组织及领导（E-O-L）的互动，诠释领导者战略设计、和谐主题确定及基于和谐主题的"和"则（诱导演化）与"谐"则（优化设计）的动态耦合以实现组织绩效的整个领导过程（席酉民等，2006）。和谐管理理论突出了领导有效性的两个层面，即战略层面的愿景及和谐主题的确定，以及执行层面的"和"与"谐"的双规则动态耦合。

　　本土领导角色研究需要关注战略和执行两个层面的问题，提炼本土领导角色及其作用。从战略层面来讲，基于 E-O-L 的互动，战略制定与和谐主题的漂移过程中，中国企业领导者承担了什么角色。从执行层面来讲，和则与谐则的互动耦合过程中，中国企业领导者承担了什么角色。

　　领导、环境及组织的具有天然的互动关系（Weiner and Mahoney，1981），三者的互动决定了组织的有效发展。本研究发现，市场政略家是跨越战略及执行层面的互动角色，利用市场敏感及政治敏感来实现 E-O-L 的有效互动和战略的有效执行，不仅能挖掘市场中的战略机会价值，更有利于战略的执行与实施执行，并从市场规则及企业谋略两个角度在以局任势的循环过程中对市场机会及每个事务进行有效处理，实现其目标。同时，市场政略家的信念维度强调了领导者做企业的真实目的，是领导者自我价值实现的最终表达，统一了国家、企业及领导者的关系。市场政略家的机会型维度保障了战略的设计，谋略型维度保障了执行的有效，信念型维度保障了领导者的信念倾向，三者从不同角度对领导的有效性产生了作用，完美地打造了市场政略家角色。市场政略家的行为及行为基础在战略及执行层面的分布如图 7-2 所示。从而，本研究发现，市场政略家与和谐管理理论的内容是相联系的。经过席西民教授及其研究团队多年的探索和研究，和谐管理理论已经建立了包括"和谐主题"、"和则"、"谐则"、"诱导演化"、"优化设计"及"和谐耦合"等在内的理论框架（席西民等，2006）。如图 7-3 所示，领导（L）与组织（O）及环境（E）进行有效互动，我们通过分析判断，基于组织愿景制定战略意图，基于战略意图进行和谐主题（HT）辨识和确定。然后围绕和谐主题确定"和则"（HP）和"谐则"（XP）体系，通过和谐耦合（HC）实现和谐主题，使组织形成和谐(HX)运转的机制状态,从而达到组织的高绩效(P)。

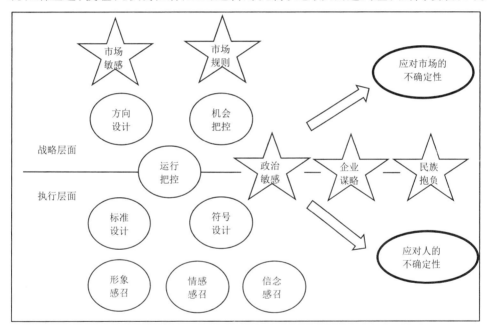

图 7-2　市场政略家领导行为及行为基础分布图

　　下面将分别从和谐管理中的和谐主题、和则、谐则、和谐耦合的角度分析市场政略家与其间的联系。

　　1）与和谐主题的联系

　　和谐管理理论提出和谐主题概念是对战略理论的突破，和谐管理理论认为和谐主题是指组织在战略实施过程中所面临的具有一定阶段稳定性、可操作性和全局指导意义的核心任务和核心问题。战略长期的规划是一种基于愿景、现状和未来预测的企业发展路径设计，然而，由于环境的复杂性和不确定性，原本设计的路径是需要阶段性调整的，也就是说，每个阶段的和谐主题是重新辨识和制定的，但是，领导者对未来的和谐主题需要临近时才能辨识和确定，所以，和谐主题是随着时间及空间的变化而漂移的，这是一个设计和演化的统一过程，这也说明战略是具有柔性的。因此，企业发展的路径是基于战略设计而进行阶段性调整的不规则的发展路径。市场政略家基于市场敏感、政治敏感、市场规则、企业谋略对和谐主题进行设计与把控。前面已经说过，设计是一种状态行为，把控是一种过程行为，两者的结合共同应对了和谐主题的漂移，从而保证了企业的健康发展，如图 7-4 所示。

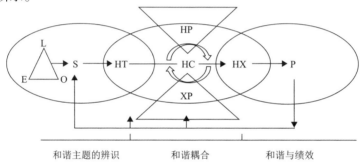

图 7-3　和谐管理理论基本框架

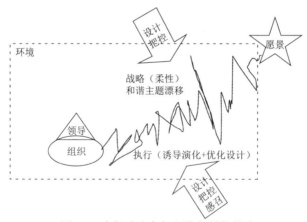

图 7-4　市场政略家与和谐主题的联系

市场方向设计保障了企业的发展方向，机会把控保障了企业发展中对机会的捕捉和运用，从而保障了和谐主题的有效辨识和漂移。所以，市场政略家的方向设计和机会把控是和谐主题辨识和确定的基础。

2）与"和则"及"谐则"的联系

和谐管理理论主张和谐主题下的"和则"与"谐则"的并存。和则是实现环境诱导下行为主体自主演化的基本原则，是对人的行为及人际关系进行协调和控制的管理机制。谐则是指导理性设计的基本原则。针对系统内的各种理性设计，包含管理及工艺流程、管理制度等方面的设计。和谐管理理论认为，和则是对人的诱导演化，能动制变，使其自发地投入工作中；谐则是针对系统状态的各种设计，是一个优化的过程。和则与谐则是执行层面双规则，共同对和谐主题的实现发挥作用。

市场政略家的设计、把控及感召行为为和则及谐则的发挥起到直接作用。对于和则，市场政略家的运行把控、情感感召及信念感召是其发挥作用的工具性行为。运行中对组织内外部的综合把握与掌控是和则存在的保障，情感感召从内心情感方面争得部署的归属，信念感召更从内在信念激发部署对领导者的敬佩，从而形成信念的归属。这三种领导行为背后的基础是市场规则、企业谋略和民族抱负。基于市场规则的以局任势是企业谋略的核心，它能够有效地通过"势"的运用来征服部署的情感。民族抱负是信念感召的基础。

对于谐则，市场政略家标准设计、运行把控是其发挥作用的工具性行为。运行中对组织内外部的综合把控同样是谐则存在的保障，对机制、团队、制度等一系列的标准设计是谐则的体现。标准设计和运行把控背后的基础是市场政略家对市场规则的遵循。

因此，市场政略家的设计、把控及感召为执行层面的和则及谐则提供了工具性基础。

3）与和谐耦合的联系

和谐管理理论主张的和谐耦合是一个和则与谐则围绕和谐主题在组织不同层级间相互作用的适应和演化的过程，而组织的管理体系也正是"诱导演化"和"优化设计"在一定条件下互动耦合的结果。和谐耦合表现为三点（席酉民等，2005）：一是和则与谐则的相互作用、相互支持及相互匹配程度体现了系统的共时耦合；二是和则与谐则在一定条件下的相互转化，体现了系统的动态发展；三是系统在和则、谐则作用下，所体现的特征是系统整体所具有的，而非和则或谐则单独起作用所能够产生的，所以，和中有谐，谐中有和，和、谐相互渗透，通过围绕和谐主题的互动耦合，系统结成了一个整体，为动态一致性的达成提供了条件。

市场政略家是市场与"政略"的融合，市场中有政略，政略中有市场，两者的交互形成了市场政略家这一领导角色统一体。所以，市场政略家的"政略"和"市场"两种功能分别对应了和谐管理理论的和则与谐则。在这一角色上实现了和则与谐则的互动耦合。也就是说，领导者的市场政略家角色中"政略"与"市场"的互动耦合完美对应了组织系统中的和则与谐则的互动耦合。使双规则由组织系统统一到了领导角色中。

　　综上，本研究得出了市场政略家与和谐管理理论整体联系，如图 7-5 所示。市场政略家是一个整体双重概念，发挥着市场和政略功能，两者相互交融，基于市场敏感、市场规则、政治敏感、企业谋略、民族抱负行使着设计、把控及感召行为，分别从战略和执行层面将和谐主题的辨识与漂移、和则与谐则的互动耦合紧密联系，对组织系统发挥整体作用。

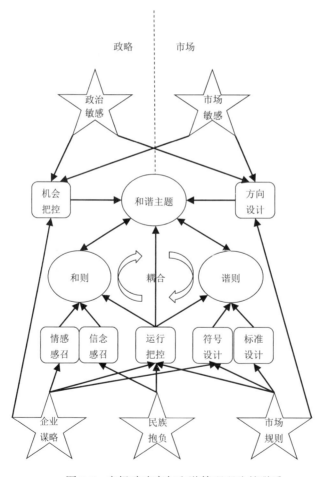

图 7-5　市场政略家与和谐管理理论的联系

本研究基于和谐管理理论的启发，关注战略和执行两个层面的行为和角色，从而发现了市场政略家的领导行为及行为基础与和谐主题、和则、谐则、和谐耦合的一致性关系。在和则与谐则的工具性行为上进行了具体化和拓展。

（5）与当前相关领导角色研究的对比

本研究关注领导角色理论的本土诉求，基于中国企业领导者的本土现象建构了一种本土领导角色——市场政略家，并从中国的政治、历史及文化的角度分析了他的存在。丰富了领导角色理论。

1）与明茨伯格管理者角色理论的比较

明茨伯格摆脱了传统的管理职能（POLC）的束缚，从角色的角度观测了管理者的日常工作。从而提出了三类角色，即人际角色（interpersonal roles）、决策角色（decisional roles）及信息角色（informational roles）三类角色。明茨伯格重在强调管理者的日常工作，没有从企业领导者（一把手）的角度关注领导者应该具备的角色。本研究不仅关注领导者所承担的角色，更加关注了领导角色的本土属性，基于中国企业领导者的本土现象提出了市场政略家角色。市场政略家角色跨越了明茨伯格的三类角色，同时延伸并超越了明茨伯格的十大角色（代表人、领导者、联络者、监督者、传播者、发言人、企业家、混乱驾驭者、资源分配者、谈判者）。市场政略家基于市场敏感和政治关联来挖掘市场中的机会价值，超越了明茨伯格的人际关系角色中的联络者角色（与组织内个人、小组一起工作，与外部利益相关者建立良好的关系）、信息角色中的监督者角色（持续关注内外环境的变化以获取对组织有用的信息，接触下属或从个人关系网获取信息，依据信息识别工作小组和组织潜在的机会和威胁）、决策角色中的企业家角色（对作为监督者发现的机会进行投资以利用这种机会）。市场政略家基于市场规则和企业谋略保障战略的执行，超越了决策角色中的混乱驾驭者角色（处理组织运行过程中遇到的冲突或问题）及谈判者角色（花费了大量时间，对象包括员工、供应商、客户和其他工作小组，进行必要的谈判，以确保小组朝着组织目标迈进）。市场政略家的基于企业谋略的感召行为超越了人际关系角色中的代表人角色（作为首脑必须行使一些具有礼仪性质的角色）、领导者角色（管理者和员工一起工作并通过员工的努力来确保组织目标的实现）、信息角色中的传播者角色（分配作为监督者获取的信息，保证员工具有必要的信息，以便切实有效完成工作）、发言人角色（把角色传递给单位或组织以外的个人，让相关者了解感到满意）。

总之，明茨伯格重在强调管理者的日常工作，没有从企业领导者（一把手）

的角度关注领导者应该具备的角色。十大角色无法解释张瑞敏的领导现象。本研究不仅关注领导者所承担的角色，更加关注了领导角色的本土属性，市场政略家角色跨越了明茨伯格的三类角色，同时延伸并超越了明茨伯格的十大角色。

2）与其他领导角色研究的比较

关于领导角色的研究文献中具有代表性的是 Quinn 等的研究。Quinn（1984，1988）基于柔性、稳定性、组织内部及外部四个维度的竞值架构模型归纳出八种领导角色：导师、辅助者、监督者、协调者、指导者、生产者、革新者和经纪人。导师关注部属的成长发展等，与市场政略家的设计行为接近，但市场政略家的设计（方向、标准及符号设计）基于现在和未来系统的综合角度对团队进行设计，进行整体的优化，含义更加丰富。辅助者关注观点表达、调和冲突及参与等，监督者关注员工及组织的绩效，协调者关注关系、问题、程序及规则等的协调，这三种角色与市场政略家角色的运行把控接近，但市场政略家更加突出市场与政略的综合性，关注基于市场规则的企业谋略的运用，其含义更加丰富，且更加突出本土性。指导者关注组织及目标的设计与指导，与市场政略家的方向设计及标准设计接近，但方向设计是基于市场敏感的设计行为，更加关注市场中的机会，标准设计包含机制、团队、标准等，含义更为丰富。生产者关注生产的执行，与市场政略家角色的运行把控接近，但市场政略家综合发挥市场及政略的功能，保证生产的有效执行，含义更为丰富，并且具有本土性。革新者关注企业的变革，与市场政略家的方向设计与运行把控相近，但方向设计是基于运行把控的设计，关注市场的局与势，比革新者含义更加丰富。经纪人关注借用中间作用获取资源，与市场政略家角色的运行把控和感召行为接近，但运行把控和感召是基于政治关联和企业谋略的综合行为，更具有本土性。

Hart 和 Quinn（1993）基于 Quinn（1984，1988）的前期研究整合出四种领导角色：愿景确定者、激励者、分析者及任务掌控者。市场政略家的设计与愿景确定者、分析者角色行为接近，市场政略家的感召及运行把控行为与激励者、任务掌控者角色接近，相比之下，市场政略家的含义也相对丰富，且具有本土性。当然，这四种领导者角色也无法解释张瑞敏的领导现象。

7.2.4　市场政略家领导角色的理论及现实启发

市场政略家角色有效刻画出了中国企业领导者在中国的生存状态，在当前世界都在关注中国的时期，本研究能为领导研究者认知中国的企业领导者提供很好的理论借鉴。本研究对已有角色理论及研究在本土属性的关注上具有推动作用。

　　中国自改革开放以来，在市场中摔打出了一批像张瑞敏这样的企业家，他们经历了"文化大革命"时期的创伤，经历了改革开放初期由计划经济向市场经济转型时期的探索，经历了市场经济体制下的激烈竞争，经历了每一个决策时的战战兢兢……这些企业家是中国企业发展的见证者，更是使中国企业在世界说"我行"的实践者。市场政略家领导角色恰恰诠释了这一批中国企业家的存在状态和领导现象。本研究所发现的三种领导行为和六种行为基础能够为实践者提供有效的借鉴。

　　本研究诠释了政略的内涵，即政治敏感、企业谋略和民族抱负。

　　政治敏感中的政治关联是最为敏感的，因为这是一种政商关系，尤其是当前所看到的一些不同级别的政府官员因为腐败而纷纷下马，事实也已经证明，这种不健康的政商关系已经严重损害了国家和人民的利益。但是，市场政略家的"政治关联"是基于领导者的真诚、成绩、坚韧及对企业的执着而感动政府，从而获得政府的支持，并同时被选为人大代表或政协委员。张瑞敏就有这样的政治关联，这样的政治关联是健康的，能对市场的资源配置进行优化，这对国家及人民是有利的。我们提倡这种健康的政商关联，从而推动中国经济的发展。我们呼吁这种健康的政治关联，这是实现中国梦的正能量！

　　企业谋略也是敏感的，这不是指用谋略来获取政治地位和权力，而是像历史上的政治家一样关注"局"和"势"，思方行圆。把中国传统的智慧运用到企业管理中去（刘刚，2010）。这种企业谋略不是钩心斗角、尔虞我诈的伪国学，而是一种大智慧。这是一种正能量！

　　民族抱负是中国企业家应该具备的，它和国家的尊严联系在一起，就像奥运会、世界杯等赛场上的运动员一样，他们是带着国家尊严而去征战，每当自己祖国的国歌响起的时候，运动员的狂呼或泪水充分体现了他们内心的民族信念和抱负。张瑞敏就是全球企业赛场上的运动员，他要向世界证明中国的企业也行！这才是真正的企业家精神！这是一种正能量！

　　所以，本研究能够促使现实中的企业家或实践者进行反思，反思企业，反思市场，反思社会，从而激发内心的正能量！

7.2.5　本研究的局限和未来研究方向

　　本研究基于张瑞敏个案进行研究，虽然数据已经使理论饱和，但是，结论的普适性会遭到挑战。因此，本研究未来会在此基础上分析其他领导者，从而丰富现有结论。

领导特质不是一成不变的，是动态演化的，因此，基于特质的动态演化研究本土领导角色是未来的主要研究方向。

虽然本研究在企业谋略中涉及了领导者基于特定情境的心理扭曲问题，但没有进行深入探索。所以，未来需要基于领导者的心理扭曲来进行探索。

总之，本研究基于中国的本土领导现象界定了市场政略家这一本土领导角色，刻画了中国的企业领导者在中国的生存状态，理解这一角色能够使领导研究者更深入理解中国的领导者，并对实践者如何成为有效的领导和如何更好地履行自己的责任和义务提供了有效的借鉴。在当前世界各国学者都在对中国的本土管理现象感兴趣的时代，希望本研究能够为其他学者理解中国的本土领导提供启发，并且为在中国从事商业行为的国外领导者提供借鉴。

参 考 文 献

曹仰锋，李平. 2010. 中国领导力本土化发展研究:现状分析与建议. 管理学报, 7 (11):
  1704-1709.

陈鼓应. 2010. 道家易学建构. 上海: 商务印书馆.

陈述文. 2000. 海尔的人力资源管理之谜. 企业改革与管理, (12): 36-37.

陈宪. 2015. 企业家精神是经济增长原始动力. 文汇报, 10-21(005).

陈向明. 2008. 从 "范式" 的视角看质的研究之定位. 教育研究, (5): 30-35.

邓津 N K, 林肯 Y S. 2007. 定性研究: 1-4 卷. 风笑天译.重庆: 重庆大学出版社.

邓小平. 1993. 邓小平文选(第三卷). 北京: 人民出版社.

樊景立，郑伯埙. 2000. 华人组织的家长式领导: 一项文化观点的分析. 本土心理学研究, (13):
  127-181.

郭重庆. 2008. 中国管理学界的社会责任与历史使命. 管理学报, 5(3): 320-322.

韩巍.2009. "管理学在中国" ——本土化学科建构几个关键问题的探讨.管理学报, 6(6): 711-717.

韩巍，席酉民. 2009. 不确定性——支配权——本土化领导理论:和谐管理理论的视角.西安交通
  大学学报(社会科学版), 29(5): 7-17.

胡泳. 2007. 张瑞敏谈管理. 杭州: 浙江人民出版社.

胡泳，秦劭斐. 2008. 张瑞敏管理日志. 北京: 中信出版社.

科特金 J. 2006.全球城市史. 王旭译.北京: 社会科学文献出版社.

李东泉，周一星.2006.青岛的历史地位及其城市规划史研究的意义.城市规划, (4): 54-59.

李平. 2010. 中国管理本土研究:理念定义及范式设计.管理学报, 7(5): 633-641, 648.

李平. 2013. 中国本土管理研究与中国传统哲学. 管理学报, 10(9): 1249-1261.

李忠义. 1999. 张瑞敏的用人之道.市场经济导报, (5): 32-33.

林赛. 2009. 商儒张瑞敏. 北京: 现代出版社.

刘刚. 2010. 中国传统文化与企业管理. 北京: 中国人民大学出版社.

马树华. 2011. "中心" 与 "边缘": 青岛的文化空间与城市生活（1898～1937）. 华中师范大
  学博士学位论文.

孟建平，霍国庆. 2008. 领导理论丛林与领导学科的发展.科学学与科学技术管理, 29 (3):
  160-166.

綦孝东，焦红红. 2012. 传奇张瑞敏的家族故事. 蓝色快报, 08-14 (003).

宋定国. 2013. 国学探疑. 北京: 首都师范大学出版社.

吴天明. 2002. 首席执行官. 北京: 作家出版社.

吴晓波. 2007. 激荡三十年（上）. 北京: 中信出版社.

吴晓波. 2008. 激荡三十年（下）. 北京: 中信出版社.

吴晓波. 2009. 跌荡一百年. 北京: 中信出版社.

奚从清. 2010. 角色论——个人与社会的互动. 杭州: 浙江大学出版社.

席西民, 韩巍. 2010. 中国管理学界的困境和出路: 本土化领导研究思考的启示. 西安交通大学学报(社会科学版), 30(2): 32-40.

席西民, 葛京, 等. 2005. 和谐管理理论案例及应用. 西安: 西安交通大学出版社.

席西民, 韩巍, 葛京, 等. 2006. 和谐管理理论研究. 西安:西安交通大学出版社.

席西民, 刘鹏, 孔芳, 等. 2013. 和谐管理理论: 起源启示与前景. 管理工程学报, 27(2): 1-8.

夏征农, 陈至立. 2010. 辞海. 上海: 上海辞书出版社.

信息网络观察员. 2007. 水无常形 以变制变. 信息网络, (9): 6.

徐立国, 席西民, 葛京, 等. 2012. 中国本土领导研究的一种框架及操作: 基于张瑞敏个案的研究过程示例. 管理学报, 9(10):1430-1438.

徐立国, 葛京, 席西民, 等. 2013. 企业发展过程中的本土领导角色及行为. 管理学报, 10(11):1567-1576.

徐立国, 席西民, 郭菊娥, 等. 2016. 社会化过程中领导特质的类型及其形成与关系研究.南开管理评论, 19(3): 51-63.

徐淑英, 张志学. 2005. 管理问题与理论建立:开展中国本土管理研究的策略.南大商学评论, (4): 1-18.

颜志刚, 李刚. 1999. 海尔惠普坐而论道.中国企业家, (7): 48-50.

张大鹏. 2012. 张瑞敏管理真经:中国顶级 CEO 的经营管理智慧. 北京: 中国经济出版社.

张瑞敏. 1995. 推行日清日高管理法走名牌效益型发展道路.质量管理, (5): 33-37.

张瑞敏. 2000. 海尔的竞争优势在于创新. 中国质量万里行, (9):25-29.

张瑞敏. 2006a. 从质量竞争优势上升到世界名牌.中国品牌, (1): 20-25.

张瑞敏. 2006b. 企业家应该问计于谁. IT 时代周刊, (24): 16.

张瑞敏. 2007. 企业家是社会精神的代表.企业家天地, (7): 36-37.

张瑞敏. 2017. 张瑞敏:让企业家精神成长为一片森林. 南方企业家, (10): 21.

张胜冰, 马树华. 2007. 青岛文化的历史文脉对城市文化精神的影响.中国海洋大学学报(社会科学版), (4):24-28.

张维迎. 2014. 张维迎谈"企业家精神与中国经济的转型". http://book.sina.com.cn/news/c/ 2014-07-17/ 1727651124.shtml[2014-07-17].

张兴龙. 2011. 张瑞敏的儒商智慧. 杭州: 浙江大学出版社.

张忠. 1999. 张瑞敏回顾二十年.中国乡镇企业, (2): 20-22.

赵琪修, 袁荣叟. 1928. 胶澳志. 青岛: 青岛华昌印刷局.

赵子仪. 2010. 张瑞敏商道真经. 北京: 新世界出版社.

Alexander L D. 1979. The effect level in the hierarchy and functional area have on the extent Mintzberg's roles are required by managerial jobs//Academy of Management Proceedings. Academy of Management: 186-189.

Allen V L, van de Vliert E. 1984. Role transitions: Explorations and explanations. New York: Plenum.

Arvey R D, Rotundo M, Johnson W, et al. 2006. The determinants of leadership role occupancy: Genetic and personality factors. The Leadership Quarterly, 17(1): 1-20.

Arvey R D, Zhang Z, Avolio B J, et al. 2007. Developmental and genetic determinants of leadership role occupancy among women. Journal of Applied Psychology, 92(3): 693-706.

Avolio B J, Rotundo M, Walumbwa F O. 2009. Early life experiences as determinants of leadership role occupancy: The importance of parental influence and rule breaking behavior. The Leadership Quarterly, 20(3): 329-342.

Bai C E, Lu J, Tao Z. 2006. Property rights protection and access to bank loans: Evidence from private enterprises in China. Economics of Transition, 14(4): 611-628.

Barbara J, Bank B J, Biddle B J, et al. 1977. Normative, preferential, and belief modes in adolescent prejudice. The Sociological Quarterly, 18(4): 574-588.

Barney J B, Zhang S. 2009. The future of Chinese management research: A theory of Chinese management versus a Chinese theory of management. Management and Organization Review, 5(1): 15-28.

Bartone P T, Snook S A, Forsythe G B, et al. 2007. Psychosocial development and leader performance of military officer cadets. The Leadership Quarterly, 18(5): 490-504.

Bass B M. 1985. Leadership beyond expectations. New York: The Free Press.

Bass B M. 1990. Bass and Stogdill's handbook of leadership. New York: The Free Press.

Bates F L, Harvey C C. 1975. The structure of social systems. New York: John Wiley and Sons.

Belbin R M. 1993. Team roles at work. Oxford: Butterworth-Heinemann.

Biddle B J. 1979. Role theory: Expectations, identities, and behaviors. New York: Academic Press.

Biddle B J. 1986. Recent developments in role theory. Annual Review of Sociology, 12(1): 67-92.

Biddle B J, Bank B J, Marlin M M. 1980a. Parental and peer influence on adolescents. Social Forces, 58(4): 1057-1079.

Biddle B J, Bank B J, Marlin M M. 1980b. Social determinants of adolescent drinking; what they think, what they do and what I think and do. Journal of Studies on Alcohol and Drugs, 41(3): 215-241.

Biddle B J, Bank B J, Anderson D S, et al. 1985. Social influence, self-referent identity labels, and behavior. The Sociological Quarterly, 26(2): 159-185.

Blake R R, Mouton J S. 1962. The managerial grid. Houston: Gulf Publishing Company.

Bowen H R. 1953. Social responsibilities of the businessman. New York: Harper and Row.

Brady E H. 1948. Education for leadership. Journal of Educational Sociology, 21(9): 507-517.

Bromley D B. 1986. The case-study method in psychology and related disciplines. New York: John Wiley and Sons.

Bryman A. 1992. Charisma and leadership in organizations. London: Sage.

Bryman A. 2004. Qualitative research on leadership: A critical but appreciative review. The Leadership Quarterly, 15 (6): 729-769.

Buchholz R A, Rosenthal S B. 2005. The spirit of entrepreneurship and the qualities of moral decision making: Toward a unifying framework. Journal of Business Ethics, 60 (3): 307-315.

Burns J M. 1978. Leadership. New York: Harper and Row.

Burt R S. 1976. Positions in networks. Social forces, 55(1): 93-122.

Burt R S. 1982. Toward a structural theory of action: Network models of social structure, perception, and action. New York: Academic.

Campbell D T. 1975. Degrees of freedom and the case study. Comparative Political Studies, 8(2):178-193.

Charmaz K C. 2006. Constructing grounded theory: A practical guide through qualitative analysis. London: Sage.

Chen Y R, Leung K, Chen C C. 2009. Bringing national culture to the table: Making a difference with cross-cultural differences and perspectives. Academy of Management Annals, 3(1): 217-249.

Chess S, Thomas A. 1978. Temperamental traits and parent guidance. New York: Brunner.

Clardy A. 1997. Studying your workforce: Applied research methods and tools for training and development practitioners. Thousand Oaks: Sage.

Colvin G. 2008. Talent is overrated: What really separates world-class performers from everybody else. New York: Penguin Publishing.

Cooley C H. 1956. Social organization. Livingston: Transaction Publishers.

Davis K. 1960. Can business afford to ignore social responsibilities? California Management Review, 2(3): 70-76.

Davis K, Blomstrom R L. 1966. Business and its environment. New York: McGraw-Hill.

Day D V, Antonakis J. 2011. The nature of leadership. Thousand Oaks: Sage.

Day D V, Sin H P, Chen T T. 2004. Assessing the burdens of leadership: Effects of formal leadership roles on individual performance over time. Personnel Psychology, 57(3): 573-605.

Denhardt R B, Denhardt J V. 2006. The dance of leadership: The art of leading in business, government, and society. Armonk: M.E. Sharpe.

Dooley L M. 2002. Case Study Research and Theory Building. Advances in Developing Human Resources, 4 (3): 335-354.

Durham C C, Knight D, Locke E A. 1997. Effects of leader role, team-set goal difficulty, efficacy, and tactics on team effectiveness. Organizational Behavior and Human Decision Processes, 72(2): 203-231.

Eisenhardt K M. 1989. Building theories from case study research. Academy of management review, 14(4): 532-550.

Eisenberg N, Lennon R. 1983. Sex differences in empathy and related capacities. Psychological Bulletin, 94(1): 100-131.

Enright R D, Lapsley D K. 1980. Social role-taking: A review of the constructs, measures, and measurement properties. Review of Educational Research, 50(4): 647-674.

Fiedler F E. 1967. A theory of leadership effectiveness. New York: McGraw-Hill.

Fisher C D, Gitelson R. 1983. A meta-analysis of the correlates of role conflict and ambiguity. Journal of applied psychology, 68(2): 320-333.

Ford J. 2005. Examining leadership through critical feminist readings. Journal of Health Organzation and Management, 19 (3): 236-251.

Fry L, Kriger M. 2009. Towards a theory of being-centered leadership: Multiple levels of being as context for effective leadership. Human Relations, 62(11): 1667-1696.

Galton F. 1869. Hereditary genius. New York: Appleton.

Garzia D. 2011. The personalization of politics in western democracies: Causes and consequences on leader-follower relationships. The Leadership Quarterly, 22(4): 697-709.

Ghauri P, Fang T. 2001. Negotiating with the Chinese: A socio-cultural analysis. Journal of World Business, 36(3): 303-325.

Ghiselli E E. 1971. Exploration in managerial talent. New York: McGraw-Hill.

Gibb C A. 1947. The principles and individuals differences of leadership. Journal of Abnormal and Social Psychology, 42(4):267-284.

Glaser B, Strauss A. 1967. The Discovery of Grounded Theory. Chicago: Aldine.

Glasgow K L, Dornbusch S M, Troyer L, et al. 1997. Parenting styles, adolescents' attributions, and educational outcomes in nine heterogeneous high schools. Child development, 68(3): 507-529.

Goslin D A. 1969. Handbook of socialization theory and research. Chicago: Rand McNally.

Granovetter M S. 1973. The strength of weak ties. American Journal of Sociology, 78(6): 1360-1380.

Gross N, Mason W S, McEachern A W. 1958. Explorations in role analysis: Studies in the school superintendency role. New York: John Wiley and Sons.

Guerin D W, Oliver P H, Gottfried A W, et al. 2011. Childhood and adolescent antecedents of social skills and leadership potential in adulthood: Temperamental approach/withdrawal and extraversion. The Leadership Quarterly, 22(3): 482-494.

Hall E, Barger, B. 1964. Attitudinal structures of older and younger siblings. Journal of Individual Psychology, 20(1): 59-68.

Harms P D, Spain S M, Hannah S T. 2011. Leader development and the dark side of personality. The Leadership Quarterly, 22(3): 495-509.

Hart S L, Quinn R E. 1993. Roles executives play: CEOs, behavioral complexity, and firm performance. Human Relations, 46(5): 543-574.

Heiss J. 1976. Familyroles andinteraction: Ananthology, 2nd edition. Chicago: Rand McNally.

Heiss J. 1981. Social roles//Social psychology: Sociological perspectives. New York: Basic, 95-129.

Hofstede G. 1980. Culture's consequences: International differences in work-related values. Beverly Hills: Sage.

Hofstede G. 1991. Cultures and organizations. Intercultural cooperation and its importance for survival// Software of the mind. London: McGraw-Hil.

Hofstede G. 1993. Cultural constraints in management theories. Academy of Management Executive, 7 (1): 81-94.

Hollander E P. 1985. Leadership and power//Handbook of Social Psychology. New York: Random.

House R J. 1977. A 1976 Theory of Charismatic Leadership// Leadership: The cutting edge. Carbondale: Southern Illinois University Press.

Janis I L, Mann L. 1977. Decision making: A psychological analysis of conflict, choice and commitment. New York: The Free Press.

Jing R, Van de Ven A H. 2014. A Yin-Yang model of organizational change: The case of Chengdu Bus Group. Management and Organization Review, 10(1): 29-54.

Johns G. 2006. The essential impact of context on organizational behavior. Academy of Management Review, 31(2): 386-408.

Judge T A, Bono J E, Ilies R, et al. 2002. Personality and leadership: A qualitative and quantitative review. Journal of Applied Psychology, 87(4):765-780.

Judge T A, Piccolo R F, Kosalka T. 2009. The bright and dark sides of leader traits: A review and theoretical extension of the leader trait paradigm. The Leadership Quarterly, 20(6): 855-875.

Kahn R L, Wolfe D M, Quinn R P, et al. 1964. Organizational stress: Studies in role conflict and ambiguity. New York: Wiley.

Kazdin A E. 1981. Drawing valid inferences from case studies. Journal of Consulting and Clinical Psychology, 49(2):183-192.

Kassin S. 2003. Essentials of psychology. Upper Saddle River: Pearson Education.

Kegan R. 1982. The evolving self: Problem and process in human development. Cambridge: Harvard University Press.

Kelly G A. 1955. The psychology of personal constructs. New York: Norton.

Kempster S, Parry K W. 2011. Grounded theory and leadership research: A critical realist perspective. The Leadership Quarterly, 22 (1): 106-120.

Kenrick D T, Funder D C. 1988. Profiting from controversy: Lessons from the person-situation debate. American Psychologist, 43(1):23-34.

Kirkpatick S A, Locke E A. 1991. Leadership: Do traits matter? Academy of Management Perspectives, 5(2): 48-60.

Klein S R. 1999. Creating artful leadership. International Journal of Leadership in Education, 2(1): 23-30.

Kohlberg L. 1969. Stage and sequence: The cognitive-developmental approach to socialization// Handbook of socialization theory and research. New York: Rand McNally, 347-480.

Levy M J. 1952. The Structure of society. Princeton: Princeton University.

Li H, Meng L, Zhang J. 2006. Why do entrepreneurs enter politics? Evidence from China. Economic Inquiry, 44(3): 559-578.

Linton R. 1936. The study of man. Oxford: Appleton-Century.

Likert R. 1961. New patterns of management. NewYork: McGraw-Hill.

Luo Y, Huang Y, Wang S L. 2012. Guanxi and organizational performance: A meta-analysis. Management and Organization Review, 8 (1): 139-172.

Mann R D. 1959. A review of the relationship between personality and performance in small groups. Psychological Bulletin, 56(4): 241-270.

Mandel M J. 1983. Local roles and social networks. American sociological review, 48(3): 376-386.

McCall M W, Lombardo M W. 1978. Leadership: Where else can we go? Durham: Duke University Press.

McCall M W, Segrist C A. 1980. In pursuit of the manager's job: Building on Mintzberg. Greensboro: Center for Creative Leadership.

McGuire J W. 1963. Business and society. New York: McGraw-Hill.

Mead G H. 1934. Mind, self & society. Chicago: University of Chicago Press.

Meglino B M, Ravlin E C. 1998. Individual values in organizations: Concepts, controversies, and research. Journal of management, 24(3): 351-389.

Merton R K. 1968. Social Theory and social structure. New York: Simon and Schuster.

Michelson E. 2007. Climbing the dispute pagoda: Grievances and appeals to the official justice system in rural China. American Sociological Review, 72(3): 459-485.

Miles M, Huberman A M. 1984 .Qualitative data analysis. Beverly Hills: Sage.

Mintzberg H. 1973. The nature of managerial work. New York: Harper and Row.

Mitra D. 2006. Increasing student voice and moving toward youth leadership. The Prevention Researcher, 13(1), 7-10.

Moreland R L, Levine J M. 1982. Socialization in small groups: Temporal changes in individual-group relations//Advances in Experimental Social Psychology. New York: Academic, 137-192.

Moreno J L. 1934. Who shall survive? Washington: Nervous and Mental Disease Publisher.

Mumford M D. 2011. A hale farewell: The state of leadership research. The Leadership Quarterly, 22 (1): 1-7.

Murphy S E, Johnson S K. 2011. The benefits of a long-lens approach to leader development: Understanding the seeds of leadership. The Leadership Quarterly, 22(3): 459-470.

Nadel S F. 1957. The Theory of Social Structure. Glencoe: The Free Press.

Neisser U. 1967. Cognitive psychology. New York: Appleton-Century-Crafts.

Paolillo J G P. 1981. Role profiles for manager's at different hierarchical levels//Academy of Management Proceedings. Academy of Management: 91-94.

Parsons T. 1937. The structure of social Action. New York: McGraw Hill.

Parsons T. 1951. The social system. Glencoe: The Free Press.

Parsons T, Shils E A. 1951. Toward a general theory of action. Cambridge: Harvard University Press.

Piaget J. 1926. The language and thought of the child. New York: Harcourt, Brace, World.

Popenoe D, Cunningham P, Boult B. 1998. Sociology. South Africa: Prentice Hall.

Porter L W, McLaughlin G B. 2006. Leadership and the organizational context: Like the weather? The Leadership Quarterly, 17 (6): 559-576.

Quinn R E. 1984. Applying the Competing Values Approach to Leadership: Toward an Integrative Model//Managers and Leaders: An International Perspective. New York: Pergamon.

Quinn R E. 1988. Beyond rational management: Mastering the paradoxes and competing demands of high performance. San Francisco: Jossey-Bass.

Rahim M A, Psenicka C. 2005. Relationship between emotional intelligence and effectiveness of leader role: A dyadic study in four countries. International Journal of Organizational Analysis, 13(4): 327-342.

Reichard R J, Riggio R E, Guerin D W, et al. 2011. A longitudinal analysis of relationships between adolescent personality and intelligence with adult leader emergence and transformational leadership. The Leadership Quarterly, 22(3): 471-481.

Roberts B E. 1990. Political institutions, policy expectations, and the 1980 election: A financial market perspective. American Journal of Political Science, 34(2): 289-310.

Rokeach M. 1973. The nature of human values. New York: The Free Press.

Rotter J B. 1954. Social learning and clinical psychology. Englewood Cliffs: Prentice Hall.

Rousseau D M, Fried Y. 2001. Location, location, location: Contextualizing organizational research. Journal of Organizational Behavior, 22 (1): 1-13.

Rutte C G, Wilke H A M. 1984. Transition to the Leader's Role in Small Groups//Role Transitions. New York: Springer, 197-209.

Scarr S. 1992. Developmental theories for the 1990s: Development and individual differences. Child Development, 63(1):1-19.

Scarr S, McCartney K. 1983. How people make their own environments: A theory of genotype to environment effects. Child Development, 54(2): 424-435.

Schein E H. 1992. Organizational culture and leadership. San Francisco: Jossey-Bass.

Shamir B, Eilam G. 2005. "What's your story?" A life-stories approach to authentic leadership development. The Leadership Quarterly, 16(3): 395-417.

Sherif M. 1936. The psychology of social norms. New York: Harper and Brothers.

Simmel G. 1895. The problem of sociology. The Annals of the American Academy of Political and Social Science, 6(3): 52-63.

Simmons A. 2002. The Story Factor: Inspiration, Influence, and Persuasion through the Art of Storytelling. New York: Perseus Books.

Stoecker R. 1991. Evaluating and rethinking the case study. The sociological review, 39(1): 88-112.

Stogdill R M. 1948. Personal factors associated with leadership: A survey of the literature. The Journal of Psychology, 25(1):35-71.

Stryker S, Statham A. 1985. Symbolic interaction and role theory//Handbook of socialpsychology. New York: Random, 311-378.

Tett R P, Guterman H A. 2000. Situation trait relevance, trait expression, and cross-situational consistency: Testing a principle of trait activation. Journal of Research in Personality, 34(4): 397-423.

Tsui A S. 1984. A Role Set Analysis of Managerial Reputation. Organizational Behavior and Human Performance, 34(1): 64-96.

Tsui A S. 2004. Contributing to global management knowledge: A case for high quality indigenous research. Asia Pacific Journal of Management, 21(4): 491-513.

Tsui A S. 2006. Contextualization in Chinese management research. Management and Organization Review, 2(1): 1-13.

Tsui A S. 2009. Editor's introduction–autonomy of inquiry: Shaping the future of emerging scientific communities. Management and Organization Review, 5(1): 1-14.

Turner R H. 1974. Rule learning as role learning: What an interactive theory of roles adds to the theory of social norms. Interviews Journal of Critical Sociology, 1:52-73.

Turner R H. 1976. The real self: From institution to impulse. American Journal of Sociology, 81(5): 989-1016.

Turner R H. 1978. The role and the person. American Journal of Sociology, 84(1): 1-23.

Underwood B, Moore B. 1982. Perspective-taking and altruism. Psychological Bulletin, 91(1): 143.

Van de Vliert E. 1979. Gedrag in rolconfliktsituaties: 20 jaar onderzoek rond een theorie. Nederlands Tijds-chrift voor de Psychologie, 34: 125-146.

Van de Vliert E. 1981. A three-step theory of role conflict resolution. The Journal of Social Psychology, 113(1): 77-83.

Van Sell M, Brief A P, Schuler R S. 1981. Role conflict and role ambiguity: Integration of the literature and directions for future research. Human Relations, 34(1): 43-71.

Waniganayake M. 2002. Growth of leadership: With training, can anyone become a leader?// Leadership in early childhood education. Oulu: Oulu University Press: 115-125.

Weiner N, Mahoney T A. 1981. A model of corporate performance as a function of environmental, organizational, and leadership influences. Academy of Management Journal, 24(3): 453-470.

White H C, Boorman S A, Breiger R L. 1976. Social structure from multiple networks. I. Blockmodels of roles and positions. American journal of sociology, 81(4): 730-780.

Whetten D A. 2009. An examination of the interface between context and theory applied to the study of Chinese organizations. Management and Organization Review, 5 (1): 29-55.

Winship C, Mandel M. 1983. Roles and positions: A critique and extension of the blockmodeling approach//Sociological Methodology. San Francisco: Jossey-Bass: 314-344.

Wright D. 1971. The psychology of moral behaviour. Oxford: Penguin Publishing.

Xu L, Fu P, Xi Y. 2014a. Adding dynamics to a static theory: How leader traits evolve and how they are expressed. The Leadership Quarterly, 25(6): 1095-1119.

Xu L, Fu P, Xi Y. 2014b. Suzhi: An indigenous criterion for Human Resource Management in China. Journal of Chinese Human Resource Management, 5(2): 129-143.

Xu L, Fu P, Xi Y. 2014c. Values: The "dictator" of leader Traits. Academy of Management Annual Conference.

Yang J T. 2007. Knowledge sharing: Investigating appropriate leadership roles and collaborative culture. Tourism Management, 28(2): 530-543.

Yin R K. 1981. The Case Study Crisis: Some Answers. Administrative Science Quarterly, 26(1): 58-65.

Yin R K. 1994. Case study research: Design and methods, 2nd edition. London: Sage.

Yukl G. 2010. Leadership in organizations, 7th edition. Englewood Cliffs: Prentice Hall.

Yukl G, Van Fleet D D. 1992. Theory and research on leadership in organizations. In: Dunnette M D, Hough L M (eds.). Handbook of industrial and organizational psychology. Palo Alto: Consulting Psychologists Press.

Zaccaro S J. 2007. Trait-based perspectives of leadership. American Psychologist, 62(1):6-16.

Zaccaro S J, Kemp C, Bader P. 2004. Leader traits and attributes//The nature of leadership. Thousand Oaks: Sage.

附 录　研 究 设 计

1. 研 究 方 法

虽然，对领导的研究与人类文明出现的时间几乎是同步的（Bass，1990），但是还原论下满足自然科学范式的基于变量关系的实证研究一直是领导研究的主流范式。而中国本土领导研究是基于中国的社会情境，"扎根"于中国本土领导者的故事之中，以中国本土视角分析中国本土领导的独特现象或元素，探索具有中国本土意义的新发现。中国本土领导研究的本土视角及特殊对象决定了研究者需要融合中国本土领导者的视域，对中国本土领导者的历史及现状进行分析，从领导的成长发展及其与其他客体的互动中透视规律。中国本土领导研究具有"价值有涉"、"历时性"及"探索性"等特点（徐立国等，2012）。长于验证"变量间关系"的量化研究（quantitative research）往往满足于"断面可测性"数据的收集与分析。但是，领导现象中的复杂性关系使其只是在表面现象和片段事件上兜圈子，而没有触及完整的领导过程及深层机理，对中国本土领导研究的现象深层次的诠释和理论建构已无能为力。

"通过与研究对象互动对其行为和意义建构获得解释性理解的"（陈向明，2008）质性研究（qualitative research）策略已越来越受到关注。质性研究"强调社会现实的建构性，强调研究者与他（她）所研究的对象之间的密切关系，强调研究问题受情境的限制"，质性研究者"强调研究的价值承载性质"。而量化研究"强调变量间因果关系的测量和分析，而不是过程。这种研究的拥护者声称，他们的工作是在一种价值无涉的框架内完成的"（邓津和林肯，2007）。西方的领导研究者已经意识到当前研究范式问题(Fry and Kriger，2009；Mumford，2011)，领导研究的多元研究范式如扎根理论（Kempster and Parry，2011）、案例研究

（Eisenhardt，1989）等，以及多种资料形式如质性资料（Bryman，2004）已被学界所倡议。这种充满复杂人性，以及人际互动冲突的、鲜活的领导过程更多地倾向于扎根理论和案例研究等这些能够反映"历时性"、"行动性"及"机制性"特质的质性研究方法。

在质性研究层面，以理论构建著称的研究方法是最早由 Glaser 和 Strauss（1967）提出的扎根理论，"提倡在基于数据的研究中发展理论，而不是从已有的理论中演绎可验证性的假设。"（Charmaz，2006）扎根理论的提出进一步奠定了质性研究的根基（Charmaz，2006）。中国本土领导研究基于视域融合的价值由涉及探索性更倾向于建构主义扎根理论。Glaser 的扎根理论是一种完全基于数据的价值无涉的客观主义研究（Charmaz，2006），Charmaz（2006）在 Glaser 和 Strauss （1967）的扎根理论基础上，提出了建构主义扎根理论，强调研究者与被研究者的视域融合，关注数据的生成过程，提倡开放性问题初设，"定位于社会的、历史的、当地的以及互动的背景中"，强调"依赖于互动——来自你的世界观、立场和处境，产生于研究现场，在你和你的数据之间发展，随着你的观点的产生，返回现场或另一个现场，并继续和你的学科及实质领域进行对话。"

理论与实践天然的密切关系决定了研究者能够通过实践数据解决研究问题并可构建可测试、切合实际及有效的理论（Glaser and Strauss，1967）。本土领导研究要求研究者需要以本土视角分析本土领导的独特现象或元素（李平，2010），基于本土领导的过程数据，解决研究问题，发掘领导新知。鉴于此，本研究需要基于现实中本土领导的典型案例进行分析。案例本身是活动、事件或问题的集合，通常是按时间序列对能够反映活动或问题的一系列现实事件的描述（Dooley，2002）。从而，案例研究则强调一系列事件、条件及其之间的关系研究（Dooley，2002），关注历时性、动态性数据 （Eisenhardt，1989），过程性地对现象与情境综合分析（Dooley，2002；Stoecker，1991），通过对案例数据的挖掘与分析发现潜在的理论，比较适合解决"为什么？怎么样？"等之类的探索性研究（Yin，1981，1994；Clardy，1997）。案例研究具有较强的包容性，能够包容个案或多案例、定性数据和定量数据、多种数据搜集方法、多重研究范式等（Dooley，2002；Eisenhardt，1989；Yin，1981，1994；Clardy，1997）。因此，案例研究能够兼容吸收 Glaser 和 Strauss （1967）的扎根理论（强调基于比较的探索探究）、Miles 和 Huberman （1984）的定性数据分析（强调数据编码的逻辑脉络）的方法优势，Charmaz （2006） 的建构扎根理论（强调互动的立场），综合地对案例进行扎根分析。Eisenhardt（1989）基于已有的研究，综合提出案例研究的研究程序，即带着研究主题（研究主题具有宽泛意义，远离理论预设），选择典型性案例（案例选择不是随机的，而是要针对研究主题与理论），多渠道搜集数据（综合多种数据搜集方法），进入研究现场，分析数据（数据分析与数据搜集交互进行，关注搜集方法适时调整的柔性），形成初步理论猜想，与文献进行比较，最终形成理论。本土领导角色属于过程性的探索性研究，因此，本研究采用案例研究方法。

2. 案 例 选 择

海尔1984年创立于青岛，从一家资不抵债、濒临倒闭的集体小厂发展成为全球最大的家用电器制造商之一，海尔正在通过人单合一双赢模式创新，成为互联网时代领先的全球化品牌。

张瑞敏1949年出生于山东莱州，现任海尔集团CEO。1984年，他出任海尔的前身——青岛电冰箱总厂厂长，拉开了海尔创业的序幕。在三十余年的创业发展历程中，他以创新的企业家精神和顺应时代潮流的超前战略决策带领海尔从一个亏空147万元的集体小厂发展成为全球化企业。张瑞敏是海尔的创始人，带领着海尔远航。

之所以选择张瑞敏进行研究，一是因为张瑞敏是中国一批土生土长起来的企业家之一，深深受到中国社会情境及文化的影响，其领导行为具有较强的本土特征；二是因为张瑞敏与海尔融合发展，带领海尔经历了由无到有、由小到大、由亏到盈的整个发展过程，张瑞敏既是改革开放以来中国企业发展的实践者，又是中国企业发展的见证者；三是因为海尔的发展战略非常清晰，在每次战略转型中，张瑞敏都起到了关键的作用，使得张瑞敏的领导行为更具有代表性；四是因为张瑞敏本人热衷于中国的本土管理，提出了多项管理模式和理论，代表了中国改革开放以来成长起来的一批有为的企业家的智慧。

3. 数 据 来 源

本研究遵循案例研究的基本步骤和研究原则，在研究期间，使用三角测量法

（Miles and Huberman，1984；Bromley，1986）从多个数据来源进行分析，数据来源主要包括：对张瑞敏及海尔高层管理人员的深度访谈、海尔集团的内部资料及关于张瑞敏的二手资料等。本研究所用数据共包括访谈数据、文本数据及视频数据，详见表1。

表1 本研究所用数据

访谈数据		2011年8月，周云杰（180分钟）、梁海山 （180分钟）； 2012年7月，张瑞敏（180分钟）
文本数据	个人文本	书籍（17部）：《商儒张瑞敏》《张瑞敏谈商录》《激活休克鱼：感动中国的张瑞敏与海尔文化》《张瑞敏谈管理（精华版）》《张瑞敏管理日志》《张瑞敏如是说：中国第一CEO的智慧》《张瑞敏谈战略与管理》《张瑞敏如是说：中国顶级CEO的经营管理智慧》《张瑞敏生意经》《张瑞敏的儒商智慧》《人单合一：海尔集团CEO张瑞敏的全球化竞争新思维》《向张瑞敏学什么》《海尔的故事与哲学》《海尔的高度：中国领袖企业海尔的最新变革实践》《海尔商道》《海尔是海（张瑞敏的管理艺术）》及《海尔兵法（张瑞敏40个先行理论与实战版式）》
		文章或评论：76篇
	组织文本	23篇
	媒体报道文本	45篇
视频数据		15个媒体视频

（1）深度访谈

研究小组于2011年8月对与张瑞敏经常亲密接触的两位海尔高级总裁进行了一对一的深度访谈，两位被访谈者均为男性，均在海尔工作了近24年。2012年7月，研究小组又对张瑞敏本人进行了深度访谈。与三位受访者的访谈时间都为180分钟，访谈中，并没有完全局限于访谈提纲中所涉及的问题，而是根据受访者的回答及时对访谈问题进行了调整。

（2）资料研究

研究小组搜集并整理张瑞敏的相关资料共 176 项，即个人文本 93 项（其中书籍 17 部，张瑞敏个人文章 16 篇，专访 14 篇、他人文章 46 篇）、组织文本 23 篇、媒体报道文本 45 篇及相关媒体视频 15 个。根据能有效体现张瑞敏的领导行为特点及内容较丰富等原则，提炼企业不同发展阶段的张瑞敏的事件 155 件，其中具有阶段的标志性、公众性且影响较大的关键事件有 12 件，即"文化大革命"（1966 年）、"工厂造假"（1972 年）、"夜大学习"（1972 年）、"车间革新实验"（1973 年）、"临危受命任厂长"（1984 年）、"制定《企业管理十三条规定》"（1984 年）、"喝酒借钱度年关"（1984 年）、"引进德国生产线"（1985 年）、"砸冰箱"（1985 年）、"建海尔工业园"（1992 年）、"在美国建厂"（1999 年）、"自主经营体管理模式探索"（2006 年）。对每个事件的选择都要经过小组讨论最后确定。

4. 数 据 分 析

案例本身是按时间序列对能够反映活动或问题的一系列现实事件的描述（Dooley，2002），案例研究强调一系列事件、条件及其之间的关系研究（Dooley，2002），关注历时性、动态性数据（Eisenhardt，1989），过程性地对现象与情境综合分析，且本研究的研究焦点是本土领导角色，所以，本研究主要依据社会化过程中张瑞敏的相关事件数据进行分析。由于张瑞敏是企业的一把手，对组织事件具有最终的决策权，为了保证数据的全面性与连续性，本研究分析的这些事件数据既包括张瑞敏亲自做的事件，也包括其间接参与的事件。并参考张瑞敏的非事件数据（如张瑞敏的讲话、新闻报道、他人评论等），考虑非事件数据与事件数据之间可能因时间、空间或人物的相关性而对应，进行相互补充与印证。

领导者是一个动态的系统发展体，其领导行为的整个过程包含于其人生故事（life-story）之中（Shamir and Eilam，2005；Simmons，2002），人生故事中的事件包含了本研究所要关注的社会化和互动视角。事件是一个完整的具有逻辑关系的事务单元，包含时间、空间及人员之间的互动等。事件具有时空的特点，其核心是事件主体（人）的动机，这是事件发展逻辑的根源。例如，通过"文化大革命"这样的社会事件，可以分析其对张瑞敏的社会化影响；通过"砸冰箱"及"喝酒借钱度年关"等组织事件，可以分析张瑞敏与员工的"互动"；通过"建海尔工业园"及"在北京大学演讲"等组织事件可以分析张瑞敏与组织外部公众（政府、银行等）的"互动"；通过"对海尔工业园中心大楼的符号设计（如外方内圆设计等）"事件可以分析"文化"对张瑞敏的影响。当然，在任何事件中都不会离开"情境"的分析，也都会有人员的"互动"行为。我们不仅要分析事件数据，还要分析非事件数据，如一些描述性的事实、观点、背景等，虽然这类数据没有具体到人员行为关系，但同样具有重要的说明性。有时，非事件数据与事件数据之间可能因时间、空间或人物的相关性而对应，并能相互补充与印证。

因此，本研究主张把中国本土领导的质性数据分为事件数据和非事件数据。事件数据指领导的相关事件：一是社会事件，二是组织事件，三是领导个人事件。社会事件往往独立于领导者而发生，但可能对领导者产生重要影响。组织事件是指包含领导者及组织内外互动客体或独立于领导者而发生的与组织具有直接关系的事件。领导个人事件往往是以领导者本人为主体相对独立于组织的事件，如领导者的生活、家庭事件等。非事件数据指不足以整体描述时间、地点、人员及行为关系的逻辑事务单元的数据，如一些描述性或评价性的事实、观点、背景等。当然，根据阶段标志性、公众性、影响较大、内容较丰富等原则，可以把事件分为关键事件和一般事件，为了提高研究效率，本研究主张要从本土领导的关键事件入手分析。